ÉTUDE

sur

LA DOBROGEA

au point de vue de

L'organisation des Pouvoirs publics

ÉTUDE

sur

LA DOBROGEA

au point de vue de

L'organisation des Pouvoirs publics

PAR

Georges G. ANGELESCO

Docteur en Droit de la Faculté de Paris

« Romanus orbis ruit et tamen cervix nostra erecta non flectitur ».

« Apa trece, pietrele rěmân ».
(Proverbe roumain).

PARIS

Arthur ROUSSEAU, Éditeur

14, RUE SOUFFLOT, 14

—

1907

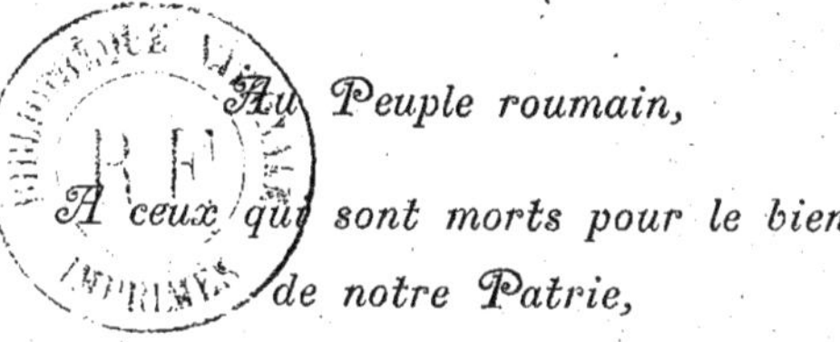

Au Peuple roumain,
A ceux qui sont morts pour le bien
de notre Patrie,

A tous ceux qui aiment la libre
et généreuse Roumanie,

Ce livre est dédié

Georges ANGELESCO.

Je tiens à inscrire au commencement de ce travail
le nom de mon Maître, M. Ambroise COLIN, pour
lui témoigner la reconnaissance profonde que je garderai
toujours vivante des bons conseils et de l'appui moral
qu'il m'a donnés durant mon travail.

G. ANGELESCO.

PRÉFACE

Avant de faire l'exposé des faits historiques, des combinaisons diplomatiques et des anomalies législatives de toutes sortes, relatifs à ce coin de terre. dont le nom étrange sonne comme une fanfare et dont plus étrange encore est l'histoire, nous tenons à avouer que, non sans émotion, nous avons envisagé la tâche difficile que nous nous sommes assumée.

Car il y a des questions tellement ardues à traiter qu'on se sent découragé en pensant que malgré toute la bonne volonté dont on est animé, il vous est impossible d'être tout à fait à la hauteur de la tâche qui vous incombe, à cause d'abord de la complexité du sujet à traiter et ensuite et surtout à cause de l'autorité des hommes éminents qui vous ont devancés dans la même voie.

L'étude de la Dobrogea (1) est-elle du nombre de ces sujets ardus à traiter? Qu'il nous soit permis de le croire, sans être

---

(1) L'auteur tient à prévenir les lecteurs que, vu la manière fantaisiste dont on a écrit jusqu'à présent en français le mot Dobrogea, à savoir : Dobrutscha, Dobrodja, Dobroudcha, Dobrowska, Dobroudja, Dobrodgea, Dobrogan, il estime qu'il est infiniment plus logique de l'écrire avec l'orthographe roumain, c'est-à-dire Dobrogea ; d'abord, parce qu'on doit écrire un mot étranger tel qu'on l'écrit dans la langue maternelle, et ensuite, parce que le son roumain *ge* équivaut à peu de chose près au *ge* français.

Les Moldaves d'ailleurs prononcent le son *ge* tout à fait comme les Français.

accusé de vouloir par cela nous faire un mérite si nous
réussissons à le bien traiter, ni à chercher d'être à l'abri des
critiques si nous échouons.

Et puisque s'écarter delibérément des opinions extrèmes,
préférer en tout une raisonnable synthèse des vérités éparses
sont des préceptes obligatoires, pour l'écrivain qui s'assume la
tâche difficile de porter un jugement impartial sur des faits
historiques et sur des lois en vigueur — préceptes que nous
croyons avoir réussi à suivre consciencieusement au cours de
cette étude, — il est de notre devoir de prévenir le lecteur
qu'à lui incombe le rôle équitable, quoique encore plus
difficile, de ne pas juger de parti-pris, à la légère, un ouvrage
d'une pareille complexité, surtout lorsque cet ouvrage est
signé par un débutant, par le fait même un inconnu.

Georges ANGELESCO.

LIVRE IER

CHAPITRE PREMIER

INTRODUCTION HISTORIQUE (1)

—

De l'intérêt qu'il y a pour les Roumains de connaître à fond l'histoire de la Dobrogea, ses institutions juridiques tant dans le passé que dans le présent; et du devoir qui leur incombe de porter à la connaissance des hommes d'Etat et des diplomates étrangers que sur cette contrée la Roumanie a des droits imprescriptibles à faire valoir à l'encontre de tout autre peuple.

Certains lecteurs nous reprocheront peut-être que nous avons trop eu recours à l'histoire dans une question que nous devions envisager surtout au point de vue juridique.

(1) Ouvrages consultés : *I. N. Roman « Dobrogea si drepturile politice ale locuitorilor ei »* (La Dobrogea et les droits politiques de ses habitants), Constantza, 1905. — Revue d'Histoire diplomatique, année 1896, Paris, « *l'Angleterre et la Russie en Orient* », *Anonyme*. — « Quinze mois de régime libéral », Paris, 1 vol., Nouvelle Revue, 1886, *Anonyme (Jules Brun*, cf. Damé, Histoire de la Roumanie contemporaine). — « Actualités de la situation politique », Bucarest, brochure, *Anonyme*. — « Histoire d'une Frontière », *Prince Georges Bibesco*, Paris, 1883. — *Frédéric Damé*, Histoire de la Roumanie contemporaine, Félix Alcan, Paris, 1900. — *Nicolas Kretzulesco*, brochure, Bucarest, 1878. — *André Bellessort*, A travers la Roumanie, Revue des Deux-Mondes, mars 1905. — *Notes sur la vie du roi Charles de Roumanie*, Bucarest, Imprimerie de l'Indépendance Roumaine, 1894, 1896, 1899 et 1901, 4 vol. in-4°. — *Ch. Seignobos*, Histoire politique de l'Europe contemporaine, Paris.

A cette objection prévue il nous est facile de répondre : nous avons eu recours souvent à l'Histoire, *primo*, parce que seulement en connaissant à fond l'Histoire de la Dobrogea on peut expliquer et justifier jusqu'à un certain point le désintéressement des gouvernants roumains — qui se sont succédés au pouvoir depuis 1878 — en ce qui concerne l'organisation des pouvoirs publics dans la province; *secundo*, parce que les faits historiques sont un guide sûr pour l'homme de lois désireux de voir modifier un état de choses, qui ne répond plus aux besoins d'une population consciente de ses devoirs et de ses droits, comme le devient de jour en jour la population dobrogiote.

En plus, il y a encore un point qu'il ne faut pas perdre de vue : la Dobrogea a été concédée à la Roumanie en échange de la *rétrocession* (2) *de la Bessarabie,* fait imposé par la Russie victorieuse à sa fidèle alliée, et accepté par celle-ci bon gré mal gré au Congrès de Berlin.

Le flot d'indignation, qui secoua l'âme de tous les Roumains lorsqu'on apprît que la Russie exigeait la rétrocession de la Bessarabie — territoire de tout temps roumain — fut si violent qu'il aveugla nos hommes d'Etat et à un tel degré qu'ils ne se rendirent même plus compte que sur la Dobrogea nous avions des droits imprescriptibles à faire valoir à l'encontre de tout autre peuple, et que, s'il s'agissait de compensations territoriales, ce n'était pas la Dobrogea qui aurait dû entrer en ligne de compte.

Mais les Roumains savaient si peu sur la Dobrogea! (3).

---

(2) Mot plaisant pour baptiser diplomatiquement, c'est-à-dire convenablement, un *acte de piraterie politique.*

(3) Afin que le lecteur ait une idée de l'ignorance dans laquelle vivaient les Roumains des Principautés et même leurs hommes d'Etat, relativement aux faits et choses de la Dobrogea, nous extrayons du livre de M. *I. N. Roman,*

Ils s'étaient si peu préoccupés de cette contrée, à cause du Danube peut-être, qui était comme une barrière mise par le Destin entre la terre roumaine et la Dobrogea, ce territoire peuplé de races dissemblables — dont certaines étaient encore presque sauvages — où les Roumains prédominaient pourtant par le nombre.

Leurs princes, leurs hommes d'Etat, ayant eu au cours des siècles bien des difficultés à vaincre, pour échapper au joug ottoman d'abord et à la tutelle dangereuse de la Russie ensuite, avaient été dans l'impossibilité de s'intéresser continuellement au sort des Roumains des pays subjugués et de maintenir avec acharnement leurs droits de revendication nationale.

« *La Dobrogea et les droits politiques de ses habitants* », les passages suivants : « Il paraît que notre répulsion pour les questions arides, géographiques, ethnographiques, économiques et mêmes nationales, est une particularité de notre race latine...

« Grâce à cette particularité, commune à la race latine tout entière, chaque mondain roumain qui vient à Constantza pour prendre des bains de mer, retourne dans le pays, au delà du Danube, avec la prétention, voire même avec la conviction, qu'il est un connaisseur profond de la Dobrogea, ayant toute la préparation qu'on peut demander à un mortel pour se prononcer avec compétence sur cette province.

« A un représentant de la race teutonique, à un Allemand ou à un Anglais, il faudrait pour tout cela beaucoup de temps, de fatigue, de recherches; à un représentant de la race latine, à un Roumain, par exemple, il suffit : le rapide aperçu qu'on peut avoir quand on est accoudé à la fenêtre d'un express, le spectacle de quelques étangs ou de quelques plaines désertes, pour qu'il ait une opinion complète, définitive, irrévocable, sur la Dobrogea.

« Il saura, il croira et fera croire à d'autres que la Dobrogea est une région malsaine, un désert, un pays turc, tartare, bulgare ou grec, mais roumain, non pas!...

« En dehors de cette particularité commune à la race latine, nous, les Roumains, nous en avons encore une autre, celle-ci bien roumaine : *l'indifférence et le mépris pour tout ce qui est roumain!*...

« Le Roumain qui se respecte connaît Paris et Rome, Nice et Monte-Carlo, Miramare, Karlsbad et Ostende, les Alpes et les Pyrénées, et avec quel luxe

Il est bien regrettable que les hommes politiques contemporains ne se soient pas donné, eux, la peine de connaître l'histoire des contrées qui, à diverses reprises, avaient fait partie intégrante de la mère-patrie.

En ce cas, le peuple aurait été préparé à toute éventualité, et se rendant bien compte que la Russie ne renoncerait jamais à la rétrocession de la Bessarabie, il aurait exigé d'abord des Russes, ensuite — au Congrès de Berlin — des plénipotentiaires des grandes puissances, qu'il nous soit réellement accordé une compensation territoriale.

Car n'est-ce pas une cruelle plaisanterie que de parler de compensation territoriale quand on vous concède une contrée qui de droit doit vous appartenir ?

Avec la Dobrogea les choses se sont-elles passées autrement ? Non, et nous le prouverons.

---

de détails, grand Dieu !... Mais les plaines larges, superbes et fertiles du Pays et les Carpathes avec leurs paisibles monastères et avec leurs sites pittoresques, quelle plaisanterie ! quelle blague ! (*sic* dans le texte roumain) et la Dobrogea avec le grandiose Danube, avec la mer bleue et infinie, « quel cauchemar ! quelle horreur ! »...

« N'a-t-il pas parlé ainsi, n'a-t-il pas fait, dans un moment de sincérité, une confession pareille, du haut de la tribune parlementaire, le regretté G. Kitzou, homme lettré et esprit éclairé, ministre du Pays même ? (Cf. I. N. Roman, p. 7-9 de l'ouvrage cité).

M. I. N. Roman en continuant accable les lecteurs de preuves :

« Messieurs, disait Michaïl Kogalnicèanu, à la Chambre (séance du 29 janvier 1880), le plus grand malheur est que, quoique nous ayons la Dobrogea depuis plus d'une année, ni la presse, ni les particuliers, ni vous-mêmes, ne vous êtes donné la peine de connaître cette contrée. *Parmi vous tous je ne sais pas s'il y en a quatre qui connaissent la Dobrogea !* »

Dans leur ignorance les hommes politiques du temps qui disposaient du sort de la Dobrogea avaient sur la province des idées tout à fait baroques.

Pour M. N. Dimancea, la Dobrogea était une sorte de désert, dont la population se composait de Tcherckesses et de Tatars, tribus habituées aux déprédations et qui — comme les habitants de la Bosnie et de l'Herzégovine — ont vécu plutôt dans la révolte que dans l'ordre (I. N. Roman, ouvr. cit., p. 39).

« Voilà ce que pensait le Président du Conseil des Ministres, J. C. Bra-

Voilà encore un motif, et celui-ci décisif, qui nous oblige à faire l'historique de la Dobrogea, à analyser minutieusement le traité de Berlin pour ne nous occuper qu'ensuite de ce qui constitue le fond de notre ouvrage, c'est-à-dire des questions juridiques.

Et nous aurons des difficultés à vaincre, car il n'est pas facile de mettre la main sur des preuves irréfutables quand il s'agit d'actes politiques que le Gouvernement d'un pays a eu intérêt à cacher aux gouvernés.

Cela nous rappelle ce que disait un diplomate éminent dans une étude parue en 1896 dans la Revue d'histoire diplomatique (« *L'Angleterre et la Russie en Orient* », Paris, 1896) : « Il est généralement admis que ce qui entretient l'erreur et la justifie, c'est la parcelle de vérité qu'elle contient.

Il faut bien reconnaître que souvent dans les grands cou-

---

tiano, sur la Dobrogea : En réponse à M. N. Fléva — qui parlait contre le projet de loi du Gouvernement et qui, quoique libéral et leader de la majorité, protestait contre la tendance de ravir aux Dobrogiotes « leurs droits primordiaux d'hommes » — celui que les libéraux considèrent comme le plus illustre homme d'Etat de la Roumanie contemporaine, celui « *qui se faisait surnommer le Bismarck roumain* » (*Ch. Seignobos*, Histoire politique de l'Europe contemporaine, p. 614, 2ᵉ éd., Paris) proféra ces paroles : « *Dans les Pampas d'Amérique on improvisait des tribunaux qui jugeaient les coupables et immédiatement les faisaient pendre. Hé bien! vous voulez arriver dans la Dobrogea à un tel état de choses, avec les principes des libertés primordiales et absolues?* » (Applaudissements).

« La Dobrogea comparée aux déserts d'Amérique et les habitants de la province aux Peaux-Rouges!…

« Avec de telles informations sur la province transdanubienne, reçues avec des applaudissements par une Chambre dans laquelle — comme le disait si bien Kogalniceanu — on ne pouvait trouver quatre représentants du peuple ayant des connaissances, même sommaires sur la contrée, il est bien étrange que le Gouvernement se soit contenté seulement d'édicter les mesures restrictives de la loi de 1880 et ne soit pas allé plus loin dans cette voie en demandant aux Chambres des lois plus draconiennes avec des dispositions bien plus rigoureuses » (I. N. Roman, ouv. cité, p. 40).

rants d'opinions qui se forment sur les hommes et les choses, sur les acteurs et les événements, la vérité occupe une bien petite place.

Malgré la presse qui jette la parole aux quatre vents, malgré le télégraphe, les livres rouges, bleus ou verts, les historiens de notre temps transmettront aux générations à venir une lumière tamisée par les appréciations personnelles des reporters et des correspondants à grosses prébendes, par les discours officiels des ministres et les communications tronquées faites aux assemblées politiques. Plus tard seulement, le chercheur patient, l'historien impartial arriveront peut-être à découvrir ce que le grand public contemporain aura toujours ignoré. Ces réflexions nous sont suggérées par les événements survenus en Orient durant les deux années qu'embrasse notre récit (1876-1877).

Jamais, en effet, la renommée aux cent bouches n'a trouvé dans le public d'oreilles plus accueillantes pour toutes ses exagérations et ses faussetés, répandues avec insistance et commentées sans le moindre souci de la vérité ».

S'il en est ainsi, n'avons-nous pas le droit de croire — malgré le soin qu'on a eu de cacher cela au public roumain — que, relativement à la fameuse compensation territoriale (rétrocession de la Bessarabie en échange de la Dobrogea), lors de l'entrevue à Livadia entre le tsar Alexandre II et J.-C. Bratiano, le premier ministre du prince Charles, l'acte de rétrocession fût décidé?

Les révélations sensationnelles faites par le grand homme d'Etat roumain, Michaïl Kogalniceanu, dans une réunion publique, et les polémiques violentes auxquelles elles donnèrent lieu nous permettent-elles de douter encore? (Cf. « *Quinze mois de régime libéral* », *Anonyme*, Paris, Nouvelle Revue, 1886).

D'ailleurs voilà ce qu'on trouve dans une brochure portant le titre « *Actualités de la situation politique* » (*Anonyme*), et qui est devenue bien rare : « On accuse les Russes d'avoir manqué de parole et violé la convention du 4/16 avril 1876. Or, il est de notoriété publique que, plus de six mois avant l'ouverture des hostilités, le comte Ignatieff avait été chargé par son gouvernement d'une mission auprès du cabinet de Londres, auquel il exposa avec franchise la politique du Tsar dans la question orientale et les conditions qui seraient imposées à la Turquie en cas de guerre et de victoire.

« Parmi ces conditions, la première était : « La rétrocession des districts de la Bessarabie qui avaient été rétrocédés en 1856 et l'annexion à la Moldavie de la Dobrudja en échange.

« L'Angleterre, et à la suite les autres puissances, accédèrent aux propositions de la Russie ».

L'auteur, se demandant alors si le gouvernement roumain a eu connaissance de ces conditions avant de conclure la Convention du 4/16 avril 1876, répond affirmativement : « Ces conditions ont été communiquées à M. Bratiano à Livadia. La convention était signée lorsque M. Kogalniceanu devint ministre des affaires étrangères ; il demanda qu'on ajoutât aux clauses de cet acte deux articles : l'un relatif à l'intégrité du territoire ; l'autre au monopole du tabac et du sel.

Cette demande fut communiquée par M. Bratiano au ministre de Russie, qui, tout en s'étonnant qu'au dernier moment, et quand tout était arrangé, on vînt ajouter de nouvelles conditions au texte paraphé par les plénipotentiaires, télégraphia à Saint-Pétersbourg. Il reçut l'ordre d'accepter et de signer avec réserve des explications données à Livadia. Le prince Gortschakof se réservait, en outre, d'en donner de plus claires à son arrivée en Roumanie. C'est ce qu'il fit à Ploeshti ».

Il est donc bien établi que Bratiano a su d'avance que la

Bessarabie serait reprise à la Roumanie, et que c'est Kogalniceanu qui a fait insérer, après coup, la clause qui garan-
tissait l'intégrité du territoire ; mais cette intégrité ne s'appliquait, après les explications fournies à Ploeshti, qu'au
territoire des provinces de Moldavie et de Valachie, tel qu'il
existait avant le traité de 1856, c'est-à-dire que la convention
ne regardait pas la Bessarabie.

Voici les avantages que la Russie voulait accorder à la
Roumanie :

1° Une indemnité d'au moins 50 millions ;

2° Un pont sur le Danube, construit aux frais du Gouvernement impérial ;

3° Une flottille de commerce sur le Danube ;

4° Une flottille de guerre sur la mer Noire ;

5° Une centaine de canons de campagne ;

6° Cent mille fusils Martiny ;

7° Un accroissement de frontières du côté de Silistrie ;

8° Un hôtel des Invalides, bâti à Bucarest aux frais du
Gouvernement impérial et doté par le Tsar pour les invalides
roumains de la guerre ».

« M. Bratiano répond : Nous ne voulons rien accepter de
la Russie, qui nous prend la Bessarabie. — Hypocrisie et
mauvaise foi. La Bessarabie était cédée à Livadia d'abord, à
Ploeshti ensuite, la condition de l'intégrité du territoire roumain ne concernant pas la Bessarabie, détail que M. Bratiano
avait laissé ignorer à son collègue des affaires étrangères » :

Si la prétention de la Russie était juste ou non, cela est
une autre question. Nous tâcherons de prouver dans cette
étude combien la politique russe fut injuste à notre égard.
Cette politique séculaire, qui consiste à englober en un tout,
forcément disparate, le plus de peuples possible, est de toutes
les politiques la plus inique, la plus dangereuse.

Et le jour où la Russie assistera impuissante à un état d'anarchie intolérable provoquée par le réveil des peuples opprimés, la sympathie des hommes judicieux ne sera probablement pas du côté des oppresseurs, mais plutôt du côté de ceux qui revendiqueront leurs droits nationaux !

Nous nous voyons obligés d'endosser le lourd habit de l'historien, et pour ce motif encore que (surtout en Orient) tous les petits peuples ressemblent à des mendiants qui attendent de l'Europe une aumône et s'imaginent que plus ils crieront fort, plus ils amasseront inexactitudes sur inexactitudes pour étouffer la vérité historique, et plus ils obtiendront.

Jusqu'à présent, malheureusement, les choses se sont passées ainsi.

L'Europe a négligé de faire droit aux demandes justes et modérées des Roumains, tandis qu'elle a pris trop en considération les réclamations tapageuses des Grecs et des Bulgares et la prétention inique de la *Russie*, « *cette monarchie absolue tempérée par l'assassinat* ».

A l'appui de nos dires nous citons l'étude du prince *Georges Bibesco*, « *Histoire d'une Frontière* », publiée à Paris en 1883 : « Malgré les témoignages de haut intérêt que les grandes puissances ont donnés à la Roumanie avant et pendant le Congrès de Berlin, malgré les travaux consciencieux et remarquables des Commissions européennes de 1878 et 1879, la situation faite à la Roumanie sur la rive droite du Danube n'est pas de celles qui permettent à une nation de prendre possession d'une contrée *sans regret du passé ni crainte de l'avenir*.

Résumer les phases que la question roumaine a traversées jusqu'à ce jour, depuis les préliminaires de paix signés en janvier 1878 à Andrinople, démontrer avec toute la déférence due aux intentions des représentants des grandes puissances et à l'homme éminent qui a présidé leurs travaux, que la grande œuvre de Berlin est restée incomplète en ce qui concerne la Roumanie, prouver que le résultat final ne répond ni à l'esprit, ni à la lettre de 1878, ni aux décisions rendues par les Commissions européennes, parce que le Congrès a cru pouvoir résoudre l'important problème de la délimitation de la frontière bulgaro-roumaine sans tenir compte d'une donnée essentielle, enfin indiquer quelle devrait être cette frontière pour que la Roumanie pût la défendre et conserver la Dobroutcha, tel est le but de ce travail.

Les grandes puissances seront-elles frappées de la justesse des considérations qui vont suivre et reviendront-elles sur leur décision à l'heure peut-être prochaine d'un nouveau règlement des questions d'Orient ? Nous le souhaitons ardemment » (G. Bibesco, ouv. cité, Préface).

Nous extrayons du même ouvrage les passages suivants et nous espérons que même un ennemi de la cause roumaine pourra se convaincre qu'injustice flagrante fut faite au peuple roumain au Congrès de Berlin.

« Dans la huitième séance, le 28 juin 1878 (Protocole n° VII, p. 146, du Congrès), ce fut l'admission des délégués grecs qui mit inopinément sur le tapis la question de savoir : si la Roumanie ne serait pas également admise à plaider sa cause devant la Haute Assemblée.

« La question soulevée cette fois par les plénipotentiaires d'Angleterre et d'Italie fut renvoyée à la séance suivante. Ce fut alors que le lord *Salisbury* adressa à ses collègues cette piquante observation : *La Haute Assemblée, après avoir écouté les délégués d'une nation qui réclame des provinces étrangères, agirait équitablement en écoutant les représen-*

tants d'un pays qui demande à garder des contrées qui lui appartiennent (Protocole n° IX, p. 155) ».

A lire ces quelques lignes on croirait vraiment que la Grèce qui réclamait la Thessalie, où la majorité de la population était roumaine, et l'Epire, avait été l'alliée de la Russie et la triomphatrice de Plevna !!

« *La proposition du lord Salisbury fut accueillie froidement par le prince de Bismarck* et combattue par les plénipotentiaires de la Russie.

Mais approuvée par l'Italie, la France, l'Autriche-Hongrie et la Sublime-Porte, soumise aux suffrages de ses collègues par le Président, la majorité du Congrès s'étant prononcée pour l'admission des délégués roumains, on décida de les entendre dans la séance du lundi suivant ».

« Après la communication du prince de Bismarck, M. *Waddington*, ministre des affaires étrangères, représentant de la France, prit la parole pour dire qu'il considérait : *que les Roumains ont été traités un peu durement et que la compensation qui leur est offerte n'est pas suffisante* ».

Puis M. Waddington « fait appel aux sentiments équitables de la Russie et il termine en exprimant le désir qu'il soit accordé à la Principauté au midi de la Dobroutcha une extension de territoire qui comprendrait Silistrie et Mangalia ».

« Le comte Andrassy manifesta les mêmes sentiments. Le comte Corti joint l'appel de l'Italie à celui que le plénipotentiaire français a fait entendre » (Cf. Bibesco, ouvr. cité, p. 38).

Quel fut le résultat de tout cela ? On le sait trop bien !

La Roumanie fut traitée plus durement que la Serbie, que la Bulgarie, que la Grèce ; la Roumanie, cette fidèle alliée de la Russie, la Roumanie victorieuse à Plevna et dont le jeune prince (Charles Ier de Hohenzollern), généralissime des armées alliées, avait eu l'honneur de contraindre à capituler le fameux

Osman-Pacha avec ses 40,000 braves ; la Roumanie fut la seule nation traitée avec rigueur ! (4).

On croirait vraiment rêver si les actes diplomatiques n'existaient pas pour nous prouver que la diplomatie équivoque du prince de Bismarck nous fit perdre ce que la bienveillance des puissances européennes était en train de nous accorder.

« Nous constatons avec regret, dit le prince Georges Bibesco, dans son œuvre, que la Russie triompha finalement. — De cette manière le Congrès de Berlin s'est écarté du but qu'il paraissait s'être proposé à l'égard de la Roumanie, et il a compromis la sécurité et l'existence du royaume roumain sur la rive droite du Danube ».

Et M. Frédéric Damé, en parlant du Congrès de Berlin, dit dans son Histoire de la Roumanie Contemporaine : « Les plénipotentiaires roumains se sont trouvés devant une Europe égoïste et brutale, dure aux petits et prête à sanctionner non seulement une inique cession de territoire mais encore de plus iniques obligations morales ».

M. Frédéric Damé envisage, bien entendu, le résultat final du Congrès de Berlin où la Roumanie fut meurtrie, humiliée et spoliée (5).

------

(4) Voyez en sens contraire, *Nicolas Kretzulesco*, brochure, Bucarest, et *André Bellessort*, A travers la Roumanie, « Revue des Deux-Mondes » du 15 mars 1905, p. 408 ; voir pourtant le même auteur, p. 400.

(5) La lettre du prince Charles adressée au Kronprinz (qui fut plus tard Frédéric III) et datée du 13/25 février 1878, jette une vive lueur sur cette irritante question de la rétrocession de la Bessarabie.

Elle peut être considérée comme un vote de blâme éternel à l'adresse et de la Russie et du Congrès de Berlin : « Je crois, dit le prince de Roumanie, qu'il arrivera rarement qu'après une guerre heureusement terminée on se trouve dans une situation moins avantageuse qu'auparavant et qu'on doive encore livrer à son allié du peu qu'on possède, après s'être tenu fidèlement à ses côtés, de toutes ses forces, dans les moments critiques ! Il se vérifie ainsi, cette fois encore, qu'on doit procéder en politique, non pas avec ses sentiments, mais seulement avec du calcul. Une pareille conception répugne à mon caractère, mais, quand on a à représenter les intérêts du pays, toute considération doit disparaître. Le procédé du gouvernement russe m'a mis dans une situation pénible à l'égard de mon pays et le reproche suivant se fait entendre : Pourquoi, quand on nous a demandé notre aide, n'avons-nous pas posé d'abord des conditions ? Or, nous n'avons pas fait la guerre pour la Russie, mais pour nous-mêmes, pour sceller de notre sang la déclaration de notre indépendance, et nous croyions qu'il était plus sage de ne nous lier par aucun traité et de faire reconnaître par là que nous n'attendions pas la régularisation de notre future situation comme Etat de la Russie seulement, mais de toute l'Europe; en outre, le traité relatif au passage des armées russes nous avait déjà assuré l'intégrité de notre territoire. On a cependant tout à fait oublié à Andrinople que nous étions des alliés et que, sans la chute de Plevna, le passage des Balcans n'aurait certainement pas été possible...

Je place encore mon espérance dans l'empereur Alexandre à qui j'ai écrit, et dont le caractère chevaleresque doit répugner à récompenser de la sorte un petit peuple qui l'a reçu à bras ouverts »..... Et plus loin le prince ajoute : « Aussi désirerai-je nous voir redevables à l'Allemagne de la conservation de la Bessarabie; les sympathies acquerraient par là une base solide et ne pourraient plus être troublées par des intrigues. En outre, le Danube est aussi un cours d'eau allemand et, comme gardien des bouches du fleuve, nous devons rattacher les intérêts allemands à la question de la Bessarabie ».

(Cf. *Notes sur la vie du Roi Charles de Roumanie*, publiées dans la *Deutsche Revue*, par M. le Conseil intime Dr Schæfer, professeur d'histoire de l'Art à l'Université de Darmstadt, et ancien précepteur du roi de Roumanie; traduites en français et parues à *Bucarest* en 1894, 1896, 1899 et 1901, Imprimerie de l'Indépendance Roumaine).

CHAPITRE II [1]

UNE PAGE D'HISTOIRE ANCIENNE [2]

Scythes. Romains. Ottomans

—

(1) Afin que notre thèse de doctorat juridique ne prenne des proportions trop considérables, nous sommes obligés de renoncer à publier maintenant certains chapitres du 1er et du IIe livre.

L'étude complète paraîtra probablement avant la fin de l'année.

La division de l'ouvrage en trois parties : 1° historique et diplomatique, 2° ethnographique, économique et sociale, 3° législative, *ne sera guère changée.*

(2) Ouvrages consultés : *Nous donnons, pour le moment seulement, la liste des ouvrages le plus souvent cités* : (La bibliographie complète sera mentionnée lors de la publication en entier de notre étude). — *A. D. Xenopol,* Histoire des Roumains, 2 vol., Paris, Leroux, 1896. — *Capitaine M. D. Ionesco* (Dobrogia in pragul veacului al. XX lea), La Dobrogea au seuil du vingtième siècle, p. 548 et suiv. — *J. J. Nacian,* La Dobroudja économique et sociale, Paris, 1886. — *Mommsen et Marquardt,* Organisation de l'Empire Romain, Paris, 1892. — *Lavisse et Rambaud,* Histoire générale, Paris. — *Ami Boué,* La Turquie d'Europe, Paris, 1840, 4 vol. — *F. Kanitz,* La Bulgarie Danubienne et le Balkan, Paris, 1882. — *B. P. Hasdeu,* Istoria criticá a Românilor (Histoire critique des Roumains, Bucarest, 1873). — *Hammer,* Histoire de l'Empire Ottoman, Paris, 1835, 18 vol. — *Ubicini,* Lettres sur la Turquie, Paris, 1854. — *De Moltke,* Lettres sur la Turquie ; Campagnes des Russes dans la Turquie d'Europe (1828-1829). — *H. Desprez,* Les peuples de l'Autriche et de la Turquie, Paris, 1850. — *Peyssonel,* Observations historiques sur les peuples barbares qui ont habité les bords de la Mer Noire, Paris, 1765. — *Ségur* (Le Comte de), Histoire du Bas-Empire, Paris, 1858. — *Gibbon,* Décadence de l'Empire Romain, Paris, 1858. — *N. Iorga,* « Studii istorice asupra Kiliei si Cetàtii albe », Bucarest, 1899. — *E. Vincens,* Histoire de la République de Gênes, Paris, 1842. — *Cantemir D.* (Prince), « Histoire de l'Empire Ottoman », texte français, Jonquière, Paris, 1743, deux volumes. — *Tocilescu Gr. G.,* « Dacia inainte de Romani », Bucarest, 1880. — *Hurmuzaki,* « Documente privitóre la Istoria Românilor », Bucarest. — *André Papadopoulo Vretos,* La Bulgarie ancienne et moderne, Saint-Péters-

CHAPITRE III

UNE PAGE D'HISTOIRE CONTEMPORAINE [1]

—

> Les alliances politiques sont le champ
> de la défection et de l'ingratitude.
>
> (Proudhon.)

Guerre de 1877. — Occupation de la Dobrogea par les Russes. — Congrès de Berlin. — Rétrocession de la Bessarabie; agitation dans le pays. — Protestation des 46 députés (motion). — Kogalniceanu et Bratiano au Congrès de Berlin. — Lettre du prince Charles. — Fautes commises par les hommes politiques roumains. — Perte de la ligne stratégique Roustchouck, Silistrie, Choumla, Varna.

---

bourg, 1856, un vol. — *Victor Duruy*, Histoire des Romains, Paris, Hachette, 1885. — *Heyd W.*, Histoire du Commerce du Levant au moyen âge, Edit. franç. Furcy Raynaud, Leipzig, 1885, 2 vol. — *V. A. Urechia*, Istoria Românilor, Bucarest. — *G. Chainoi* (Ion Ghica), Dernière Occupation des Principautés danubiennes par la Russie, Paris, 1853. — *Barbe Stirbei*, Episode de la question d'Orient ; Russie, Valachie, Moldavie, Paris, 1842. — *Mme Victoria Vaschide*, Histoire de la conquête romaine de la Dacie et des corps d'armée qui y ont pris part, Paris, Emile Bouillon édit., 1903.

(1) Ouvrages consultés : *Adolphe d'Avril*, Négociations relatives au Traité de Berlin, Paris, 1886. — *Prince Georges Bibesco*, Histoire d'une frontière, Paris, 1883. — *Anatole Leroy-Beaulieu*, Les Réformes de Turquie (la politique russe et le Panslavisme), Revue des Deux-Mondes du 1er déc. 1876. — *Emile de Laveleye*, L'Angleterre et la Russie en Orient, dans la « Revue des Deux-Mondes » du 15 juillet 1880. — *Anonyme*, L'Angleterre et la Russie en Orient; Une page d'Histoire contemporaine (1876-1877), dans la Revue d'Histoire diplomatique, année 1896, Paris, Leroux. — *N. Blaramberg*, La Roumanie et la Guerre actuelle, ou Gouvernants et Gouvernés, Vienne, 1877. — *G. Wyrouboff*, La Question d'Orient et le Traité de Berlin, Extrait de la « Revue de Philosophie positive » (sept.-oct. 1878). — *Julian*

Klaczko, Deux Chanceliers, Le prince Gortchakof et le prince de Bismarck, Paris, 1877. — *J. J. Nacian*, La Dobroudja économique et sociale, son passé, son présent et son avenir, Paris, 1886. — *F. Kanitz*, La Bulgarie Danubienne et le Balkan, Etudes de voyage (1860-1880), Paris, 1882, Hachette. — *Frédéric Damé*, L'Etat Roumain et la Paix de l'Europe, Bucarest, 1877 ; Histoire de la Roumanie contemporaine, Alcan, Paris, 1900. — *Edgar Quinet*, Les Roumains, Paris, Hachette. — *Anonyme* (Jules Brun), Quinze mois de régime libéral, Paris, Nouvelle Revue, 1886. — *N. Blaremberg*, Essai sur les institutions, les lois et les mœurs des Roumains, Bucarest, 1886. — *Ed. Driault*, La question d'Orient depuis ses origines jusqu'à nos jours, Paris, 1898. — *J. Klaczko*, Etudes de diplomatie contemporaine, Paris. — *B. Boeresco*, La Roumanie après le Traité de Paris, Paris, 1857. — *Notes sur la vie du roi Charles de Roumanie*, Bucarest, 1894, 1896, 1899 et 1901, 4 vol. in-4°. — *A. Debidour*, Histoire diplomatique de l'Europe, Paris, 1891. — *Cap. Fisch*, Guerre d'Orient 1877-78. Coopération de l'armée roumaine en Bulgarie, Paris, 1879. — *C. Farcy*, La Guerre sur le Danube, Paris, 1879. — *P. S. Vasiliou* (colonel P. V. Nasturel), Guerre d'Orient (1877-78), Opérations de l'armée roumaine, Paris. — *F. Vacarescu*, « Luptele Românilor », Bucarest. — *Dem. Stourdza*, Europa, Rusia, si România, Bucarest, 1890. — *Un Roumain*, La Roumanie indépendante, Paris, 1877. — *Erdmann von Hahn*, Germania, România, si Principele Carol de Hohenzollern, Bucarest, 1875 (texte en allemand dans la *Politik* de Prague). — *Take Ionescu*, « *Discursuri politice* », 1896-1899, vol. III, Bucarest, 1903.

LIVRE II

CHAPITRE PREMIER

LE NOM DE LA DOBROGEA

—

Rien de plus incertain que l'étymologie du mot Dobrogea (1).

---

(1) Le nom Dobrogea est employé pour désigner la région comprise entre le Danube et la mer Noire, à partir seulement du xiv⁰ siècle.

La première dénomination employée par les géographes et les historiens de l'antiquité fut : *Scythia minor* [Strabon, Géographie traduite du grec en français par MM. de la Porte, du Theil, Coray, Letronne, t. III, p. 65], ou *Scythia pontica* [Plinius, Histoire naturelle, trad. par Littré, t. I, liv. IV, 25]. Ovide [Pontiques, IV, 10] donne le nom de *Cimmerium litus* à la Dobrogea. — Sous les Romains, jusqu'à l'avènement de Dioclétien, la Dobrogea faisait partie de la Moesia inferior, tandis qu'après l'organisation de l'Empire sous Dioclétien — 284-305 ap. J.-C. — ce territoire fit partie de la préfecture du préteur de l'Orient, diocesis Thraciæ, sous la dénomination officielle de *Scythia minor, Scythia pontica* [Ammien, Not. Dignitatum, 27, 4 ; 12, 13 ; — Peyssonnel, Observations historiques sur les peuples barbares qui ont habité les bords du Danube, Paris, 1765, p. 3 ; et Rev. Arch., vol. I, an. 1, p. 97].

Tomis était la capitale [Lavisse et Rambaud, Histoire générale, t. I, p. 43]. La Scythia minor était séparée, au sud, de la Moesia secunda — inferior — par une ligne droite allant de Durostorum — Silistrie — jusqu'à Dionysopolis — Ekrene. — [F. Schrader, Atlas historique, carte 14 ; Mommsen, Organisation de l'Empire romain, t. II, p. 202]. — En l'an 400 ap. J.-C., la Scythia minor était élevée au rang de Praeses Scythiæ, — province dont l'administration, confiée à un *Praeses*, était séparée du pouvoir militaire

Les *profanes* qui ouvrent le grand Dictionnaire Larousse y
trouvent au mot Dobrutscha ces quelques lignes : « Aucun
fait saillant ne vint marquer l'existence de la Dobrutscha
pendant toute la longue nuit du moyen âge ; on sait seulement que les Génois y établirent des comptoirs. Pour retrouver

---

confié à un dux, *dux Scythici limitis* [Vopisc. Aurel. XIII ; dux limitis provinciæ Scythiæ, Notit. Dignitatum, or. XXXVI ; Mommsen, ouv. cit., t. II,
p. 496 et 585, not 5]. — Des relations laissées par l'Empereur Constantin VII,
dit le Porphyrogénète, empereur d'Orient, de 911 à 959, on peut voir qu'une
partie de la Bulgarie était appelée noire = μαύρη [De administrando imperio,
Ed. Bekker, Bonnæ, 1840]. Cette partie, Neumann [Die Völker des Südlichen
Russland, Leipzig, 1847, p. 106] la réduit à la Μαυροβουλγαρία, *Bulgaria Is-
triana*, c'est-à-dire la Dobrogea actuelle et le territoire vers l'ouest dans la
direction de Vidin.

Le moine Nestor, le patriarche des chroniqueurs slaves (1056-1116) en parlant d'un acte international entre les Russes et les Grecs [Chronicon Nestoris,
ed. Miklosich, 28], de l'année 945, confirme que la Μαυροβουλγαρία ou *Czerno-
Bulgaria* comprenait au xᵉ siècle tout le littoral maritime formé par la réunion de la Dobrogea avec une partie du Bugeac (partie sud de la Bessarabie).
[Voyez B. P. Hasdéu, Istoria criticà a Romînilor, Bucarest, 1873, p. 56 et
57].

Voilà encore un nom qu'eut la Dobrogea au xᵉ siècle. Au xɪɪᵉ siècle, le
géographe arabe Mohammed Edrisi, qui vivait à la Cour de Roger II, roi de
Sicile — 1101-1154 — dans une de ses études, nomme *Berdzan* tout le territoire sis entre le Danube (Danu) et la mer Noire (mare Nitasch) et qui s'é-
tend des bouches du fleuve vers le sud jusqu'à Reknova ou Zakatra. Joachim
Lelewel [Géographie du Moyen-Age, pages 124-127, t. III et IV ; les Chartes,
nᵒˢ XI et XV de l'Atlas] identifie Reknova ou Rekran avec le village Trakan,
Tutrokan, aujourd'hui Turtucaïa. — Le territoire qu'Edrisi appelle Berdzan
s'étendait donc jusqu'à Turtucaïa ; c'est aussi l'opinion du distingué ethnographe Kanitz [La Bulgarie Danubienne, p. 541].

[*Abou-Abdallah-Mohammed Edrisi*, célèbre géographe arabe descendant
de Mahomet par Ali et Edris, né à Ceuta vers 1099, mort vers 1164. Ses ancêtres occupaient le trône de Malaga. Il doit sa réputation à un traité complet de géographie dont le manuscrit existe à la Bibliothèque et qui a pour
titre Noz het Moschtac fi ikhtirac al afac = récréation de celui qui désire
parcourir les pays. L'excellente traduction française de l'ouvrage complet
qu'a donnée M. Jaubert a paru dans le Recueil de voyages et mémoires pu-
bliés par la Société de géographie, Paris, 1836-1840, 2 vol. in-4°].

son nom dans l'histoire, il faut arriver à la période contemporaine, à la guerre de Crimée (2) (1855) ».

Les *bibliophiles* qui possèdent le livre très intéressant du docteur Camille Allard : « Souvenirs d'Orient, la Bulgarie Orientale », peuvent lire à la page 7 la description suivante : « La Dobroutcha, qui s'étend du Deli-Ourman (forêt folle) aux montagnes de Babadag, est le pays des steppes.....

« Peut-être pourrait-on trouver l'étymologie du nom de la Dobroutcha dans le mot slave *dobro*, bon.

« La Dobroutcha est pour les Turcs le bon pays, celui où la terre, n'appartenant à personne, peut être occupée et exploitée par le premier venu.

----

(2) C'est une erreur, car, le plus remarquable des historiographes roumains, Démètre Cantemir, prince de Moldavie, dans son Histoire de l'Empire ottoman (1711), nous parle de cette contrée, dont la dénomination était comme aujourd'hui Dobrogea (voyez ouvrage cité, édition française, par Jonquière, Paris, 1743, 2 vol.).

Et quant à l'histoire de la Dobrogea pendant le moyen âge, voilà ce qu'on est en mesure de savoir, entre autres :

« Mircea Bassarab, prince de Valachie, de 1386-1418, a eu en son pouvoir Silistrie et la Dobrogea » (Voyez N. Iorga, *Istoria Românilor in chipuri si icoane*, p. 5, Bucarest, 1905).

« *Neagoë Bassarab, prince de Valachie, de 1512 à 1521* (le woïwod dévot par ordre duquel fut construit l'admirable monument, cathédrale d'Argesh, de nos jours restauré par M. Lecomte du Nouy), *s'intitulait dans les actes officiels : Neagoë, Prince et Seigneur de toute la terre roumaine et des rivages du Danube* » (par rivages du Danube il faut entendre les rives droites du Danube jusqu'à la mer Noire; cela est indubitable, d'autant plus que Neagoë Bassarab a été prince de Valachie peu de temps après Mircea Bassarab, qui avait eu en sa possession Silistrie et la Dobrogea).

« *Il a construit pour sa race une nécropole, rivale de celle du monastère Déalou. Ci gît-il, sous la dalle de marbre élevée par lui, achevée après lui et sur laquelle il est écrit : Le 15 septembre de l'an 7029 (1521), l'orbite du soleil marquant 26, l'orbite de la lune marquant 15, la base 18, est mort le sujet de Dieu, Io Neagoë, Prince et Seigneur de toute la terre roumaine et des rivages du Danube. Il a régné neuf ans et demi. Et il prie tous ceux, à qui Dieu permettra de vivre après lui, de garder ce petit tombeau — maison de ses os — de la morsure du temps* » (Cf. Iorga, ouv. cité, p. 10).

« C'est une immense et fertile prairie presque entièrement déserte, habitée surtout par des Tatars pasteurs et par des Valaques sur les rives danubiennes... ».

Les *savants*, pour qui M. Kanitz n'est pas un inconnu, estiment que cet ethnographe a raison quand il fait dériver le nom de Dobroudja d'un prince bulgare Dobrotisch qui, « au quatorzième siècle, dominait en souverain sur tout le territoire du Pont-Euxin, de Varna aux bouches du Danube. De nos jours, le Bulgare donne à toute terre desséchée le nom de *dobritcha* » (3).

Les *lettrés* sont convaincus que M. Ubicini (4) est dans le vrai quand il prétend « que le nom de Dobroudja signifie « bon pays » en le faisant dériver du slave « dobro, bon », car ce pays est plus fertile par rapport aux autres contrées voisines. Ainsi, pour les Ruthéniens venus du steppe, la Dobroudja était un Eden ; une partie du Delta, près du Kara-Orman, avait été surnommée « *le paradis des Cosaques* ».

Et puisque les ethnographes, les historiens et les voyageurs ont émis à tour de rôle des opinions contradictoires, il n'est pas étonnant que les profanes, les bibliophiles, les savants ou les lettrés aient sur l'origine du nom de la Dobrogea des idées dissemblables.

Nous estimons que les auteurs qui font dériver le mot Dobrogea, du mot slave « dobro » bon, ont bien des chances d'être dans le vrai, car il y a un grand nombre de rivières, de villages, de contrées de la Moldavie et de la Valachie qui ont des noms d'origine slave.

---

(3) F. Kanitz, « La Bulgarie Danubienne et le Balkan », études de voyage, 1860-1880, Paris, Hachette, 1882. — Voir dans le même sens : *Jirecek*, « Geschichte der Bulgaren », p. 12, 320. Jirecek a écrit, d'après *Laonicus Chalcondylas*, p. 326, ἤτοῦ Εὐξείνου παραλία Δοβροτιχεως τοῦ Μυσοῦ χώρα.

(4) Revue de géographie, 1879.

Quant à Dobrotitz, voilà ce que nous en savons (5) : « Avec la mort du tsar Alexandre, commence la décadence de la Bulgarie. Alexandre est le dernier des potentats qui puissent mériter le nom de czar (tsar) des Bulgares. Les écrivains de l'Occident l'appellent Empereur de Zagora (6).

« Après sa mort, la Bulgarie se divise en trois principautés indépendantes.

« A *Vidin*, régnait Strasimir, beau-frère de Vladislas Bassarab de Valachie. Il fut vaincu par les Turcs et son pays conquis en 1398.

« A *Tarnova*, régnait Sisman (Schischman).

« Celui qui nous intéresse le plus, c'est *Dobrotitz*, qui, du temps du tsar Alexandre, était maître de la région des rives (de la mer Noire) et avait deux châteaux-forts à Mesembria (7).

« Son pouvoir s'étendait aussi sur la Dobrogea, à laquelle il donna son nom.

« La personne et l'histoire de Dobrotitz sont bien mal connues, faute de documents ; il fonda son royaume (despotat) en des circonstances inconnues.

« De ce prince parlent : le *bavarois Schildberger* (8), qui dit

---

(5) Voir le livre de M. le Capitaine *M. D. Ionescu* « Dobrogia in pragul veacului al. XX lea » (La Dobrogea au seuil du xxᵉ siècle), p. 547 et s.

(6) *W. Heyd*, Commerce du Levant au moyen âge, vol. I, p. 531, apud Sanuto. Istoria del Regno di Romania. Édition française par Furcy Raynaud, Leipzig, 1885, 2 vol.

(7) *W. Heyd*, ouv. cit., vol. I, p. 532.

(8) Jean Schildberger, voyageur allemand, né à Munich dans la seconde moitié du xivᵉ siècle. Il fit partie de l'expédition de l'empereur Sigismond en Hongrie contre les Turcs et fut fait prisonnier par eux en 1596. Envoyé en Asie, il changea plusieurs fois de maître et eut ainsi l'occasion de voir la Perse, le Khoraçan et d'aller jusque dans les contrées les plus reculées de la Mongolie. Rentré dans sa patrie après vingt-deux ans de pérégrinations et de souffrances, il écrivit un récit de ses voyages. Cet ouvrage a eu quatre éditions au xvᵉ siècle. Il a été publié de nouveau à Munich en 1813.

avoir connu personnellement le seigneur de Kalliakra (Kalla-cekra) ;

« *Chalcocondylas* (9), qui, racontant l'expédition de Varna, décrit l'itinéraire de Vladislav, au delà du Danube, dans le pays de l'Empereur, près des rives de la mer Noire, à travers le pays du bulgare Dobrotikes, vers Kalliakra et Varna, et enfin

« *Leunclavius* (10), qui affirme que le fils de Dobrotitz Ivanco (*Dobritzaogli* en turc) régna sur « Varna et la région voisine appelée Dobritze ».

« Kalliakra, ville du moyen âge, est aujourd'hui même le nom d'un cap au nord de Varna (11).

« Pendant les années 1373-74, les Génois eurent à lutter contre Dobrotitz. Le consul de Caffa, Aimone de Grimaldi, envoya contre les Bulgares un navire. La guerre dura long-temps car, en 1375, on parle du navire de Paul de Reza armé « *ocazione guerre Dobritze* ». Le 13 mars 1375 une galère fut armée et envoyée contre Dobrotitz (12).

---

(9) Laonicus Chalcondylas (ou Chalcocondylas), historien byzantin, mort vers 1464 : *Histoire des Turcs et de la chute de l'Empire grec*, traduite en français et commentée par Blaise de Vignières, 1557-1584. La meilleure édition grecque de cette histoire est celle de Paris 1650.

(10) Jean Lœvenklau, en latin Leunclavius, historien et érudit allemand, né à Almesbeuren (Westphalie) en 1533, mort à Vienne en 1593. Il passa plusieurs années en Livonie, visita ensuite plusieurs contrées de l'Europe, puis se rendit à Constantinople avec l'ambassadeur Lichtenstein en 1582. Après avoir appris la langue turque et parcouru l'Empire Ottoman, Lœwen-klau se fixa à Vienne et traduisit du grec, avec une remarquable exactitude, dans un latin élégant, un assez grand nombre d'ouvrages, parmi lesquels les *Annales sultanorum othmanidorum a Joanne Gaudier* (Francfort, 1588, in-4°), traduit du turc avec une continuation qui s'étend de 1550 à 1588 ; *Historiæ musulmanicæ libri* XVIII (Francfort, 1595, in-fol.), etc.

(11) *M. D. Ionesco*, ouv. cité, p. 547.

(12) *N. Iorga*, « Revue de l'Orient latin », IV, p. 34-5, et *W. Heyd*, op. cit., p. 532, t. I, note 2. (M. N. Iorga est professeur à l'Université de Bucarest ;

« L'an 1383, Giovanni Muazzo, gouverneur de Tenedos, se révolte, aidé secrètement par la République de Venise qui ne voulait pas exécuter, en ce qui concernait cette île, les prescriptions du traité de Turin. Forcée pourtant de prendre des mesures contre ce gouverneur, Muazzo se vit obligé de capituler. Il prit la fuite sur un navire et s'en alla chez Dobrotitza, prince de Zagora, qu'il excita contre les Génois. Il fut fait prisonnier en 1384 et Dobrotitza, qui avait commencé les hostilités, se réconcilia avec les Génois en 1385.

« Dobrotitz mourut quelque temps après. Son successeur fut Ivanco. Celui-ci est connu grâce à son traité avec les Génois, traité conclu pendant le mois de mai 1387.

« Silvestre de Sacy (13), qui a publié ce traité, nous dit que cet Ivanco désirait faire venir les Génois dans son royaume, et pour exprimer cette idée, il emprunte les paroles du prophète Ezechiel : « les enfants ont les dents agacées à cause du verjus que les parents ont mangé » (14), en faisant ainsi allusion à l'hostilité des Génois contre Dobrotitz ».

Nous avons vu ce que disent les historiens étrangers de Dobrotitz. Selon eux ce prince a existé bel et bien, chose dont nous doutons fort.

En effet, comment ne pas douter puisque M. A. D. Xenopol, le plus consciencieux des historiens roumains modernes, dans son remarquable ouvrage « Istoria Romȃnilor » (Histoire

---

érudit de premier ordre, il a publié plusieurs ouvrages. Son livre, « Etudes historiques sur les cités Killa et Cetatea Alba (*Studii istorice asupra Chiliei si Cetàtii Albe*) », publié en roumain à Bucarest, 1899, a été couronné par l'Académie roumaine.

(13) Mémoires de l'Académie des inscript. et belles-lettres, t. VII, p. 292 et suiv.

(14) *E. Vincens*, Histoire de la République de Gênes, p. 378, n° 1.

des Roumains) (15), ne nous dit rien de l'expédition de Vladislav, prince de Valachie, dont parle Chalcocondylas.

Dans le deuxième volume, à la page 81 et s., M. Xenopol parle longuement de Vladislav Bassarab « Ladislaus, Dei et regis Hungariæ gratia, woewoda transalpinus » (16); il ne fait pourtant nullement mention de l'expédition de Varna !

Comment ne pas douter, puisque *George Siucaï de Sinca*, « *le Muratori des Roumains* » (17), qui cite bien d'écrivains byzantins, magyares, polonais, slaves, etc., parmi lesquels Laonicus Chalcocondylas même, ne dit rien ni de l'expédition de Vladislav Bassarab ni de Dobrotitz ? (18).

Ce qui nous fait douter encore plus, c'est qu'à la page 514 du tome I de ses Chroniques, il s'exprime dans ces termes en parlant de Chalcocondylas : « Voyez comme Chalcocondylas, Foresti, Calvisius et Baptista Egnatius se trompent, non seulement d'année, mais aussi de souverain, dès qu'il est question des Serbes et des Bulgares, et devinez lequel de ces auteurs a raison ! »

Le chroniqueur consciencieux (19) se plaint de la manière

---

(15) M. *A. D. Xenopol*, professeur à l'Université de Jassy, a publié en roumain et en français l'Histoire des Roumains de la Dacie Frajane (six volumes, Jassy, 1888 ; Paris, 1896), la plus importante œuvre historique moderne qu'on ait publiée jusqu'à présent sur les Roumains.

(16) Diplôme de 1369, *Fejer*, Codex Diplomaticus Hungariæ, ecclesiasticus et civilis, IX, 4, p. 210.

(17) *Edgar Quinet*, Les Roumains, p. 80, 81, Paris, Hachette.

(18) *G. Sincaï*, « Chronique des Roumains et de plusieurs autres nations voisines », t. I, p. 481-553, 2ᵉ édit. (en roumain).

L'admirable œuvre de Sincaï a été d'abord imprimée par le Gouvernement de Moldavie, bien inspiré par le prince Grégoire Ghyka, et de nos jours, réimprimée à Bucarest (1886), par le Ministère des Cultes et de l'Instruction publique.

(19) Afin qu'on ne croie pas que c'est par chauvinisme, ou amour immodéré pour les écrivains roumains, que nous faisons l'éloge de Georges Sincaï, nous citons les passages suivants du livre d'Edgar Quinet, *Les Roumains*,

superficielle avec laquelle tant d'écrivains traitent les questions historiques.

Que faut-il donc penser de Dobrotitz? Peut-on mettre en doute son existence? Certes oui, car il se peut fort bien que Leunclavius ait emprunté le passage se référant à Dobrotitz, à Chalcocondylas, auteur médiocre, dont le livre est écrit, suivant M. Boissonade, « dans un style barbare plein d'expressions triviales », à notre avis plein d'erreurs aussi.

écrit en 1856 : « Sincaï, que j'appellerais volontiers le Muratori des Roumains, a consacré sa longue vie à une seule pensée : écrire l'histoire de la race roumaine, en rechercher, en rassembler partout les documents épars, élever ainsi à une race d'hommes un monument indestructible qui portât les caractères de la certitude et de la science moderne.

« Souvent persécuté, même emprisonné, rien ne le détourne de son œuvre.

« En 1808, il commence à la publier. Un obstacle invincible, facile à prévoir, l'arrête; l'Autriche ne pouvait tolérer la publication d'un ouvrage, où brillaient d'une lumière si vraie les titres traditionnels de ceux-là mêmes qu'elle tenait sous le joug.

« Le censeur écrivit en marge du manuscrit « l'ouvrage mérite le feu et l'auteur la potence; OPUS IGNE, AUCTOR PATIBULE DIGNUS »...

« Quel est le caractère du livre de Sincaï? On s'abuserait assurément, si, d'après le titre, Chroniques des Roumains, on y cherchait la naïveté jointe à la crédulité qui fait le fond de nos chroniqueurs. Il ne paraît pas qu'à aucune époque de leur histoire, les Roumains aient eu le tempérament de l'enfance; loin de là, un esprit de critique prématuré se retrouve chez leurs écrivains les plus anciens...

« Par-dessus tout il cherche (Sincaï) la lumière, loin de taire les traditions, avec complaisance il les étale; il laisse amplement la parole à l'ennemi ; aucun livre n'est plus nourri de documents officiels, d'actes, de lettres, de diplômes, de traités, de monuments authentiques; de tous côtés sont réunis les éléments divers de la certitude.

« Le lecteur seul est chargé de porter le jugement, méthode qui place l'auteur au rang des créateurs de la grande école historique du XIXe siècle.

« Si l'on considère qu'il a été conduit à cette savante méthode de 1790 à 1808, c'est-à-dire dans un temps où aucun des travaux de la critique contemporaine n'avait encore paru et lorsqu'un esprit tout différent régnait dans l'histoire, l'admiration s'ajoutera à la surprise » (Voyez Edgar Quinet, Les Roumains, p. 80, 81 et suiv.).

Il est plus que probable que cet auteur a pris pour vérité historique ce qui, en réalité, n'était que légende, et qu'il a induit en erreur, ainsi, les écrivains de son temps et les historiens postérieurs à lui.

En tout cas, puisque, pour nous, la personne de Dobrotitz, jusqu'à preuve contraire irréfutable, *est incertaine* (Cf. Capit. M. D. Ionesco, ouv. cité, p. 547), *nous penchons pour l'explication d'Ubicini et du docteur Allard à savoir que le mot Dobrogea dérive du mot slave* DOBRO, *bon.*

CHAPITRE II

ETHNOGRAPHIE

(Quelques mots explicatifs)

—

La science ethnologique est encore loin de sa perfection, malgré les progrès qu'elle fait chaque jour, car l'ethnologue doit non seulement être naturaliste, mais encore être familier avec la philologie, l'archéologie et la géographie physique, qui lui fait connaître les rapports climatériques des races entre elles.

L'ethnologie présuppose la variété des races, et plus grande est cette variété, plus difficile est la tâche de l'ethnologue.

Au point de vue ethnographique la Dobrogea n'a rien à envier à aucune autre région du globe, car sur une petite portion de terre (15,600 kilomètres carrés) (1), vivent plus de

---

(1) *a*) Capitaine M. *D. Ionescu*, « Dobrogea in pragul veacului al XX lea », page 43 (La Dobrogea au commencement du xxᵉ siècle).

Cet auteur et tous les auteurs récents nous disent que la superficie de cette contrée est de 15,600 kilomètres carrés. Voir I. N. Roman, ouv. cit., page 10.

b) Selon les évaluations du Crédit foncier rural, la superficie de la Dobrogea est :

862,600 hectares, le département de Toultcha.
691,000 — — Constantza.

Total. . 1,553,600 hectares, la province entière.
Ce qui fait 15,536 kilomètres carrés.

c) J. J. Nacian, « La Dobroudja économique et sociale », nous dit à la page 38 : « La Dobroudja proprement dite comprend à elle seule 10,880 kilomètres carrés, le Delta du Danube 2,670 kilomètres carrés, ce qui ferait un total « de 13,550 kilomètres carrés ». Dans ce livre, publié en 1886, nous trouvons encore ces quelques lignes : « Nous jugeons à propos de faire

douzc nationalités, de races, dc langues et de religions différentes, cc qui lui donne un caractère d'une grandc originalité et la fait distinguer de tous les autres pays de l'Europe.

SECTION PREMIÈRE

Ethnographie ancienne

Quels furent les autochtones de cette contrée ? Mystère ! — Comment pourrait-on nommer — sans risquer d'être démenti — le peuple aborigène de la Dobrogea, « cette province qui, au décours des siècles, fut le boulevard des invasions barbares » (2).

---

remarquer qu'on ne connaît qu'imparfaitement la superficie de cette presqu'île »..... « Ainsi, d'après les dernières données de la statistique, qui d'ailleurs sont dignes de toute confiance, l'étendue de cette portion de terre est de 13,550 kilomètres carrés ».

d) On voit donc que le Dr *Allard* se trompe de beaucoup, quand il écrit dans son livre : « *Souvenirs d'Orïent* », à la page 11, « en quittant les collines du Tekié et de Baltchik — rendu célèbre par l'hospitalité qu'il a offerte à la flotte française durant la guerre d'Orient — on entre dans les steppes ; c'est la *Dobroutcha, immense prairie de plus de 60 kilomètres de longueur sur plus de 20 de largeur* », ce qui ne ferait que 1,200 kilomètres carrés ou tout au plus 1,625 kilomètres carrés. Et ce qui est surprenant, c'est qu'il parle d'une Dobrogea beaucoup plus vaste que la Dobrogea actuelle, car Baltchik est bien plus bas que Hanlic, point terminus de la frontière méridionale de la Dobrogea.

Il faut prendre en considération que le livre est publié en 1861.

(2) *C. Allard*, « La mission médicale dans la Dobroudja (Paris, 1864, 1 vol.), page 17.

Le docteur Allard nous dit encore dans un autre livre « Souvenirs d'Orient » que « la région danubienne foulée par d'innombrables invasions et placée sur le passage de tous les envahisseurs, n'a conservé que peu de traces du séjour du plus grand nombre ; peut-être peut-on attribuer à la mobilité de la population *cette absence de la notion de propriété que nous avons signalée dans la Dobroutcha surtout* ».

§ 1. — Les Gètes

Parmi ceux que l'histoire mentionne, les plus anciens furent les Gètes, connus surtout sous la dénomination de *Daces*.

Certains historiens et géographes anciens faisaient pourtant une distinction entre ces deux peuples.

Ainsi *Strabon* (3) appelle *Daces* les peuples qui occupaient la rive gauche du Danube, vers la Germanie et les sources de l'*Ister* (Danube), tandis qu'il donne le nom de *Gètes* aux peuples qui habitaient la rive droite à l'Orient, vers le Pont-Euxin.

Les écrivains romains ne faisaient pas cette distinction. Ainsi, Pline l'ancien (4), en parlant des populations qui occupaient la rive droite du Danube, dit que le littoral de la mer Noire a été peuplé : *tantôt par les Gètes, appelés Daces par les Romains*, tantôt par les Sarmates, que les Grecs appelaient Sauromates, et par les Hamaxobiens ou les Aorses, branche sarmatique ; tantôt par les Scythes dégénérés et issus d'esclaves ou par les Troglodytes, par les Alains et les Rhoxalans.

Le premier historien qui parle des Gètes, c'est Hérodote (5). Il nous dit : qu'ils habitaient au Nord des Balkans (Hœmus) jusque vers les embouchures du Danube, au temps de Darius Ier, qui fit en 513 av. J.-C. son expédition contre les Scythes ; et que « *c'était le peuple le plus courageux parmi les tribus Thraces* » (6).

---

(3) *Strabon*, Géographie traduite du grec en français par MM. de la Porte, du Theil, Coray, Letronne, t. III, p. 47, 48.

(4) *Pline*, Histoire naturelle, traduite par Littré, liv. IV, 25.

(5) *Hérodote*, Histoires, traduites en français par P. Giguet, Paris, 1886, Hachette.

(6) *Hérodote*, liv. IV, 93-96.

Ce courage, les Gètes le devaient à leurs croyances religieuses : « Après la mort, ils devaient jouir d'une deuxième vie plus heureuse » (7).

Le grand poète romain, Ovide, exilé de Rome pour avoir dit la vérité sur la famille d'Octave Cépias (8) et qui a vécu plus de huit ans parmi eux, nous les montre comme barbares, sauvages, inhumains. Il dit : « Je vis au milieu de peuples barbares, entouré par les Sarmates, nation féroce, les Besses et les Gètes, tous noms indignes d'être proférés par ma Muse » (9) ... « Partout règne la barbarie avec ses accents sauvages ; partout retentissent la voix du Gète et ses épouvantables éclats » (10).

Pourtant Voltaire, en parlant des habitants de la Dobrogea, les considère comme jouissant d'une certaine civilisation. Et pour appuyer cette assertion, le même écrivain raconte que Cotys, petit roi d'une portion de la Thrace, fit des vers gètes qu'il dédia à Ovide (11). La langue du pays fut recherchée même par l'illustre exilé de Rome qui, après avoir appris le sarmate et le gète, comme il nous le dit lui-même dans une de ses élégies (Elégie XII, liv. V, Tristes) fit des vers dans la langue gète qui n'était, selon toute probabilité, qu'un dialecte tartare (12).

Les Gètes étaient d'une fierté farouche. Hérodote nous dit « qu'ils lançaient, dans leur mécontentement, des flèches contre les foudres et les éclairs ».

Leur réponse à Alexandre le Grand (roi de Macédoine)

---

(7) *Pomponius Mela*, II, 2, 3 ; De situ orbis.
(8) Cf. *J.-J. Nacian*, « La Dobroudja économique et sociale », p. 25.
(9) *Ovide*, Les Tristes, liv. III, Elégie 10.
(10) *Ovide*, Les Tristes, liv. V, Elégie 12.
(11) *Voltaire*, Œuvres complètes, t. VIII, p. 106 (Dictionnaire philosophique Ovide, 1853).
(12) *Voltaire*, Œuvres complètes, t. XIII.

« qu'ils ne craignent que le ciel » est semblable à la superbe réponse des Gaulois : « que si le ciel leur tombait sur les têtes, ils le retiendraient à la pointe de leurs piques ».

Les mœurs des Gètes étaient étrangement féroces. Ainsi ils avaient l'habitude de se tatouer (13); d'enterrer avec un homme mort la femme qu'il avait le plus aimé ; de sacrifier à Zamolxis un de leurs semblables.

Au temps d'Hérodote, ainsi que le rapporte cet historien, on croyait que Zamolxis avait été esclave de Pythagore, à Samos, qu'il en avait reçu des leçons de celui-ci et que, ayant recouvré la liberté, il avait acquis de grandes richesses, puis était retourné chez les Gètes, ses compatriotes, à qui il enseigna le dogme de l'immortalité de l'âme (14).

Les Gètes le révéraient comme un Dieu. Ils prétendaient ne point mourir, mais aller trouver le Dieu Zamolxis ; tous les ans ils lui envoyaient un messager. Pour cela ils jetaient un homme en l'air et le recevaient sur la pointe de leurs piques.

Quelques anciens l'ont confondu avec le philosophe Thalès. *Creuzer* (15) voit en lui un personnage mythique analogue à Silène et regarde son culte comme formant un anneau entre les religions celtiques et celles des peuples de l'Orient (16).

---

(13) *Plinius*, Historia naturalis, VII, 50.

(14) *Hérodote* nous dit : « Je ne rejette ni n'admets ce qu'on raconte de Zamolxis et de son souterrain ; mais je pense qu'il est antérieur de bien des années à Pythagore ».

(15) *Creuzer*, « Symbolique et mythologie des peuples de l'antiquité et surtout des Grecs », trad. franç. excellente par M. Guigniaut, sous le titre : « Religions de l'antiquité considérées particulièrement sous leurs formes symboliques » (1825-1851, 10 vol. in-8°).

(16) Pour tout ce qui concerne la religion et les mœurs des Gètes, des Daces, consulter : *Hérodote*, 1, 131 et 138; IV, 94, 95, 96 ; V, 4, 6 ; VII, 111.

3

Les Gètes s'adonnaient à l'agriculture et s'occupaient de l'élevage des bestiaux, surtout de l'élevage des chevaux si utiles à ce peuple par excellence chevaleresque.

Leurs maisons faites de branchages, consolidées avec de la terre glaise et recouvertes de roseaux, étaient éloignées les unes des autres proportionnellement à l'étendue de terrain que cultivait chaque habitant.

Ces constructions étaient temporaires. Rarement ils employaient des pierres pour les bâtisses et alors ils les mettaient les unes sur les autres, par blocs, sans les consolider avec de la chaux ou du ciment. Les briques leur étaient inconnues, de même qu'aux Germains (17).

— *Vegetius*, « De re militari », I, 28. — *Strabo*, VII, 3, § 3, § 5, § 11, § 4. — *Macrobe*, Saturnales. I, 18. — *Pomponius Mela*, II, 2, nous dit : « Que le mépris de la mort chez les Gètes provient de différentes causes : certains pensent que les âmes des morts ressusciteront ; d'autres, que quoiqu'ils ne reviendront mais ils ne périssent pas, qu'ils s'en vont dans des régions meilleures ; d'autres enfin pensent qu'ils périssent mais que cela vaut mieux que de vivre ». — *Virgile*, Aeneis, III, 35, nous dit que les Gètes avaient encore un Dieu, le Dieu du mal, Zamolxis étant le Dieu du bien : « *Gradivumque patrem, geticis qui præsidet arvis* ». — De même, *Ovide, Les Tristes*, V, 3 ; *Les Pontiques*, V, 14 : « Marticolis Getis » ; *Martial*, VII, 2 : « Martis getico tergore fida magis » ; *Statius, Silvæ*, I, 2 : « Mars geticus maritus Veneris ». — *Flavius Josephus*, Antiquitates judaicæ, XVIII, 1, § 5. — *Martianus Capella*, VI. — (I, 3, *Solinus*, X, 1). — *Dio Cassius*, LI, 26 ; LXVIII, 8, 9. — *Jordanès*, X, XI ; Julianis imperatoris quæ supersunt, Ed. Taubner, I, p. 420. — *Horace*, Carmina, III, 24. — *Justinus*, XXXII, 3. — *Théopompe*, Fragments, éd. Firmin Didot, p. 419. — *Preller*, Griechische Mythologie, I, p. 263. — *Heuzey*, Mission archéologique de Macédoine, p. 131, p. 137. — *Fröhner*, La Colonne Trajane, tab. 155-156 ; 53-54 ; 63-64 ; 118-120 ; 171-178. — *Niebuhr, Untersuchungen über die Geschichte der Scythen Geten und Sarmaten*, dans *Kleine historische und philologische Schriften*. — *Schafarik*, Slavische Alterthümer, Leipzig, 1843. — *Halling*, Geschichte der Scythen, Berlin, 1837.

(17) *Victor Hehn*, « Culturpflanzen und Hausthiere », Berlin, 1874, p. 131, 132. — *Akner*, « Bericht über einen Theil der südlichen Karpathen in Archiv für Siebenbürgische Landeskunde », I. 1884, p. 18 et suiv.

Les Troglodytes habitaient dans les cavernes.

Les Gètes avaient aussi des villes entourées de fortifications faites avec des pieux plantés.

Une de ces villes a été détruite par Alexandre le Grand. Le mobilier de leurs habitations était très simple, toutefois ils connaissaient le luxe (18), preuve le festin donné à Lysimaque.

Ils se servaient de vases fabriqués avec de la terre glaise, tels que pots, cuvettes, etc., et d'une sorte de lampe dont la mèche trempée dans de la graisse brûlait assez bien ; on trouve de ces objets partout dans la Dobrogea et aussi des vases énormes pour tenir l'eau.

Ovide nous dit que les femmes des Gètes au lieu de filer la quenouille s'occupent à moudre le blé ; elles y apportent de l'eau dans des amphores portées sur la tête (19).

La nourriture des Gètes était : le miel, les légumes, le lait de brebis et de jument, le kéfir, la farine de blé, de millet et d'avoine (20). Ils consommaient peu de viande ; ils mélangeaient le vin avec de l'eau et quand ils buvaient, les coupes faites de cornes de bœuf passaient de main en main (21).

La tenue des Gètes était semblable à celle des Mèdes. Ils

---

(18) *Gellius* (Aulu-Gelle), « Noctes Atticæ », XIII, 24 ; *Joannes Lidus*, « De Magistratibus », II, 28.

(19) *Ovide*, Pontica, III, 8 vers. 8-12. « Femina pro lana cerealia munera frangit »... *Contra, Hesichius*, au mot χάνναϐις. Hesichius a vécu au ive siècle apr. J. C., il est l'auteur d'un dictionnaire important, à cause d'un recueil de notes des écrivains anciens dont les ouvrages ne nous sont point parvenus. Cf. *Hérodote*, IV, 74.

(20) Voir pour plus de détails le livre de M. *A. D. Xenopol*, « Histoire des Roumains », Ier vol., p. 9-95 ; Paris, Leroux, 1896. — Cf. aussi capitaine *M. D. Ionesco*, ouv. cit., p. 322 et suiv.

(21) *Xenophon*, Anabasis, VII, 2, § 23; *Plutarque*, Alcibiade, 23; *Plato*, De legibus, I, 9; *Cornelius Nepos*, Alcibiades, VII, 11, § 4; *Strabo*, VII, 3, § 11.

avaient des pantalons (22), portaient la barbe et les cheveux longs et avaient des habits sales.

Leur divinité était Dionysos Sabazius (23). Ils s'occupaient de préférence de guerres, de rapines, et comme armes possédaient : l'arc, la lance, la pique, la massue, l'épée, la sica (une sorte de poignard recourbé) et le bouclier.

Jusqu'à la conquête romaine aucun autre peuple n'a eu de la stabilité dans la Dobrogea.

§ 2. — Les Romains

Au temps de grandeur de l'Empire il y avait dans la Dobrogea trois légions : la onzième (*Claudia*), à Durostorum; la cinquième (*Macedonica*), à Trœsmis; et la deuxième (*Herculea*), à Noviodunum.

Les légionnaires pendant vingt-cinq ans de service n'avaient pas la permission de se marier, ils vivaient en concubinage avec des femmes appelées *focaria* avec lesquelles ils se mariaient plus tard, grâce au *connubium*, en obtenant une indemnité « *honesta misio* » et des terres, le plus souvent dans la région où ils avaient servi.

Ces légionnaires se groupaient autour des campements (*castra stativa*), formant ainsi la population des *cives Romani* et le campement devenait ensuite *Cannabae*, puis *vicus* et enfin *municipium*.

Ainsi se sont formées les trois villes romaines, dont une,

---

(22) *Ovide*, Les Tristes, « Braccata turba Getarum ». Les pantalons, en grec βράχαι, en latin bracca.

(23) *R. P. Garucci*, Tre sepeliri con pitture ed inscrizioni appartinente alle superstitione del Baco-Sabazio e del persidico Mithra, Napoli, 1852; Cf. *Tocilesco*, « Dacia înainte de Romani » (La Dacie avant les Romains), p. 313, note 243; voir aussi *Heuzey*, ouv. cit., p. 131 ; cf. pour plus de détails *Xenopol*, ouv. cité, p. 27 et suiv.

Troesmis (Iglitza), doit son existence seulement aux légionnaires de la cinquième légion (Macedonica).

Après l'extermination des Gètes la Dobrogea est devenue province romaine, purement militaire.

Autour des légionnaires se groupèrent d'autres colons, venus de tous les coins de l'Empire qui avait besoin de fortifier les rives du Danube avec des hommes adonnés aux guerres, avec des soldats dévoués et avec des vétérans aimant la terre où ils devaient servir depuis l'âge de dix-sept ans jusqu'à l'âge de quarante-deux ans.

L'état de la province Scythia minor (Dobrogea) *a été florissant sous les Romains.*

Les villes ponthiques étaient visitées par une multitude de navires, le commerce avait pris un grand essor.

Sur terre, une route romaine, faite par les légionnaires, unissait, entre elles, les cités et les villes sises sur la rive droite du fleuve avec les villes commerciales des rives du Pont-Euxin.

Le grand nombre des monnaies frappées depuis Trajan jusqu'à Constantin le Grand et les constructions dont les ruines couvrent partout le sol de la Dobrogea sont autant de preuves de son glorieux passé.

A cause des invasions des barbares la population romaine a dû se retirer et se cacher dans les cavernes et les vallées des montagnes de Babadag, jusqu'à ce que la fureur des invasions eût cessé, pour édifier ensuite des villages dont le nom purement roumain a une date probablement antérieure à celle de l'invasion des Bulgares.

« Un noyau roumain a dû, par conséquent, exister dans la Dobrogea avant sa colonisation avec des habitants roumains, venus des rives gauches du Danube » (24).

------

(24) M. *D. Ionesco*, ouv. cité, p. 323 *in fine.*

Les Gètes et les Romains sont les deux peuples qui ont le plus séjourné dans la Dobrogea.

Ce sont comme deux couches sur lesquelles se sont superposées les autres nationalités qui forment aujourd'hui la population si bigarrée de la province transdanubienne (25).

(25) Pout tout ce qui concerne les Scythes (qui, selon Hérodote, s'appelaient eux-mêmes Scolotes), les Gètes, les Daces, etc., voir *Hérodote*, Histoires, liv. IV; liv. Ier, 215; liv. VII, 111. — *Aristote*, Problemata, XIX, 28; *Homère*, Iliade, VI, 130; Odyssée, XXIV, 74; *Athénée*, VII, IV, X, XII et s. — *Hippocrate*, De aëre, aqua et locis, 6, éd. Kühn, p. 558. — *Empereur Constantin VII, dit le Porphyrogénète*, De administratione imperii Bonn, p. 171. — *Strabo*, VII, 3, § 1, 8, 10, 11, 12, 13, 14 et 17; *Thucydide*, II, 96. — *Xénophon*, Anabasis, VII, 2, § 23; *Pausanias*, I, 21, § 5. — *Aelianus*, De natura animalium, Rec. Herscher, Paris, 1858, II, 7, p. 37; III, 39, p. 335; *Ammianus Marcellinus*, XXVII, 4, 12-13; Notitia Dignitatum in partibus Orientis, p. 10, 11, 134. — *Plinius*, Historia naturalis, IV, 12; VI, 20; VII, 50; XVIII, 73. — *Dio Cassius*, LI, 22, 27; LXVII, 6; *Arrianus*, Anabasis, VII, 2, § 23. — *Diodorus Siculus*, XXI, 12, § 2; III, 65; *Justinus*, XXXII, 3. — *Horatius*, Carmina, III, 24; *Priscus*, Excerpta de legationibus, Bonn, p. 183; *Varro*, De re rustica, I, 57. — *Cornelius Nepos*, Alcibiades, VII, 11, § 4; *Gellius* (Aulu-Gelle), Noctes atticæ, XIII, 24; *Ovide*, Les Tristes, III, 10; IV, 6; V, 12; Les Pontiques, III, 8; *Joannes Lidus*, De magistratibus, II, 28; *Corpus inscriptionum latinarum*, éd. Mommsen, Berolini, III, 1, Nr 1568; *La Colonne Trajane*, éd. Fröhner, Paris, pl. 142-143, 159-160; *La Revue d'Histoire, d'Archéologie et de Philologie* de M. Gr. Tocilesco, Bucarest, 1883, II, p. 294 et s. — *Müllenhoff*, Über sprache und Herkunft der Pontischen Skythen in den Monatsberichten der Königl preuss. Akademie August 1866; *Boeckh*, Corpus inscriptionum graecarum, Berolini, 1824-62, II; *Jordanès* (Jornandès), De getarum sive Gothorum origine et rebus gestis; *Rösler* Rumänische studien, Leipzig, 1871, p. 29; *Pertz*, Monumenta Germaniæ, I, p. 552, Chron. de gestis Normannorum; *Grimm*, Histoire de la langue allemande. — *Le Livre rarissime*, Das alte und neue teutsche Dacia das ist Beschreibung des Landes Siebenbürgen Nürnberg, 1666. — *Jirecek*, Geschichte der Bulgaren. — *Van den Gheyn*, Les populations danubiennes, études d'ethnographie comparée, Bruxelles, 1886, p. 14, p. 135 et s , p. 187 et s. — *A. D. Xenopol*, Histoire des Roumains, Ier vol., p. 9-95. — *Tocilesco*, Dacia inainte de Romani. — *B. P. Hasdeu*, Columna lui Traian, 1874, p. 102, p. 52. — *Mme Victoria Vaschyde*, Histoire de la conquête romaine de la Dacie, Paris, 1905, etc.

SECTION II

Ethnographie actuelle

§ 1. — Les Roumains

> Ce Danube est le nôtre. Nous l'avons
> assez payé dans le passé, car il y a eu des
> siècles pendant lesquels il a roulé vers la
> mer plus de sang roumain que d'eau.
>
> (Alexandre LAHOVARY, *séance de la
> Chambre, mai 1881* ; — paroles
> gravées sur le socle de la statue
> du grand orateur, à Bucarest).

Les Roumains répandus un peu partout dans la province
forment la majorité de la population par rapport aux étrangers pris séparément, car, selon les moins fantaisistes statistiques (1), il y a 145.228 Roumains et 147.891 étrangers
d'origines diverses.

Ils sont plus nombreux dans le district de Constantza (Kustendjé) que dans le district de Toultcha.

Ion Ionescu (de la Brad), dans le livre : *Excursion agricole dans la plaine de la Dobrodja*, publié en 1851, affirmait
que la population roumaine des *Kazas* (mot turc qui signifie

---

(1) L'administration roumaine n'a pas encore rédigé une statistique définitive où les citoyens soient classés selon le cens et selon la nationalité. Le
gouvernement a enfin chargé tout récemment une commission de la rédaction
des listes sur lesquelles vont figurer seulement ceux qui auront à bénéficier
des droits politiques, qu'on a l'intention d'accorder aux Dobrogiotes.

Ne bénéficieront, selon toute probabilité, du bienfait de cette loi encore à
l'étude, que les Dobrogiotes qui étaient citoyens ottomans lors de l'annexion
de la province et qui sont devenus en bloc citoyens roumains, conformément
à l'article 3 de la loi du 9 mars 1880 (Cf. art. 3, livre III, chap. III,
section II, § 6).

département), de Toultcha, d'Isaktcha, de Matchin et de Babadag, était alors de 17.730 habitants; tandis que celle des Kazas de Harsova, de Silistrie et de Küstendje était seulement de 9.881 habitants.

Il y avait donc dans la Dobrogea 27.611 Roumains (2) et

(2) Les Roumains du Kaza de Soulina ne sont pas mentionnés. On doute même que les Roumains habitant la ville de Toultcha aient été comptés dans la statistique du distingué agronome roumain, qui avait voyagé bien souvent dans la Dobrogea et qui était très au courant sur tout ce qui concernait la province. Le tableau statistique du livre de *Ion Ionesco*, qui a trait aux Roumains, est le suivant :

PASHALIK	KAZAS (Départements)	Nombre des villages	Hommes	Femmes	Garçons	Filles	Célibataires	Grandes Filles	Total
De *Silistrie.*	Toultcha. .	7	1310	1349	1460	1580	421	222	6342
	Isactcha. .	6	360	377	556	580	139	178	2190
	Matchin. .	9	676	667	838	1014	196	295	3616
	Harsova. .	8	561	581	845	962	256	301	3506
De *Varna.*	Babadag. .	16	664	694	1409	2096	364	355	5582
	Silistrie. .	20	815	838	1368	1602	303	368	5294
	Küstendjé..	5	217	226	303	120	120	95	1081
	Total. .	71	4603	4732	6779	7954	1799	1744	**27611**

Selon *Karl F. Peters* (Grunlinien zur Geographie und Geologie der Dobroudscha, p. 131), le nombre des Roumains en 1865 n'était que de 12.000 habitants. La statistique qu'il emprunte à Viskowitch, agent consulaire à Toultcha, est probablement erronée, car, selon *Lejean* (Ethnographie de la Turquie d'Europe), le nombre des Roumains en 1860 était de 33.000, et ce nombre n'a fait que s'accroître annuellement. Ainsi, dans la statistique faite par ordre de Bieloserkowitch, gouverneur de la Dobrógea pendant la guerre de 1877-78, — et dont une copie se trouve dans le dossier n° 2 de 1879, annexée \u0105u rapport de l'administration de l'arrondissement de Babadag portant le

10 (du 3 janvier 1870) et envoyée avec référé au Ministre de l'Intérieur, — nous pouvons constater que la population des districts de Toultcha, Matchin, Harsova, Babadag, Kustendjé, Medgidié et Soulina, lesquels, avec les districts

seulement 3.989 chefs de famille, d'origine slave, se décomposant par nationalités de la sorte :

1,194 familles bulgares.

1,092 familles russes.

1,706 familles de Lippovans.

de Mangalia, Cernavoda et Silistrie (non comptés dans la statistique), formaient le sandjack de Toultcha, se répartissait comme suit : Roumains, 5.542 chefs de famille ; Bulgares, 4.750 ch. de fam. ; Russes, 1.597 ; Lippovans, 1.526 ; Malocans, 144 ; Grecs, 544 ; Arméniens, 111 ; Juifs, 222 ; Allemands, 416 ; Tartares, 131 ; Autres nationalités, 736 chefs de famille ; *Total*, *15.719 chefs de famille*, c'est-à-dire à peu près 60.000 habitants, dont 5.542 chefs de famille Roumains seulement pour la partie du sandjack recensée.

La statistique du baron *d'Hogguer* (voir *Renseignements sur la Dobrodja*, Bucarest, 1880), qu'il affirme avoir rédigée conformément à la statistique russe, est erronée aussi puisque du total de 62.000 habitants, le dénombrement par nationalités est le suivant :

Roumains,	18.159	ou	28.9 %	au lieu de	32.0 %
Bulgares,	20.161	ou	32.1 %	au lieu de	29.7 %
Russes,	7.518	ou	11.9 %	au lieu de	12.8 %
Lippovans,	8.029	ou	12.7 %	au lieu de	11.2 %
Grecs,	1.301	ou	2.0 %	au lieu de	3.2 %
Arméniens,	430	ou	0.7 %	au lieu de	0.7 %
Juifs, .	751	ou	1.0 %	au lieu de	1.5 %
Allemands,	1.830	ou	2.9 %	au lieu de	3.6 %
Tartares,	1.620	ou	2.5 %	au lieu de	1.0 %
Turcs,	1.640	ou	2.6 %		
Tsiganes,	191	ou	0.2 %		
Sujets étrangers,	1.102	ou	1.7 %	au lieu de	2.5 %

Total,   62.732 habitants.

Le baron d'Hogguer a dû se tromper aussi en ce qui concerne la population de la ville de Toultcha. Le premier préfet de ce district, M. G. Ghica, écrivait en 1879 (Cf. Moniteur Officiel du 22 avril 1879) : « Un recensement exact de la population de Toultcha n'a pas pu être fait encore. M. le baron d'Hogguer, dans son intéressant ouvrage, évalue le nombre de la population à 17.948 âmes, en se référant aux documents mis à sa disposition par la précédente administration. Selon le tableau statistique de cette administration (russe), qui se trouve à la préfecture, il y a 2.575 familles, et selon un autre registre de recensement, le nombre de la population de la ville de Toultcha est de 13.224 âmes.

La population slave ne dépassait pas, selon toute probabilité, le nombre de 20,000 habitants.

Sous la domination des Ottomans (1850), l'élément roumain était plus nombreux que l'élément slave (3). Après vingt-huit ans de domination roumaine, nous constatons avec stupéfaction que les Slaves, — grâce à la négligence de l'Administration et à la surveillance inefficace des bouches du Danube, — sont très nombreux, surtout dans le district de Toultcha, où il y a 29,633 Bulgares, 3,758 Gagaoutzii, 15,282 Russes et 13,734 Lippovans, ce qui représente 62,407 habitants d'origine slave (4) contre 51,422 Roumains (5).

Et l'immigration des étrangers continue clandestinement, car la police fluviale et la gendarmerie sont insuffisantes (6).

Tout commentaire est inutile !

Le docteur Allard écrivait en 1861 : « Les Roumains ou Valaques habitent presque exclusivement toute la rive droite

---

(3) M. Luca Ionescu, en commentant le livre de Ionescu de la Brad, conclut : « Nous ne sommes donc pas venus protégés par l'armée d'occupation roumaine, nous avons été population autochtone » (*District de Toultcha*, rapport présenté au Conseil départemental, Bucarest, 1904, p. 39).

(4) Il ne faut pas oublier que les Bulgares se considèrent comme Slaves et fraternisent facilement avec les Russes. En général, ils suspectent les Roumains ou les envient. Cela a fait dire à M. André Bellessort : « En ce qui concerne la Dobroudja, les questions les plus diverses s'y entremêlent et se disputent notre attention. Question politique : Comment apprivoiser ces rudes Bulgares dont l'hostilité, si elle se comprend en Macédoine, où ils luttent contre l'influence roumaine, ne s'explique en Dobroudja que par un excès d'humeur combative ! » (*A travers la Roumanie*, Revue des Deux-Mondes, 15 mars 1905, p. 410).

(5) En 1879, le nombre des Roumains autochtones était pour toute la province de 51,951. — Cf. *Pariano*, La Dobrogea et les Dobrogiotes (*Dobrogea, si Dobrogenii*), Constantza, 1905, page 29.

(6) Cf. *Neñitescu*, La situation du district de Toultcha, rapport présenté au Conseil départemental, 1898, Tulcea, typ. nationale, pages 10 et s.; *Luca Ionescu*, ouv. cité, pages 312 et suivantes.

du Danube et forment une notable partie de la population de
Toultcha. Ils émigrent sans cesse sur le territoire ottoman
pour se soustraire soit au service, soit à l'oppression des
boyards. M. Merey, officier hongrois d'origine rousniaque,
réfugié dans la Dobroutcha, et qui nous a donné de très pré-
cieuses indications sur cette région, nous dit qu'on y trouve
aussi des Roumains de la Transylvanie appelés *Mokany*, qui
viennent hiverner avec leurs troupeaux dans les plaines de la
Dobroutcha. Les Valaques ne sont pas vus d'aussi bon œil
que les Bulgares par les Turcs.

« *Aussi nous est-il arrivé d'en rencontrer dans les steppes
qui se disaient Bulgares et qui ne voulaient jamais, par
méfiance, nous avouer leur origine.* Ils ne nous répondaient
pas quand nous les questionnions en valaque et faisaient
semblant de ne comprendre que le turc. Il était du reste
facile de les découvrir, car le type valaque a conservé le
cachet de son origine italienne.

« On a pu aussi, non sans quelque raison, rattacher les
Valaques à la race celtique. On conçoit, en effet, que les Gaulois aient laissé des traces de leur passage sur le sol de la
Valachie, si souvent foulé par eux. Le mot valaque, lui-même,
ne serait, selon certains éthymologistes, que le mot *Galaque*
dégénéré. Si nous croyons les Valaques d'origine romaine et
si nous avons reconnu souvent le type italien parmi eux, que
de fois, au milieu de villages valaques, ne nous sommes-nous
pas crus transportés au fond de la Bretagne.

« Le contact prolongé avec des populations différentes et
pour lesquelles ils semblaient n'avoir aucune affinité, a du
reste fait subir aux Roumains une métamorphose si profonde
qu'*on a voulu même les considérer comme des Slaves ; il
est inutile de démontrer le peu de fondement d'une pareille
opinion* ».

L'affirmation téméraire du docteur Allard, « que les Roumains se disaient Bulgares et qu'ils ne voulaient jamais, par méfiance, affirmer leur origine », a été soutenue par M. Gr. Danesco (un Roumain), dans son ouvrage « La Dobroudja » (thèse pour le doctorat ès-lettres, Paris, 1903). — Selon M. Danesco, tout comme selon M. Allard, les Roumains reniaient leur origine afin « d'échapper aux Turcs qui les considéraient d'un mauvais œil ».

La réfutation de cette affirmation, sans fondement aucun, a été judicieusement faite par M. Luca Ionescu, ex-préfet de Toultcha (Cf. ouvr. cité, pages 40 et suiv.).

« Je n'ai jamais ouï dire, jusqu'à présent, qu'il y ait eu par le passé un seul Roumain qui se fût considéré comme Bulgare par l'adoption de la langue, des mœurs et de la conscience nationale.

« Dans toute l'étendue de la Dobrogea je n'ai jamais entendu parler de monstres pareils, plus odieux que des renégats.

« Est-il prouvé que les Turcs considéraient mieux les Bulgares que les Roumains, et que force était à ces derniers de se mettre sous leur égide ?

« Un fait connu de tout le monde, c'est que les Turcs poussés par leur fanatisme religieux donnaient l'épithète de « *giaours* » à tous les non-Musulmans, les traitaient de la même manière, car sur tous se déchaînait le courroux d'une domination despotique.

« A quoi donc aurait servi aux Roumains de se prévaloir de la nationalité bulgare ?

« Et si les Roumains se disaient Bulgares, ils devaient en savoir la langue et en porter le costume.

« Je prie M. Danesco de parcourir en long et en large toute la Dobrogea et je le défie de trouver un Roumain, parmi les vieux habitants, qui parle bulgare ou qui ait entendu que ses parents ou ses ancêtres auraient échangé son parler roumain pour le langage slavon !

« Mais la ruse dont parle M. Danesco n'aurait même pas réussi, parce que les Roumains vivaient isolés des Bulgares et constituaient des masses compactes dans les endroits où ils s'étaient établis.

« D'ailleurs, les autorités ottomanes connaissaient assez bien la population. Et la preuve est que dans les villages roumains on nommait des *muktari* (sorte de maires), choisis parmi les Roumains. Ceux-ci ont été même maintenus pendant l'occupation russe de la province » (7).

M. Luca Ionescu cite encore bien des faits qui mettent en relief la ténacité et la puissance de résistance, en tant qu'élément ethnique, des Roumains de la Dobrogea, pareille à tous les points de vue à celle des Roumains de Transylvanie que les Hongrois s'efforcent en vain de dénationaliser.

Une autre affirmation du docteur Allard sujette à la critique est celle-ci : « Les Roumains ou Valaques émigrent sans cesse sur le territoire ottoman pour se soustraire soit au service, soit à l'oppression des boyards ».

Nous sommes plutôt enclins à croire que les Roumains ont quitté la mère-patrie à cause des luttes dont elle a été le théâtre pendant le xixe siècle (luttes entre les Turcs et les Russes).

Ils se sont concentrés de préférence dans le nord de la presqu'île, dans le voisinage immédiat de la Roumanie, tout le long du littoral danubien.

Tandis que les Bulgares accaparaient les plaines fertiles de

---

(7) Voyez le nom de ces maires et les communes roumaines où ils siégeaient dans le rapport de M. Luca Ionescu, Judetul Tulca (*District de Toultcha*), page 43.

l'arrondissement de Babadag, et les Russes les régions où le poisson abondait, les Roumains se contentaient d'un terrain agricole médiocre et s'efforçaient de s'habituer à un climat insalubre, rien que pour ne pas s'éloigner trop de la mère-patrie.

Ils ne se sont pas dispersés parmi les autres peuples, mais se sont groupés par masses compactes que n'ont pu disloquer ni la fureur d'un régime d'oppression, ni les incursions des bachi-bouzouks, ni les déprédations des bandits, ni les incessantes immigrations d'autres peuplades.

Aussi, ils ont conservé intactes la croyance, la langue et la conscience nationales.

Aucune des admirables qualités de la race, aucun des ornements de l'intelligence et de l'âme roumaine n'ont été altérés.

Je les ai trouvés, nous dit M. Luca Ionescu — un des plus consciencieux préfets roumains, — tels qu'ils avaient dû être quand le sort contraire les a séparés des frères de la mère-patrie, je les ai trouvés tout aussi fiers que leurs ancêtres du temps de Mircea le Vieux, le glorieux woïwod (prince) du XIV⁰ siècle.

« Les Roumains dobrogiotes ont brillé parmi tous les autres peuples tant par le bien-être que par leur volonté ferme, leur dignité et fierté innée, et ils ont su défendre toujours, avec une rare énergie, leurs droits ethniques (8).

---

(8) Luca Ionesco, ouv. cité, pages 43 et suivantes. L'exemple que M. Luca Ionescu cite à l'appui de ses dires, rappelle par plus d'un côté la lutte entreprise par les Roumains de Macédoine contre le clergé grec.

Sous le pashalik de Fahri-Bey (1874), les Roumains de la Dobrogea ont obtenu que le service religieux soit célébré comme auparavant, en roumain, malgré les intrigues des hiérarques Grégoire, des Bulgares, et Dionisié, des Grecs, qui se disputaient entre eux pour affirmer la suprématie de leurs églises respectives.

De nos jours encore, la paisible population roumaine de Macédoine lutte avec acharnement pour l'indépendance religieuse et cultuelle.

Tant de nobles victimes ont expié leur crime, car pour les Grecs (lisez

« De ces Roumains on peut dire ce qu'on disait des Romains : *Romanus orbis ruit, et tamen cervix nostra erecta non flectitur* ».

Nous nous sommes occupés jusqu'à présent des Roumains autochtones de la province.

Il y a dans la Dobrogea encore deux autres importantes classes de Roumains :

Les *Mokanii* (Roumains venus des pays subjugués, notamment de Transylvanie, et

Les *Roumains venus du pays* et dont l'immigration a commencé après la guerre de 1877.

Les Roumains de Transylvanie (au nombre de 25,000) se sont établis dans la province surtout après 1882, ultérieurement à la mise en application de la loi sur la propriété immobilière.

Certains sont venus vers le commencement du xviiie siècle. La plupart de ces bergers descendaient des Carpathes pendant le mois de septembre, amenant leurs troupeaux dans les vastes pâturages de la Dobrogea, mais ils ne quittaient pas la Transylvanie sans esprit de retour.

C'étaient des nomades qui vivaient solitaires, se préoccupant seulement de trouver des endroits où l'herbe était bonne pour les bestiaux.

Le faubourg *Varos*, du village de Harsova, était pour eux comme un pied-à-terre. Ils venaient par là dans la province.

---

les Sociétés de Grèce telles qu'Hellenismos et autres) c'est un crime que de vouloir parler le roumain et de se dire Roumains, quand on a comme religion d'Etat la religion gréco-orientale (orthodoxe).

Aussi, les bandes d'assassins, encouragées par les Sociétés de Grèce, sous l'œil indifférent des Ottomans, massacrent les habitants roumains non armés des montagnes du Pinde : hommes, femmes, vieillards, enfants même.

Les Grecs pensent-ils s'imposer de la sorte aux yeux des Européens par leur bravoure, bravoure qui leur a fait défaut à Domokos et ailleurs, lors de la dernière guerre contre les Ottomans ?

L'historien André Papadopoulos Vrétos évaluait leur nombre en 1856 à 3,000.

M. Bellessort décrit ces bergers roumains et transylvains comme ayant l'humeur douce de leurs brebis.

« Sous la *stîna* (endroit où l'on garde les brebis) des montagnes, comme sous la tente de roseaux, ils gardent fidèlement les coutumes de leur village. Ce sont les Roumains par excellence et la vie pastorale des anciens temps du monde chante encore dans leur longue flûte droite » (9).

Grâce à ces « Roumains par excellence » (10) qui furent les représentants les plus actifs et les plus habiles du roumanisme parmi les peuplades des steppes, l'administration roumaine a eu la satisfaction, après 1878, de trouver nombre d'étrangers de la province sachant parler le roumain.

Quant à la situation juridique de ces Roumains, auxquels la loi de 1882 (art. 2) a reconnu le droit d'acquérir des propriétés immobilières rurales dans la province, voyez ce que nous disons livre III, chap. III, § 1.

La troisième catégorie de Roumains (dont l'immigration dans la province a commencé après 1889) est celle des colons venus du pays et se compose : de fonctionnaires, nommés par le Gouvernement ; de vétérans devenus propriétaires après la loi du 2 avril 1903 ; de veuves et d'orphelins de vétérans qui n'ont pas pu bénéficier des faveurs accordées par la loi de 1903, mais auxquels on a concédé des terres conformément à

---

(9) *André Bellessort*, A travers la Roumanie, « Revue des Deux-Mondes » du 15 mars 1905, p. 401.

(10) *Idem*, p. 391, « Les Roumains de Transylvanie, descendus jadis avec leurs troupeaux sur les bords du Danube, économes, travailleurs, patients, unis, commencent à jouer des coudes et pourraient bien, sinon écarter les Juifs, du moins les forcer au partage. La Roumanie ne saurait opposer d'élément plus solide à l'invasion étrangère... »

la loi de 1882 et à la loi de 1889 ; enfin de bien d'autres citoyens roumains, paysans, commerçants, capitalistes, etc., attirés dans la province dans l'espoir d'un gain facile à réaliser.

Envers la plupart, l'imprévoyance de nos gouvernants a été très grande (cf. surtout livre III, analyse de la loi de 1882), partant très nuisible aux intérêts des Roumains. Cela prouve combien l'expérience coloniale est difficile à acquérir !

Plût au ciel que les erreurs commises servent de leçon aux générations à venir et que dorénavant les laboureurs roumains ne soient plus obligés comme leurs prédécesseurs de fuir le sol vierge, fertile, de la Dobrogea !

Car combien de laboureurs capables, après avoir été lésés — tout comme les Roumains autochtones — par les ingénieurs (11) chargés du parcellarisme de la propriété territoriale (12), après avoir souffert bien des chicanes de la part des maires, des percepteurs ou des notaires, après avoir été réduits à la misère par les agents du fisc (13), combien n'ont pas fui la « *terre maudite* » et ne sont pas rentrés dans le pays, ou n'ont pas émigré en Amérique et même.... en Bulgarie, où ils avaient la possibilité d'acheter pour un prix minime les propriétés que les musulmans quittaient en masses pour s'en aller en Anatolie dans l'empire du Padishah ?

----

(11) *Masalsky, Rawitch, Laufer*, etc.

(12) Il y a des localités où l'on a accordé aux chefs de famille 4-5 hectares de terre cultivable. Ces localités — on dirait un fait exprès — se trouvent dans le massif ethnique roumain.

« Il y a d'autres localités où le chef de famille a obtenu des centaines d'hectares, où l'on a parcellé de la terre cultivable même pour les bambins au maillot. Ces localités — on dirait encore un fait exprès — sont situées dans le massif ethnique hétérogène. » (Ovid Butcanu, ouv. cité, page 13).

(13) Cf. : loi de 1882 ; critique de l'article 45 de la loi de 1889 et les conséquences du régime d'exception, liv. III, chap. IV.

§ 2. — Les Bulgares

Les Bulgares, d'origine scythe ou slavo-tartare (14), qui habitaient primitivement les rives du Volga et qui, plus tard, se rendirent en Europe et vinrent s'établir sur la rive droite du Danube, sont actuellement assez nombreux dans la Dobrogéa, où leur immigration est de date récente.

Au moment de l'établissement des Ottomans — peuple dominant dans la presqu'île balkanique après 1396 — dans la partie centrale de la Dobrogea, le nord-est de la province et tout le littoral du Danube jusqu'au delà de Silistrie était occupé par les Roumains, tandis que les Bulgares se trouvaient au sud du Deli-Ourman et dans la région de Varna.

Après la guerre russo-turque de 1829 la Russie se décida à favoriser la colonisation de la Bessarabie méridionale avec des Bulgares.

Ceux-ci, effrayés par les rudesses des janissaires de Bulgarie et de Roumélie, répondirent avec empressement à l'appel des Russes, leurs coreligionnaires.

En même temps qu'ils émigraient dans le Bugeak (partie méridionale de la Bessarabie), d'aucuns s'établissaient sur les rives du lac Razelm, dans la Dobrogea (15).

---

(14) *Xenopol*, ouv. cité, p. 131, nous dit : « *Les Bulgares.* — Ce peuple, de race mongole, à l'origine, mais appartenant à son rameau finnois, s'arrêta, après une période de longues migrations, sur le territoire appelé par les Byzantins ὄγλος ou ὄλγος, nom dérivé du slave *agla* = angle, sis au sud de la Bessarabie actuelle et appelé plus tard par les Turcs *Bugeak*, avec la même signification ».

Sur les Bulgares, lire outre l'étude documentée de M. *A. D. Xenopol*, 1ᵉʳ vol. de l'ouv. cité p. 131-147 : — *Jirecek*, Geschichte der Bulgaren, Prag. 1876 ; — *M. St. Boblcheff*, Œuvres complètes, en bulgare ; — *M. Karolef*, Histoire, en bulgare, *Sofia* ; — Cf. aussi : Zwiyitch « Ethnographie de la presqu'île balkanique, Belgrade ; — *Seignobos*, Histoire politique de l'Europe contemporaine, et les auteurs cités à la partie bibliographique.

(15) I. Ionesco les a trouvés habitant, en 1850, les villages : Caramanchiol,

D'autres, pour échapper à la peste, au choléra, à la famine surtout, dont la Bessarabie ne fut pas exempte au décours des nombreuses guerres russo-turques, vinrent rejoindre leurs frères plus fortunés établis dans les plaines fertiles du Babadag et sur les rives du lac Razelm, où le poisson abonde.

Que les Bulgares sont des hôtes nouveaux dans la région dobrogiote, la toponymie de la presqu'île le prouve suffisamment.

Aucune colline, aucun ruisseau, aucun bourg ou village ne portent des noms bulgares.

Les villages mêmes qu'ils habitent ont des noms musulmans et aux alentours il y a des cimetières musulmans.

Il est hors de doute que les Bulgares ont remplacé petit à petit la population ottomane qui émigrait et émigre encore, car il est difficile d'acclimater et de retenir dans un pays chrétien les Turcs « qui sont peut-être les meilleurs colons, les plus probes, les plus actifs, mais que sollicite un éternel désir de quitter la terre des giaours » (16).

En 1850, il y avait dans la Dobrogea 1,194 familles bulgares (17); en 1864, le nombre des Bulgares atteignait le chiffre de 25,000 âmes (18); aujourd'hui, il y en a 41,978 Bul-

---

Caugagi, Ciamurli, Gargalik, Casapchioï, Hamangi et Sariurt (Cf. Excursion agricole dans la plaine de la Dobrogea, Constantinople, 1851, 1 vol. avec une carte ethnographique).

(16) *André Bellessort*, ouv. cité, p. 410.

(17) *I. Ionesco*, Excursion agricole dans la plaine de la Dobrogea.

(18) *K. F. Peters*, ouv. cité, p. 154; Cf. pourtant *baron d'Hogguer* (Renseignements sur la Dobrogea, Bucarest, 1880), selon lequel le nombre des Bulgares, en 1879, était de 20,161 dans le district de Toultcha, ce qui, avec les quelques milliers de Bulgares du district de Constantza, ferait à peine 26 à 27,000 Bulgares. Pendant 15 ans, leur nombre ne s'est accru que de 2,000 à 3,000 habitants ! ? Il est probable que la statistique fournie par Peters est erronée, d'autant plus que le baron d'Hogguer, qui affirme avoir consulté les documents russes, s'est trompé en plus en ce qui concerne les Bulgares ; en ce sens, voir *Luca Ionesco*, ouv. cité, p. 32.

gares, dont 29,633 dans le département de Toultcha et 12,345 dans le district de Constantza (19).

Les Bulgares sont des cultivateurs et horticulteurs émérites. Leur agriculture est pratiquée assez systématiquement ; dans l'élevage du bétail, ils excellent tout particulièrement.

« Les Grecs et les Roumains les tournent en ridicule et les considèrent comme inintelligents et grossiers. Ces moqueries sont injustes. Sans avoir la vivacité du Roumain, la souplesse de l'Hellène, le Bulgare n'en a pas moins l'esprit fort ouvert, mais l'esclavage a lourdement pesé sur lui et dans les régions méridionales, où il est encore opprimé par le Turc, exploité par le Grec, il a l'air malheureux et triste ; au contraire, dans les plaines du nord et dans les villages reculés des montagnes, où il a moins à souffrir, il est jovial et porté au plaisir ; sa parole est vive et sa répartie des plus heureuses » (20).

Parmi les Bulgares, il n'y a ni servitude, ni noblesse, et ce trait de mœurs les distingue des Slaves du Nord avec lesquels on a voulu trop souvent les confondre (21).

Le patriotisme des Bulgares est très prononcé et rappelle par plus d'un côté le chauvinisme des Magyars.

Quand, après 1878, le Congrès de Berlin accorda aux Roumains la Dobrogea, ce sol presque vierge d'une incontestable richesse où leur fierté de Latins retrouvait après

---

(19) *I. N. Roman*, ouv. cité, p. 152 ; *C. D. Pariano*, Dobrogea si Dobrogenii, p. 4 ; *Luca Ionescu*, ouv. cité, p. 17.

Cf. pourtant *Capitaine M. D. Ionescu*, selon lequel le nombre des Bulgares est de 38,839, dont 12,665 dans le département de Constantza et 26,174 dans le district de Toultcha ; voyez : « Dobrogea in pragul veacului al XX lea » (La Dobrogea au seuil du xxᵉ siècle), Bucarest, Socec, 1904. Il est probable que M. le capitaine Ionescu sé réfère à la statistique officielle de 1900, mais il omet de nous le dire.

(20) *Elisée Reclus*, Nouvelle Géographie, p. 221 (l'Europe méridionale), §VI, Les Bulgares.

(21) *Dʳ Allard*, ouv. cité, p. 39.

des siècles les traces de leurs aïeux, les Bulgares n'ont pas
protesté (22).

Plus tard ils se sont découvert, dit-on, des droits sur la
province. Stambouloff a eu beau leur répéter : « Bénissez le
ciel que la Dobrodja vous sépare de la Russie », ces entêtés
se sont refusés à bénir le ciel, et, dans le district de la Toultcha,
leurs instituteurs ont enseigné aux enfants que le roi Charles
leur a volé un territoire où leurs ancêtres, déguisés en Turcs,
ont sué, pendant des siècles, à planter des..... roseaux (23).

Un grand nombre de Bulgares irrédentistes rêvent d'une
grande Bulgarie. *Mais, s'il est vrai que ces Bulgares*, dont
l'ardeur belliqueuse mal comprimée éclate de temps en temps
en Macédoine, *seraient tentés de s'en gaudir toutes les fois
qu'ils réussiraient à créer aux gouvernants roumains des
difficultés dans la Dobrogea, il n'en est pas moins vrai,* et

---

(22) *Bellessort*, ouv. cité, p. 408. Bien au contraire, les Roumains se sont
opposés de toutes leurs forces à la perpétration d'un acte de piraterie diplomatique, tel que la rétrocession de la Bessarabie, car l'indignation boulever-
sait Bucarest, à l'idée « qu'après une guerre heureusement terminée, il fallait
encore livrer à des alliés du peu qu'on possédait après s'être tenu fidèlement à
leurs côtés de toutes ses forces dans les moments critiques ». Cf. Lettre du
Prince Charles au Kronprinz, datée du 13/25 février 1878 ; Notes sur la vie
du roi Charles de Roumanie, Bucarest, 1896.

Les idées erronées qu'avaient les hommes politiques roumains sur la Dobrogea (voir livre I, Introduction historique) ont en partie contribué à décider
46 mandataires de la Nation de présenter aux Assemblées la fameuse motion :
« *La Chambre, après avoir entendu la réponse du gouvernement, constante
quant à la décision unanimement exprimée par les Représentants de la
Nation* (séance du 26 janvier 1878), *proteste contre le démembrement du
pays, résultant de la prise de la Bessarabie par la Russie, et considérant
que toute annexion de territoire au delà du Danube n'est pas dans l'intérêt
de la Roumanie et ne serait qu'une cause de complications et de perturba-
tions dans l'avenir, n'accepte pas l'annexion de la Dobrogea à la Roumanie
sous aucun prétexte et à aucun titre* » (signatures de : Georges Vernesco,
Nicolas Ionesco, Docteur Polyzou, Georges Missaïl, etc.).

(23) *A. Bellessort*, ouvr. cité, p. 408.

cela est très heureux pour les deux principautés voisines, *que la plupart des hommes d'Etat bulgares ont assez de bon sens pour penser qu'une revendication bulgare de la Dobrogea, n'ayant comme fondement ni des droits historiques, ni des droits ethniques, ne peut avoir aucune chance de succès et ne peut être envisagée par les diplomates européens que comme une hérésie politique.*

Il convient de rendre cette justice aux habitants dobrogiotes d'origine bulgare — la plupart laboureurs et commerçants, — qu'ayant assez de s'occuper de leurs besoins et intérêts, il ne leur passe pas par l'esprit — ne méprisant pas la domination roumaine — de se transformer en conspirateurs contre l'Etat qui a la domination politique. « Le fameux péril bulgare (péril politique), n'existe que dans l'imagination de certains farceurs intéressés à faire croire cela aux Roumains ; ce n'est somme toute qu'une invention de mauvais goût, que d'ailleurs les hommes politiques sérieux du pays n'ont jamais prise en considération (24).

----

(24) Cf. *I. N. Roman*, ouvr. cité, p. 66 et 67 ; *Luca Ionescu,* ouvr. cité, p. 362 : « Les peu nombreux, les très peu nombreux Dobrogiotes, bien entendu d'origine étrangère, qui avaient osé diriger leurs regards vers une patrie qui n'était pas la leur ou qui se nourrissaient d'espoirs irréfléchis et absolument irréalisables, sont convaincus maintenant jusqu'au tréfonds de leur conscience, que les Roumains ont jeté ici les fondements d'un régime juste, protecteur et éducatif.

Et pour cette raison maintenant la tranquillité règne.

A cause de cela, dans l'esprit de personne ne pénètrent plus des pensées haineuses envers l'Etat ou la race roumaine.

Dès que j'ai été à la tête de l'administration, je me suis montré très attentif à toute agitation, j'ai exercé la plus stricte surveillance, et nulle part, chez aucune race et dans aucune classe sociale, je n'ai constaté des sentiments hostiles et encore moins des penchants criminels contre nos institutions politiques.

Pas de clubs politiques, pas de comités secrets, pas de collectes d'argent, pas de correspondances avec les journaux politiques étrangers, aucune menée

De toute autre nature est le péril bulgare dans la Dobrogea
(dans le district de Toultcha notamment). Et ce péril a son
origine dans la faute politique commise par ceux qui avaient
été chargés d'appliquer la loi de 1882, relative à la réglementation de la propriété immobilière.

La majorité de la population autochtone de la province
était roumaine lors de l'annexion de la Dobrogea (voir livre II,
chap. II, deuxième section, § 1, n. 2, page 40).

Pourtant les Roumains furent les déshérités du sort !

Pourquoi ?

Parce que le seul principe envisagé par les administrateurs
roumains et par les ingénieurs chargés du parcellement des
terres fut de concéder le plus d'hectares à n'importe qui,
afin que les sommes à payer par les bénéficiaires de cette au-
baine fissent un joli total. Car il ne faut pas oublier que
« pour ce travail de parcellement, les habitants étaient obligés
de payer un franc par hectare dans un délai de deux ans,
c'est-à-dire cinquante centimes par hectare annuellement »
(Art. 32 de la loi de 1882).

Les résultats de cette imprévoyance coupable ? Ils sont jolis
en effet ! Le tableau statistique (voyez page suivante) le prouve
péremptoirement :

----

ouvertement ou en cachette pour ébranler l'ordre public ou pour entretenir
ici ou ailleurs des agitations contre nous.

Pas même des cartes bulgares où la Dobrogea soit incorporée graphique-
ment à la Bulgarie, ne seront plus suspendues aux murs des écoles bulgares,
pour le simple motif que ce genre d'écoles soit primaires, soit secondaires,
n'existent plus dans tout le département de Toultcha.

Voilà la vraie vérité sur la situation locale ».

District de Toultcha

La propriété immobilière rurale est ainsi répartie :						
	De 1 — 10 hectares	De 10 — 25 hectares	De 25 — 50 hectares	De 50 — 100 hectares	Au delà de 100 hectares	TOTAL
Roumains..	42.000 hectares	15.856	3.031	545	1.696	63.128 hectares
Bulgares. .	47.737 hectares	8.350	10.591	2.574	1.197	70.449

Ainsi donc 29,633 Bulgares possèdent 70,449 hectares, tandis que 51,422 Roumains ne possèdent que 63,128 hectares.

Les chiffres sont trop éloquents et nous dispensent de tout commentaire.

D'une part, en tant que Roumain, nous ne pouvons que déplorer cet état de choses, d'autre part, la sympathie que nous avons pour ces Bulgares (mais non pas certes pour les quelques instituteurs écervelés qui ont essayé d'infiltrer des idées subversives dans l'âme de la jeunesse bulgare de la Dobrogea) *la plupart cultivateurs honnêtes, économes, probes, bons chrétiens et dont la moralité ne laisse rien à désirer, nous empêche de leur en vouloir parce qu'ils ont su profiter du manque de clairvoyance de l'administration roumaine en se rendant ainsi acquéreurs de tant de terrain cultivable.*

Pour conclure il faut nous demander quelle doit être à l'avenir la ligne de conduite à suivre par le Gouvernement roumain.

L'Etat roumain, qui a un grand intérêt à protéger tous ses sujets, sans distinction de nationalité ou de religion, et à ne

s'annihiler les sympathies d'aucuns des fils adoptifs de la
Patrie, a le devoir de se montrer très paternel envers ses
sujets Bulgares, afin de leur prouver qu'aussi longtemps qu'ils
agiront en bons citoyens roumains ils jouiront de la même
sollicitude que tous les autres citoyens du Pays.

Mais puisque les dominations politiques, qui n'ont pas
comme fondement la supériorité au point de vue ethnique,
risquent d'être passagères, nos intérêts d'Etat, en même
temps que notre dignité nationale nous obligent à fortifier par
le nombre, l'instruction, la richesse, l'élément roumain de la
province.

« On a négligé, trop jusqu'à présent, d'assurer dans la
province à l'élément roumain la supériorité numérique, par
rapport aux étrangers » (25).

Qu'attend-on encore pour parer au danger d'être submergé
par les Slaves?

Le triste sort des villes de Moldavie où la majorité de la
population est juive ne suffit pas pour dessiller les yeux à nos
gouvernants.

Hésitent-ils quant aux moyens à employer?

Personne n'exige d'eux d'opprimer les étrangers!

Les remèdes sont bien plus à la portée de ces gouvernants
qu'ils ne veulent se l'imaginer.

Le plus simple et le plus efficace consisterait à concéder les
terrains, mais absolument tous les terrains cultivables appartenant à l'Etat, aux Roumains des provinces subjuguées ; si
cela ne suffisait pas, d'acheter aux frais de l'Etat toutes les
propriétés rurales que les particuliers aliènent et de les vendre
ensuite aux paysans roumains.

---

(25) Cf. *Luca Ionescu*, ouv. cit., p. 362, 363.

Car une réédition des erreurs grossières commises lors de la mise en application de la loi de 1882 (26) signifierait, de la part des hommes qui président aux destinées de ce pays, une singulière étourderie ; et pourrait faire croire à ceux qui examineront attentivement et avec impartialité leurs actes pendant les trente ans qui suivirent la guerre (1877-1907), que la plupart d'entre eux se sont ligués contre le peuple, afin de l'appauvrir, l'humilier et le jeter en pâture aux premiers venus, c'est-à-dire à tous ceux qui se sont jetés comme des loups affamés sur le sol hospitalier de notre patrie.

(Buzeu Roumanie, Janvier 1907).

§ 3.' — Les Tatars (27)

Les Tatars sont encore bien nombreux dans la province (23,208 dans le département de Constantza et 2,160 dans le district de Toultcha).

---

(26) **Cf.** *Ovide Buteanu*, ouv. cité, p. 5 : « ... tandis que nous, nous sommes restés impassibles quand on a concédé aux étrangers de la Dobrogea des dizaines d'hectares par chef de famille, en créant ainsi la propriété moyenne, alors qu'on n'accordait aux Roumains que quelques hectares par chef de famille, en créant de la sorte... la misère ! »

(27) « Le nom de Tatars, dit *Malle-Brun*, changé en celui de Tartares, malgré les réclamations des savants, eut une telle vogue dans le XIVᵉ, le XVᵉ et le XVIᵉ siècle, qu'il envahit toute l'Asie centrale et septentrionale, et c'est ainsi que le nom d'une tribu devint celui de tout un grand peuple, un nom collectif, dont Mongol était l'équivalent ». Aujourd'hui on désigne sous le nom de Tartares ou Turco-Tartares les peuples de race turque de l'Empire russe et du Turkestan, tandis que les Khalkas ou Tsakhars, les Bouriates, les Téléoutes, les Toungouses, les Mandchous, etc., sont compris sous la dénomination de Mongols. Tout en distinguant les Tartares des Mongols, il faut néanmoins reconnaître qu'il y a une certaine affinité entre ces deux races. En supposant que leur origine ne soit pas commune, on ne peut contester que la plupart des peuples Tartares ont été mêlés d'éléments mongols (Cf. Larousse, Dictionnaire universel, au mot Tartare).

En 1879, il y en avait 23,498 dans le district de Constantza et 4,005 dans le district de Toultcha.

Mais il est probable que les statistiques n'étaient pas exemptes d'erreurs ; le nombre des Tatars a dû être beaucoup plus considérable, car depuis l'annexion ils émigrent sans cesse, et pourtant, selon les statistiques, leur nombre reste presque stationnaire. Ce que nous venons de dire n'est pas absolument hypothétique, car tout voyageur consciencieux peut constater que le nombre des cimetières tartares de la Dobrogea est excessif (plus de 700), et que leur superficie dépasse celle de tous les villages tartares (existants) réunis (28).

La population tartare est concentrée principalement dans le centre de la province et surtout dans les arrondissements de Constantza et de Babadag.

S'il est parfois assez difficile de la distinguer des Turcs dont des liens de race la rapproche, il est encore plus difficile de savoir à quelle tribu de Tatars il faut la rattacher.

A celle des *Baskirs?* Probablement non, car ceux-ci vivaient autrefois indépendants sous leurs princes dans la Sibérie méridionale, plus tard se repliant sur les rives de l'Oural et du Volga, où ils se trouvent encore de nos jours.

A celle des *Turcomans?* Non plus, car cette tribu, quoique nomade, comme nous le dit *Schnitzler* (29), ne parcourt, avec ses troupeaux, que les contrées au nord de la Perse et des deux côtés de la mer Caspienne. Les Turcomans vont d'une part dans le Chirvan et les autres provinces musulmanes de la Transcaucasie, dans l'Arménie, la Georgie méridionale, le district de Kizliar, sur le Terek, qui peut-être leur a donné

---

(28) *C. D. Pariano*, ex-préfet de Constantza, ouv. cité, p. 39.

(29) *Schnitzler*, La Russie et son agrandissement territorial depuis quatre siècles, Paris, 1884, in-8° ; *La Russie ancienne et moderne* (Paris, 1854, in-4°) ; *Nestor* regarde les Turcomans comme une branche principale du peuple turc,

son nom, et, d'autre part, dans l'isthme des Tourkhmènes, ainsi que dans le Kanat de Khiva, où les Ouzbeks sont pour eux un peuple congénère.

A celle des *Iakoutes?* Encore moins, car les Iakoutes se trouvent, dans la province d'Iakoutsk, sur les rives de la Léna, de l'Indigirka et de la Kolima, trop loin de l'Europe, et ils n'ont peut-être contribué qu'à refouler d'autres tribus de Tatars, alors que se produisit cette formidable invasion qui, au commencement du xiiie siècle, effraya l'Europe et ensanglanta le sol de la Hongrie, de la Transylvanie et des woïwodats (principautés) roumains (30).

Faut-il donc rattacher les Tatars de Dobrogea aux Nogais, ou aux Kabyles (31), cette tribu berbère dont l'origine caucasique est, selon certains auteurs, incontestable ?

Quant aux Nogais, il n'y a pas de doute, mais pour le prou-

---

(30) Cf. *Rogerius*, Miserabile Carmen, XX, XXI, XXX, XL; *Fazel-Ullah-Raschid*, cité par D'Ohsson, Histoire des Mongols, La Haye, 1834, II, p. 627 et 628 ; *Georges Henri Pertz*, Monumenta Germaniæ historica, Hanovre, 1826-1854, où il est dit : « *Anno incarnationis domini MCCXLI ipso die resurectionis dominice Tartari per alpes et silvas irrumpentes Rodanam quoddam oppidum Ungariæ intraverunt* », passage cité par A. D. Xenopol, dans le 1er vol. de son Histoire des Roumains (édit. roumaine en 6 vol.), p. 529, note 4.

(31) Selon M. C. Pariano, ex-préfet de Constantza, il y a, dans la province, des *Tatars Kabaïls* (ou Kabyles), cf. ouv. cité, p. 40 ; — M. Pariano ne nous dit rien sur ces Kabyles qui, nous le savons, furent refoulés par les Arabes et se fixèrent dans la partie de l'Atlas algérien appelée Kabylie.

Les Kabyles de la Dobrogea sont-ils venus après le viie siècle, alors que l'invasion arabe les força à quitter les régions qu'ils habitaient et, par conséquent, les régions caucasiques ; ou bien leur immigration dans la Dobrogea est-elle encore plus ancienne ?

Nous sommes enclins à croire que lors de l'invasion arabe ils se sont établis pour quelque temps dans la Russie méridionale entre le Volga et le Dnieper, d'où plus tard ils ont émigré dans la Dobrogea, soit petit à petit, soit en masse, refoulés au xiiie et au xive siècle par les autres tribus de Tatars.

ver il est nécessaire de faire l'historique des hordes de Tatars qui envahirent la Roumanie.

Au XIII° siècle, pendant que Batu-Khan s'avançait vers Pesth, d'autres chefs de hordes saccagèrent la Transylvanie, la Valachie (32) et la Moldavie (33).

Au XIV° siècle, ils sont repoussés au delà du Dniester par les woïvods (princes) roumains.

« Certains d'entre eux franchirent le Danube et s'établirent dans la Dobrogea, sous la direction de leurs chefs *Kadlubeg*, *Dimitri* et *Kaizibeg* (1333). La plupart des Tatars habitaient à ce moment la Russie méridionale » (34).

Vers le commencement du XVII° siècle, le Khanat des Tatars s'étendait depuis le Danube jusqu'au fleuve Kouban (mer Noire et Caucase.

Il y avait en tout alors quatre hordes : dans le Bugeak (Bessarabie méridionale) la horde des Nogais avec lesquels les woïvods roumains Mathieu Bassarab (35) (de Valachie) et

---

(32) Le roi *Cadan* dévasta Rodna et quelques autres contrées habitées surtout par des Teutons (Saxons, Sasii) ; *Bugek* traversa les montagnes des environs de Kronstadt (Brassov), pénétra en Valachie où il dispersa les Roumains. *Orda s'achemina vers Fagarash, puis traversa les Carpathes* (Alpes Transylvains), *et se dirigea probablement vers Campou-Loung et vainquit le ban de l'Olténie Bassarab* (que l'écrivain persan Fazel-Ullah-Raschid appelle Bazarambam) *qui avait essayé, en vain, avec ses braves, de lui résister* (Cf. Rogerius).

(33) La Moldavie fut désolée par la horde de Bochetor (voir pour plus de détails *Xenopol*, ouv. cité, éd. roum., p. 525-535).

(34) *Capitaine M. D. Ionesco*, ouv. cité, p. 341.

(35) Basile Lupu enviant le sort du vieux woïwod Mathieu Bassarab et désirant à tout prix régner en Valachie, décida, à force d'intrigues et d'argent, les Turcs à l'aider au détrônement du prince de Valachie. En 1639 (décembre), Basile Lupu, le Pacha de Silistrie et les autres Pachas des villes danubiennes (sises sur la rive droite du fleuve), le Khan des Tatars et le prince de Transylvanie reçurent l'ordre de commencer l'expédition contre le prince valaque. Les forces armées de Basile Lupu furent écrasées à *Ojogenii*

Basile Lupu (de Moldavie) eurent à soutenir des guerres (36).

Pendant cinquante ans, les Tatars ont dû pénétrer bien des fois dans la Dobrogea et leur nombre fut assez considérable vers l'année 1655 quand le Pacha de Silistrie les ameuta contre les Cosaques.

Au xviiie siècle, ils ont souvent immigré dans la Dobrogea, surtout depuis que les Turcs eurent reconnu aux Russes des droits sur les Tatars de Crimée (1784).

Le Gouvernement russe, ayant violé les stipulations du traité de *Kuciuk-Kaïnardji* (1774), avait envové un ultimatum aux Turcs. Toutes les questions en litige entre les deux peuples furent, après cela, définitivement réglées. Les Tatars furent sacrifiés par les Ottomans (1784) et la Crimée incorporée à la Russie.

Pendant plus de cinquante ans, émigrations et immigrations de Tatars ne discontinuèrent pas à cause des guerres entre Russes et Turcs.

En 1806, sur les insistances du duc de Richelieu, gouverneur de la Bessarabie, les Tatars du Bugeak furent transportés de force en Crimée.

Cet acte de violence détermina l'émigration en masse des Tatars. Un grand nombre vint alors dans la Dobrogea.

(Prahova). Cf. *Miron Costin*, chroniqueur roumain, *Letopiseti*, I, p. **279**; chronique de Mediashi, Arhiv für sieb. Landeskunde, III, 1058, p. 89 : « *Hoc anno voyvoda transalpinus voyvodam Moldaviensem in terram trunsalpinam venientem forte manu profligavit, magna cum Moldaviæ et Tartarorum adjunctorum clade mense decembre.* Cf. pour plus de détails Xenopol, ouv. cité, p. 27-30, IVe vol.

(36) *Monumenta Hungariæ historica, Diplomataria*, XXIII, p. **667** : « Tartari sumentes sibi animum Moscoviam irrumpendi, ne præparatio ipsorum et conatus omnino irritus diffluant, verterunt rabiem contra Moldaviæ principem qui ipsis annorum superiorum decurus ex Polonia cum locupleta præda revertentibus, vim in itinere per diliones suas invito ipso facto inferendo infensus fuerat ».

Après l'occupation de la Bessarabie par les Russes (1812), d'autres colonies de Tatars se sont établies dans la province transdanubienne, mais suivant leurs habitudes séculières, ils ont continué d'émigrer encore, probablement vers Constantinople et l'Anatolie.

« Après la guerre de 1856, plus de 2,225 familles de Tatars vinrent coloniser la Dobrogea, qu'ils nommèrent « le pays des Tatars » ; et comme il était à prévoir, occupèrent les endroits les plus fertiles de la province.

Selon Viskowich, en 1860, il y avait 60,000 Tatars dans la Dobrogea (37).

La ville de Medgidié leur doit son existence. Sayd-Pacha la nomma ainsi en l'honneur du sultan Abdul-Medgid (38).

Les Tatars ont joui dans la Dobrogea d'une grande indépendance ; ils avaient leur Khan qui résidait dans le village *Carasu* ; en 1829, le village fut détruit par les Russes et le Khan des Tatars eut comme nouvelle résidence *Ceatal-Orman*, village qui eut, pendant la guerre de 1877-78, le sort du premier.

Le Khan reconnaissait la suzeraineté du Sultan (39). Avant

------

(37) Cf. Capitaine M. D. Ionescu, ouv. cité, p. 342.

(38) En 1860, en dehors des Tatars Nogais, qui depuis longtemps s'étaient établis dans la province, le gouvernement ottoman fit venir dans la Dobrogea une nouvelle colonie d'environ 60,000 Tatars Nogais de Russie, compromis pendant la guerre de 1856 (guerre de Crimée) et désirant s'expatrier.

Le gouverneur de la province, Sayd-Pacha, leur donna des terrains ; il groupa une notable partie et fonda Medgidié en l'honneur du Sultan Abdul Medgid.

La population bulgare, effrayée par l'invasion des Tatars Nogais, se réfugia dans les districts de Bessarabie, qui avaient été rétrocédés à la Moldavie, par l'empire russe, après la guerre de Crimée.

De même que les Nogais, vinrent les Tcherkesses (Cf. Capitaine *M. D. Ionescu*, ouv. cit., pages 610-611).

(39) *Lejean*, Ethnographie de la Turquie d'Europe, p. 36.

l'annexion de la province par les Roumains, le nombre des
Tatars avait beaucoup diminué à cause des maladies et de la
mauvaise nourriture.

*De nos jours il y a dans la Dobrogea trois groupes de
Tatars : les Tatars Nogais* (dont nous nous sommes occupés
spécialement), *les Tatars Kabaïls* (Kabiles), *et les Tatars de
Crimée.*

Reste à savoir s'il y a dans la province des Tatars Kirghiz ?
Nous ne saurions l'affirmer, quoique cela ne nous paraisse pas
tout à fait impossible.

Les Tatars de la Dobrogea appartiennent en majorité à la
tribu des Nogais.

Certains errent en nomades dans les steppes, d'autres habitent des villages où ils ont accaparé le petit commerce que
font les Juifs en Moldavie et les Olténii (40) en Valachie.

Leurs habitations sont infectes. « Dans les hameaux tatars
les chaumières cocasses et cabossées, trapues, bossues, ven-
trues, semblent creusées sous des amas de terre façonnés par
la tempête. Leurs cheminées se tordent comme de vieux
troncs d'arbres ou se recourbent comme des trompes. Les
Tatars, très religieux, se garderaient bien de planter des
arbres autour de leur demeure, car ce serait une impiété
d'en planter où Dieu n'a pas voulu qu'il en poussât.

Les Tatars sont des colons précieux qui accaparent et hé-
bergent royalement toute la vermine des environs. Ils vivent
dans la crasse, non dans la misère. Le luxe des Roumains
le solide confort des Allemands ne les séduisent pas : ils
chérissent leurs haillons et respectent leurs ordures. Le
voyageur, à la tombée du crépuscule, prendrait ces petits
êtres aux poils rares et aux joues glabres qui sortent de leurs

____

(40) Valaques de la petite Valachie (Olténie).

tanières, pour des génies saugrenus et malfaisants de la nuit
et du désert. Mais la douceur mongole de leurs yeux tirés
vers les tempes luit comme un rayon d'étoile sur la hotte d'un
chiffonnier (41) ».

Comme laboureurs, les Tatars ne valent pas grand'chose.
Tant qu'ils ont à la maison de quoi se nourrir, ils ne vont pas
travailler pour rien au monde.

Ils ne s'occupent pas de l'élevage des animaux, excepté des
chevaux, pour lesquels ils ont un amour immodéré.

Ils sont polygames. La religion leur permet d'avoir plusieurs
femmes, et ils profiteraient volontiers de la permission s'ils
n'étaient retenus par leur pauvreté, leur amour de l'argent
ou leur désir de tranquillité.

« Que pensent ces Tatars de la domination roumaine ?

Rien, si ce n'est que le gouvernement qui protège les mosquées, entretient les séminaires, laisse les gens croire et vivre
à leur guise, est le meilleur des gouvernements » (42).

Les Tatars Nogais sont mahométans de la secte sunnite, ils
sont affables, sincères, sérieux, hospitaliers, mais un peu sauvages, malpropres, ignorants et portés à la rapine ; ils parlent la langue turcomane ou tartare, ou différents dialectes qui
en dérivent et dans lesquels on trouve des mots arabes et
mongols.

Les hommes sont de taille moyenne, cependant il y en a
beaucoup de petite taille. La couleur de leur teint est cuivre
foncé, quelquefois presque noire ; ils ont le visage plat, les
yeux petits et vifs, le nez court et aplati, la bouche bien
faite, les oreilles grandes et les cheveux généralement noirs.

Les Tatars émigrent sans cesse. Aussi leur nombre décroît

------

(41) *André Bellessort*, « Revue des deux Mondes » du 15 mars 1901, p. 413.
(42) *Bellessort*, ouv. cité, p. 421.

sensiblement, ce qui ne peut nuire en rien à la prospérité de la province, bien au contraire.

§ 4. — Les Russes

> « Le passé de la Russie a été stérile, son présent est insupportable et son avenir sera nul.
> La Russie mérite d'être considérée comme une lacune de la raison humaine, un menaçant exemple donné aux peuples pour leur montrer jusqu'où la servitude peut les amener. »
>
> (Tchédaïef) (43).

Les Barbares, qui ont joué dans l'histoire des Roumains un rôle beaucoup plus important que celui des innombrables hordes dont eurent à souffrir les Daco-Romains, furent les Slaves.

« Les recherches scientifiques sur la race aborigène qui a occupé le vaste bassin septentrional de l'Europe, entre la mer Baltique et l'Oural, n'ont produit que des résultats pleins d'incertitude.

Antérieurement à l'invasion slave, des hordes inconnues et sauvages habitaient ces régions. Tout ce qu'il est possible de constater, c'est que, cinq cents ans avant l'ère chrétienne, des colonies grecques s'établirent sur les bords de la mer Noire. Hérodote nomme les Cimmériens, race issue des Cimbres de Germanie, comme premiers possesseurs de la Russie méridionale. Ils en furent chassés par les Scythes ou Scolotes, qui furent vaincus eux-mêmes par les Massagètes, lesquels se

---

(43) Cette pensée du patriote russe Tchédaïef semble avoir inspiré A. Hertzen : *Le Monde russe et la Révolution* (1862).

fixèrent entre le Danube et le Don. Il y avait d'autres races qui vaguaient sur le Dniester, dans la Transylvanie, en Pologne, et plus au nord se trouvaient les Issédons.

Au IIe siècle apparurent les Alains, au IIIe siècle les Goths, qu'on voit fonder cinquante ans plus tard, sous Hermanric, un double empire se prolongeant de la mer Noire à la mer Baltique. A cette époque seulement, on entend parler des Slaves » (44).

Les Russes, comme les Scythes, les Huns, les Avares, les Sarmates, les Bulgares et une foule d'autres peuplades dont les noms sont aujourd'hui presque oubliés, ont cent fois, pendant plusieurs siècles, ravagé une partie de la terre, depuis les côtes de la Scandinavie jusqu'à celles du Pont-Euxin, depuis les rives du Don jusqu'à celles du Danube, sans obtenir d'autre place, dans les archives du monde, que quelques pages ensanglantées (45).

Vainement, les invasions succédèrent aux invasions, elles ne réussirent pas à extirper le débris de peuple qui représentait la civilisation antique, — le peuple roumain.

« En examinant de près la constitution de la langue roumaine, on trouverait que la population primitive des Daces a dû être frappée par quelque catastrophe inconnue, puisqu'elle a laissé un si petit nombre d'éléments ; qu'au contraire la masse romaine a dû être, dès le commencement, maîtresse absolue, puisqu'elle s'est si fortement, invinciblement établie en Orient, dans le cœur même de cet idiome ; qu'au contraire les Slaves, les Serbes n'ont dû se répandre que comme des alluvions tardives, puisque nulle part le fond même de la

---

(44) *Artamof* et *Armengaud*, La Russie historique, monumentale et pittoresque, 1868, in-8°.

(45) *Karamsin*, Histoire de l'Empire de Russie, traduct. franç., par Saint-Thomas et Jauffret, Paris, 1819, 1820 et 1821, 8 vol. in-8°.

langue n'en a été affecté, mais seulement ce qu'on peut appeler la partie variable et extérieure » (46).

On sait combien grande a été l'influence des Slaves sur les Roumains, qui sont venus en contact avec eux dès que les autres invasions de Barbares ont cessé dans la région karpathine.

Ainsi s'explique pourquoi un nombre considérable de rivières, de localités, d'instruments aratoires, portent des noms slaves (47).

Petit à petit les Roumains ont dénationalisé les Slaves de la Dacie-Trajane (48).

Les Russes de la Dobrogea se divisent en deux groupes : *a*) les Ruthéniens ; *b*) les Moscovites.

(46) *Edgar Quinet*, ouv. cité, p. 40, 4ᵉ édit., Paris, Hachette.

(47) Sur l'influence slave en Roumanie, voyez *A. D. Xenopol*, ouv. cité, t. Iᵉʳ, p. 368-391.

(48) *A. D. Xenopol*, ouv. cité, édit. roum., p. 381 ; édit. française, t. Iᵉʳ, p. 124 et suiv. : « Les Avares jouèrent d'une manière indirecte un rôle bien plus important dans la constitution de la nationalité roumaine. Leur invasion traverse, avant d'arriver en Panonie, les régions situées sur le pourtour des Carpathes, occupées alors par le peuple immense des Venètes Slaves, sous-divisés en Sclavins et en Antes, et rejette ces derniers dans les montagnes de la Dacie, de même que l'invasion des Huns avait chassé les Goths vers les hauteurs du Caucaland. Les Slaves inondent donc la Transylvanie, escaladent ses montagnes et cherchent un refuge contre les Mongols auprès des Daco-Romains qui les avaient précédés dans ces retraites inaccessibles. Mais les Slaves s'établirent, au milieu des Daco-Romains, non comme envahisseurs, mais bien comme fuyards, et ces deux peuples furent poussés par leur situation précaire commune à fraterniser ensemble, à s'unir et à se mêler.

L'élément romain, plus nombreux, absorba bientôt celui d'origine slave, qui disparut complètement dans le sein du premier. Mais il laissa toutefois des traces ineffaçables de son existence, d'un côté dans la terminologie géographique du pays, de l'autre dans le langage usuel, les mœurs et les coutumes des Roumains de nos jours.

« Que les Roumains et non pas les autres nations de Transylvanie ont dénationalisé les Slaves de la Dacie-Trajane, cela résulte de ce que les noms slaves des villes, des rivières, etc., se retrouvent dans la langue roumaine et nullement dans la langue des Allemands et des Magyars, qui nomment certaines d'entre elles avec des mots propres à leur langue ». Cf., pour plus de

a) *Les Ruthéniens*

Les Ruthéniens appartiennent aux groupes cosaques de l'Ukraine qui, tombés au pouvoir des Russes lors du démembrement du royaume de Pologne, donnèrent lieu à l'émigra-

détails, t. Iᵉʳ, édit. roumaine, p. 381 et s. — Cf. aussi la théorie de M. *Hasdeu*, Ist. critica, p. 268 et 275, et la réfutation de M. *Xenopol*, ouv. cité, p. 380, note 6. Voyez aussi le *Grand Dictionnaire Larousse* au mot *Roumanie*, page 1455, où il est dit : « Le roumain, quoi qu'en disent les latinomanes roumains, n'est pas exclusivement une langue latine. L'élément slave y est très sensible et *cela tendrait à confirmer l'hypothèse que les Daces étaient un peuple de race slave ;* car les invasions ou l'adoption de la langue slavonne dans l'Eglise n'auraient pas suffi à modifier à tel point le fond de la langue..... » (! ?) Cf. pourtant *Xenopol*, t. Iᵉʳ, p. 365 et s., édit. roumaine. — Voyez aussi *Edgar Quinet*, Les Roumains, p. 38-62.

La théorie osée de *Robert Rössler* (Rumänische Studien, Leipzig, 1872), suivant laquelle, sous l'empereur Aurélien, la Dacie a été désertée par les colonistes romains qui ne sont rentrés de nouveau dans la Dacie-Trajane que vers le xiiiᵉ siècle, a été combattue avec succès par M. *A. D. Xenopol*. Voyez : *La théorie de Rössler, Iassy, 1884, en roumain*, et les *Roumains au moyen âge, une énigme historique, Paris, 1885, Leroux.* — Cf. aussi *I. Iung, Die Anfänge der Romänen in Zeitschrift für œsterreichische Gymnasien*, 1876. Le seul auteur que peut invoquer Rössler pour soutenir sa thèse est *Flavius Vopiscus*, dont les paroles ont été reproduites par *Eutropius*, Breviarium historiæ romanæ, et par *Sextus Rufus*, Breviarium rerum gestarum populi romani.

Pour prouver quel crédit méritent les dires de Vopiscus, nous citons le passage suivant de l'œuvre Vopiscus in Aureliano, II : « Habiturus mendaciorum comites, quos historiæ cloquentiæ miramur auctores », cf. I. Iung, Die romanischen Landschafter des römischen Reiches, p. 403. *Il est étonnant que les idées préconçues de Rössler qui dit en parlant de Vopiscus : « Ein sehr besonnener, sorgfältiger auf gründliche Prüfung der Thatsachen bedachter Geschichtschreiber, dem reiches Material zu gebote stand » ont été soutenues par M. Gaston Paris* (Romania, recueil consacré à l'étude des langues et des littératures romaines, 7ᵉ année, 1878, p. 611), *qui critique le livre de Iung.* — Sur cette importante question, cf. Xenopol. ouv. cité, édit. française, pages 96-110 ; qui critique même la distinction que fait Iung (*Romer und Romanen in den Donauländern, 1877, p. 107*) entre la population d'origine romaine et les Daces romanisés,

tion qui se fit sous la conduite des Zaporogues, « ordre militaire et religieux composé de gentilshommes et de serfs affranchis ».

Arrivée en Dobroudja, cette tribu habituée à mener une vie nomade, fut bien accueillie par le gouvernement de la Porte Ottomane qui, ayant compris l'importance de la colonisation du pays, lui concéda des terres et des pêcheries sur la rive droite du Danube (49).

Mieux disciplinés que les Cosaques, leurs compagnons d'infortune, les Zaporogues conservèrent leur organisation militaire, qui était tout à fait distincte de celle des Turcs.

Dans les villages, ou plutôt dans les campements fortifiés (Secz) où ils s'étaient établis, les femmes n'avaient pas le droit d'entrer ; ils vivaient là, obéissant à leur *chef (hatman)* élu par eux. Avec des mœurs caractéristiques qui sont un des traits de la grande race slave, cette colonie forma longtemps un petit Etat slave dans l'empire turc. Une seule obligation leur rappelait leur dépendance politique : c'était celle de fournir, en cas de guerre, à l'Etat protecteur, un contingent d'hommes et de chevaux.

Cet état de choses a subsisté jusqu'en 1828, quand beaucoup de Ruthéniens quittèrent la Dobrogea et quand deux régiments de Cosaques commandés par le hatman Kladki, trahirent la cause musulmane et passèrent au service de la Russie qui les établit, ainsi que la population émigrée, sur les rives de la mer d'Azow, où ils se trouvaient encore pendant la guerre de Crimée.

Les Cosaques restés dans la Dobrogea ont perdu alors les

<hr>

(49) *Engelhardt*, Etudes sur les embouchures du Danube, p. 37, 1862, Galatz ; *J. J. Nacian*, La Dobroudja économique et sociale, p. 47 et suiv. — *C. D. Pariano*, ouv. cité, p. 36 et suiv. — Pour plus de détails, voyez capitaine *M. D. Ionescu*, ouv. cité, p. 328 et 329.

avantages obtenus par les traités antérieurs et sont devenus
des *raïas*.

Après la guerre de 1855, il y eut dans la province quelques immigrations partielles de Ruthéniens. La religion de
cette tribu est orthodoxe.

En 1850, il y avait dans la Dobrogea 1,092 familles de
Ruthéniens (50). Dans les statistiques ultérieures à cette année, ils sont comptés avec les Lippovans, aussi il nous est
impossible de savoir combien il y en a encore dans la province transdanubienne.

b) *Les Moscovites ou Lippovans*

Ces hérétiques de la religion chrétienne orthódoxe peuplent
les plaines du Bas-Danube et sont divisés en plusieurs sectes.
Dans la Dobrogea ils ont leur archevêque (51).

(50) *I. Ionesco*, ouv. cité, p. 74.

Distrikts	Nombre des villages	LE NOM des arrondissements (KASAS)	Le nombre des familles des diverses Nationalités											TOTAL des Familles
			Turcs	Tatars	Roumains	Bulgares	Lippovans	Cosaques	Grecs	Tsiganes	Allemands	Arméniens	Juifs	
Silistrie	9	Toultcha. .	105	—	1290	200	250	787	200	20	50	30	30	2962
	11	Isaktcha. .	183	—	363	—	—	163	29	23	—	3	20	784
	18	Matchin. .	501	15	591	92	93	25	20	23	1	3	—	1364
	33	Harsova .	165	688	496	—	—	—	—	6	8	—	—	1363
Varna	71	Babadagh .	557	1075	674	871	40	117	1	100	—	40	69	3544
	37	Küstendgé.	352	442	242	26	364	—	—	—	—	—	—	1426
	36	Mangalia. .	405	5	—	5	—	—	—	—	—	—	—	415
	215	Totaux.	2268	2225	3656	1194	747	1092	250	172	59	76	119	11858

(51) Cf. Melhisedek « *Lipovenismul* », Bucarest, 1871.
L'érudit évêque traite avec compétence tout ce qui se réfère aux diverses

Ils sont descendus de la Russie sous le règne de Pierre-le-Grand, préférant s'expatrier plutôt que d'accepter la réforme religieuse que le puissant et énergique czar voulait imposer à tous ses sujets.

Cette secte des *Vieux croyants* (*Starowiertzy*) ou des *Vieux frères* (*Starobratzy*) occupa le littoral de la mer Noire.

Bien accueillie par la Porte, la colonie se fixa définitivement entre les embouchures du Danube où elle créa de grands et florissants établissements (52).

Sous Catherine II, les immigrations des Lippovans dans la Dobrodgea continuèrent ; leurs rapports avec le gouvernement ottoman furent très amicaux ; ils formèrent même un Etat autonome protégé par la Porte (53).

---

sectes de Lippovans. — La mésintelligence des deux principales sectes (Popowchina et Bezpopowchina) date de 1666.

(52) Cf. *J. J. Nacian*, La Dobroudja économique et sociale, Paris, 1886, p. 328-330.

(53) *Engelhardt*, ouv. cité, p. 41. « Un traité analogue à celui qui réglait les rapports des Ruthéniens avec la Porte, leur garantit l'autonomie ; des pêcheries et des terres leur furent concédées, et ils durent également concourir à la défense du pays en fournissant un certain nombre de soldats. Mais leurs premiers établissements ne furent pas de longue durée. Deux ans environ après leur arrivée sur le territoire ottoman, une seconde émigration de Starowiertzy pénétra dans la Haute Bulgarie et obtint les mêmes privilèges qu'eux. Des contestations au sujet de la possession de certains lacs ne tardèrent pas à s'élever entre les nouveaux venus et les anciens colons et la Porte dut intervenir pour y mettre fin. Elle transféra les premiers Starowiertzy en Asie mineure, dans les environs de Brousse. Ce n'est qu'à partir de leur séjour dans l'Empire Ottoman que ces émigrés moscovites adoptèrent l'organisation cosaque. Ils ont encore conservé de nos jours (1862) leurs privilèges. Toujours tributaires de la Porte, *ils ne sont en rien assimilés aux rayas* ».

Le même auteur nous dit que les Lipowanes Starowiertzy de Dobrogea (Lipowanes privilégiés) sont tous rayas (Cf. ouv. cité, p. 47). Ces vieux croyants comptent encore quelques petites colonies le long du fleuve jusqu'à

En 1783, il y avait dans la province dobrogiote beaucoup
de Lippovans.

Lors de la guerre entre l'Autriche et la Turquie, sous le
règne de Joseph II, comme récompense pour le fait de quelques pêcheurs lippovans qui avaient sauvé la vie à un de ses
parents (général) tombé entre les mains des corsaires turcs
de la mer Noire et dont le navire avait fait naufrage, l'empereur d'Autriche permit aux Lippovans de s'établir en Bucovine en les dispensant en même temps du service, de l'obligation de donner l'hospitalité aux soldats en cas de mobilisation,
et en leur accordant le droit d'avoir leur contrée à eux.

Certains se fixèrent alors à Fontâna-Alba.

Des Lippovans de Dobrogea, en échange des terrains qui
leur avaient été concédés, le Gouvernement ottoman exigeait
un certain nombre d'hommes et de chevaux — fixé d'avance
— toutes les fois que l'Etat se trouverait en guerre.

En 1850, il y avait dans la Dobrogea 774 familles de Lippovans massés, de préférence, dans les villages Camena,
Sarichioi (Serivoco), Slava, Jurilofca, etc.

Très féroces, en 1844, ils y tuèrent, à l'occasion d'un com-
plot contre les Bulgares, un grand nombre de ceux-ci, et à
peine l'armée de Babadag put mettre frein à leurs actes de
barbarie.

Les *Starowiertzy* habitent le pays des marécages et ne
sont pas du tout hospitaliers (54).

Silistrie. Leur patriarche dont ils sont toujours les sectateurs zélés habite la
Bukowine. Un évêque délégué par lui réside au milieu de la principale colonie des vrais croyants dans un couvent de la Dobrutcha supérieure où de
fréquents pèlerinages ont lieu. Quelques-uns des pieux voyageurs qui viennent
ainsi faire leurs dévotions dans cette retraite vénérée reçoivent l'ordination
des mains de l'évêque et s'en retournent dans leur pays pour y exercer leur
ministère (Cf. *Engelhardt*, ouv. cité, p. 43 et 44).

(54) Cf. *Nenitescu*, ouv. cité, p. 65.

Ils vivent de leur pêche, en faisant une véritable industrie du poisson salé qui leur procure, plus que de l'aisance, une véritable richesse.

La pêche de l'esturgeon leur rapporte beaucoup, mais elle ne va pas sans péril, car une fois les lignes aux gros hameçons posées, il faut que les pêcheurs aient soin dès qu'ils sentent le poisson attrapé, d'unir leurs efforts, de le soulever doucement et d'asséner un coup mortel à la bête accrochée avant qu'elle émerge de l'eau. Sans cela l'esturgeon qui, parfois a plus de 150 kilos de poids, renverserait barque et pêcheurs. « La pêche à l'assommoir convient à ces hommes farouches, car ils tiennent autant du boucher que du pêcheur » (55).

Il y a quelque temps les pêcheurs russes dévastaient tant, que les flots du Danube commençaient à se dépeupler. Des lois sévères furent rigoureusement appliquées et, maintenant, les pêcheries de l'Etat rapportent annuellement plus de deux millions de francs.

Tous ces gens qui peuplent les lagunes du Danube « barbus comme il convient à l'homme, image de la divinité, amphibies, demi-païens et demi-byzantins, réfractaires à toutes les lois et refusant à l'Etat le droit essentiellement divin de tenir le registre des naissances et des morts, poursuivent dans leurs solitudes aquatiques le rêve obstiné de leurs pères, pour qui Pierre-le-Grand fut l'Antechrist, et l'imitation des mœurs occidentales, une œuvre de Satan. Le gouvernement a l'œil sur leurs villages, mais il ne peut rien sur leurs tribus dispersées. Leurs campements sont des refuges aux nihilistes traqués et aux bandits en fuite. Ceux que l'on connaît dans les pêcheries mènent une âpre vie dont la saumure les conserve. Ils habi-

---

(55) *André Bellessort*, ouv. cité, p. 403.

tent de misérables cabanes que les crues du fleuve envahissent. Ces pêcheurs, toujours les pieds dans la boue et dont le sommeil respire à pleins poumons la buée des marais n'ont jamais de fièvre et supportent allègrement leurs saoûleries du dimanche. Fils du Danube, leur existence est aussi longue que le cours de ce fleuve » (56).

Les sectes lippovanes sont celles : des « *Popistii* » (Popowschtina) qui admettent les prêtres que l'Eglise russe ordonne ; des Bezpopowschtina « Nepopisti » qui n'admettent pas l'ordination canonique ; des Castrats (Scopites) remarquables par leurs préjugés sociaux et leurs excentricités ; et des Malocans « *Molocanii* » dont l'exemplaire conduite est digne de tout éloge et peut être considérée comme une exception par rapport non seulement à la vie du paysan russe (57), mais même de tous les paysans de l'Europe.

Les deux premières sectes sont remarquables par leurs mœurs étranges qui touchent souvent au ridicule. Si jamais il arrive à ces *Starowiertzy* d'ouvrir leur porte à des voyageurs étrangers à leur secte, après le départ de leur hôte ils procèdent à la purification de la demeure et de tout objet qui a servi au non croyant. Après un préalable lavage, chaque objet est aspergé avec de l'eau bénite.

Ils ont le culte de la barbe à tel point qu'ils préfèrent plutôt mourir que de se la laisser couper ; ils ont en horreur l'usage du tabac et sont scandalisés même à la vue de la fu-

___

(56) *A. Bellessort*, ouv. cité, p. 402. — Il est un fait certain que les Russes ont, depuis longtemps, en grande faveur le vin.

« Au monarque Vladimir, le Clovis de la Russie, la circoncision parut un usage odieux et la défense de boire du vin une loi ridicule ». « Le vin, fait la joie des Russes, nous ne pouvons nous en passer » (Voyez KARAMSIN, *Histoire de l'Empire de Russie*, trad. franç., Saint Thomas et Jauffret, t. I, p. 260.

(57) Voyez pour plus de détails, M. D. Ionescu, ouv. cité, p. 329-331, et *Melhisedek*, ouv. cité, p. 218-226.

méc de cette plante ; jamais ils ne prennent des médicaments, parce que, disent-ils : « Dieu qui a donné la santé peut seul l'enlever, et l'homme peut-il changer la volonté de Dieu ? » Le divorce est considéré par eux comme un désordre social, comme une atteinte à la religion (58). Ils ne consomment pas de sucre car ils croient qu'on le fabrique avec du sang et avec des os de toutes sortes d'animaux.

Les Bezpopowschtina se subdivisent encore en deux sectes, les unes admettant le mariage, les autres ne l'admettant pas. Ces derniers commettent énormément d'infanticides. N'ayant pas le droit d'avoir des relations sexuelles et ne pouvant toutefois s'en abstenir, afin de ne pas être découverts et excommuniés ils tuent les petits qui ont le malheur de naître.

Les Scopites (castrats) vivent presque isolés dans une communauté régie par des mœurs et des coutumes qui leur appartiennent.

Ils sont ennemis de l'amour charnel et se mutilent après avoir eu un certain nombre d'enfants. Le principal fondateur de cette secte a été Selivanov (année 1772). Malgré les persécutions, malgré les efforts du Gouvernement russe pour les faire renoncer à leurs pratiques stupides, le nombre des sectaires augmenta annuellement et de nos jours il y a des castrats non seulement dans toutes les provinces de Russie, mais aussi en Roumanie où certains ont-émigré pour échapper aux persécutions.

Dans la Dobrogea, les Scopites ont été traqués comme des bêtes par les Ottomans, qui, suivant les dires de Nadejdin, détestent ces monstres beaucoup plus que les chrétiens et ne tolèrent que ceux qu'ils emploient comme gardiens des harems (eunuques).

____

(58) Cf. J. J. *Nacian*, ouv. cité, p. 52.

En 1846, ils ont quitté Toultcha et ils sont allés s'établir à Ismaïl en Bessarabie, puis, après l'occupation de la Dobrogea par les Roumains, ils sont rentrés dans la province.

Dans le département de Constantza, il y a un village, *2 Mai*, fondé par Michaïl Cogalniceanu, habité exclusivement par des Scopites de Bucarest, de Galatz et de Iassy. (Dans ces trois villes, ce sont eux qui fournissent les meilleurs cochers, les cochers de grand aloi).

Leur nombre tend à diminuer. Cela est très explicable, car ils sont victimes des prescriptions multiples imposées par une religion fanatique, et contre nature (contraire aux indications de la nature) (59).

Leurs pratiques sont mystérieuses. Ils s'assemblent d'ordinaire pendant la nuit, vêtus de longues chemises blanches et comme les derviches, ils tournent sur eux-mêmes jusqu'à ce que la sueur leur couvre le corps.

Lorsqu'un Scopitz meurt, l'enterrement a lieu dans le plus grand secret, sans que l'on puisse jamais découvrir le lieu de sa sépulture. Ces précautions ont pour but d'éviter que par l'exhumation l'on ne puisse constater le fait de la mutilation et la manière dont elle s'opère.

Ils couchent sur la dure et ne fument jamais. Ils comptent de nombreux prosélytes à Iassy et à Bucarest (60).

---

(59) Selon M. *Engelhardt* (ouv. cité, p. 46), il y avait dans la Dobrogea en 1862, de 15,000 à 20,000 Lippovans Starowiertzy. — En 1900, le nombre des Russes était de 27,374 habitants, dont 14,197 Russes et 13,177 Lippovans.

Aujourd'hui il y a 15,784 Russes et 15,335 Lippovans.

(60) Cf. *Engelhardt*, ouv. cité, p. 49.

§ 5. — **Les Turcs** (61)

> Les Turcs sont après les Danois et les
> Français le plus laborieux et le
> plus honnête peuple de la terre.
>
> (Paroles d'un ingénieur danois
> établi dans la Dobrogea. —
> Cf. BELLESSORT, ouv. cité,
> p. 407).

Les Turcs, dont la domination s'établit d'abord en Asie sur les ruines du gouvernement des Abbassides, sont de race mongolique, mais de nos jours ils appartiennent plutôt à la race caucasienne, « car ils ont perdu, par suite des croisements, leur type primitif » (62).

La Dobrogea eut l'honneur d'être la première contrée qui donna l'hospitalité aux Turcs.

------

(61) C'est dans les siècles les plus reculés qu'il faut chercher l'origine du peuple turc d'où descend la race actuelle des Ottomans.

Turc est selon toute apparence le *Targitaos* d'Hérodote, le *Togharma* de l'Ecriture (Cf. Hérodote, IV, 5 et Genèse, X, 3).

Pline et Pomponius Mela connaissaient de nom les Turcs « *Turcæque vastas sylvas occupant* ». Les Byzantins désignent les Turcs, tantôt sous la dénomination de *Persans*, tantôt sous celle d'*Ougres* (Hongrois), quoiqu'il n'y ait jamais eu de rapport de parenté entre les Persans et les Turcs, ni entre les Persans et les Hongrois. (Voy. *Hammer, Histoire de l'Empire ottoman*, t. I, p. 1 et s.).

Pour la transformation du mot *Ougres* des Byzantins en *Ouigours*, nom d'une ancienne tribu turque (voy. *Klaproth, Abhandlung über die Sprache und schrift der Uiguren*, Berlin, 1812; Traité de la langue et de l'écriture des Ouigours).

Paolo Giovio, l'historien de Charles-Quint (Commentarii delle cose dei Furchi, di Paolo Giovio, c. I) ne doute point qu'ils ne soient des Tatars venus des bords du Wolga; et il n'y a pas encore longtemps qu'on a prétendu avoir découvert l'étymologie du nom de Turcs dans celui de la rivière de Tereck (Voy. ce qui a été dit plus haut au paragraphe concernant les Tatars, page 59).

(62) Capitaine *M. D. Ionescu*, ouv. cité, p. 344.

Dans l'année 662 de l'hégire (1263) après que Michel Paléologue, fondateur de la dynastie qui porte son nom, eut trouvé un refuge à la cour des Seldjoukides, et que, de retour à Constantinople, il eut fait crever les yeux à Jean Lascaris, l'héritier légitime du trône de Byzance, une colonie de dix à douze mille Turcomans vint, sous la conduite de *Saltoukdedé*, s'établir sur la côte occidentale de la mer Noire, dans la contrée appelée encore aujourd'hui Tatarie Dobruze (63).

Berké Khan, chef des Tatares de Kipdjak (voy. Loutfi, Histoire des Seldjoukides, p. 113) emmena dans la Crimée toute la colonie Dobruze (64).

Au sujet de la sépulture de Saltoukdedé, qui repose à la fois en six ou sept endroits, notamment à Babataghii (Babadag) sous le nom de Baba, et jouit partout de la réputation d'un saint (65), voilà ce qu'on sait : d'après la tradition, Saltoukdedé qui, dans la soixante-troisième année du douzième siècle, s'était établi avec cent mille Turcs dans la Tatarie Dobroudja, aurait ordonné à ses disciples d'enfermer après sa mort les restes de son corps dans six ou sept cercueils et de les inhumer dans autant de villes éloignées appartenant aux infidèles, afin que, dans l'incertitude de savoir où seraient réellement ses dépouilles mortelles, les pèlerins musulmans se rendissent sur chacun de ces points, et préparassent ainsi l'incorporation des contrées dont ils font partie à l'empire de l'islamisme.

Suivant la tradition il aurait été enterré à la fois en Thrace, en Dacie, en Bulgarie, en Moesie, en Pannonie, en Sarmatie et aux confins du nord.

---

(63) Cf. *Hammer*, ouv. cité, t. I, p. 164.

(64) *Hammer*, ouv. cité, t. I, p. 165.

(65) *Ewlia*, historiographe de l'Empire ottoman ; *Hammer*, ouv. cité, t. XVI, p. 247.

Pourtant Posen où il fut enseveli ne tomba pas au pouvoir des Turcs (66).

Au xive et au xve siècle beaucoup de colonies ottomanes vinrent s'établir dans les provinces conquises et la Dobrogea fut une des premières provinces *de l'ancien empire roumaino-bulgare,* peuplée par les Turcs qu'attiraient dans cette contrée le tombeau de Saltoukdedé.

Dans la première moitié du xixe siècle le nombre des Turcs de Dobrogea était plus élevé que celui des autres nationalités.

Ethnographiquement la Dobrogea était divisée de la sorte : les Roumains occupaient les rives du Danube ; les Turcs, les rives de la mer Noire et les Tatars le centre de la presqu'île.

Le nombre des familles turques était, en 1850, de 2,268 (67).

____

(66) Cf. sur tous ces points, *Hammer,* ouv. cité, t. XVI, p. 247.

(67) Cf. *I. Ionesco,* Excursion agricole dans les plaines de la Dobrodja, Constantinople, 1851.

D'après *M. Ubicini,* les nationalités qui peuplaient les dix districts de la Dobroudja, au moment de la guerre russo-turque (1878) étaient les suivantes :

NOMS DES CAZAS	Bourgs, villages et hameaux	Musulmans	Non musulmans	TOTAUX
Toultcha........	17	2838	15426	18264
Isaktcha........	10	68	5298	5366
Kilia (delta)....	9	31412	30022	61434
Soulina (id.)....	12	31900	602	32502
Mahmoudié....	10	12248	17868	30116
Babadagh......	58	24652	7344	31996
Matchin.......	26	24044	1818	25862
Kustendjé......	34	2790	5196	7986
Hirsova........	39	326	1700	2026
Medjidié.......	56	4384	2626	7010
Totaux....	271	134662	87900	222562

Selon *M. Strat* la population de la Dobroudja était de 300,000 âmes. *M. Dot-*

En 1896-97, le nombre des Ottomans de la province était de 11,270, mais à cause des émigrations continuelles, il ne reste plus dans la Dobrogea, selon toute vraisemblance, que 10,000 Turcs (les statistiques officielles — année 1904 — mentionnent 10,596) et leur nombre tend de plus en plus à diminuer.

tain, au contraire, donne un chiffre infiniment plus petit (136.632 habitants, dont 30 à 35,000 Roumains, cf. Revue de géographie, année 1878).

M. *Démètre Stourdza* (Revue de géographie, année 1879) affirmait que la population totale de la presqu'île (en 1878) ne dépassait pas 150,295 habitants.

M. *Kolb* (The condition of nations social and political) estimait la population de la péninsule pour l'année 1880 à 123,320 âmes répartie ainsi :

Districts	*Habitants*
Toultcha	43.000
Babadagh	41.000
Kustendjé	23.320
Matchin	8.000
Medjidié et Tchernawoda	8.000
Total	123.320

Selon le *baron d'Hogguer* (1880) le nombre des habitants de la province se répartissait de la sorte (cf. la critique faite, p. 41, note 2) :

DISTRICTS	Bulgares	Roumains	Russes	Lippovans	Grecs	Arméniens	Juifs	Admettent l'église bulgare	Admettent l'église grecque	Allemands	Tatars	Tsiganes	Turcs	Diverses nationalités	TOTAL
Toultcha (ville)	3256	1668	1876	1736	324	160	304	3488	3636	—	224	—	300	976	17948
Toultcha (district)	1117	6539	3360	298	67	6	175	1461	9622	603	464	—	520	—	24295
Babadagh	13436	2047	1012	4073	246	256	163	14274	2467	1227	516	63	1192	10	41063
Küstendjé	1470	177	—	252	—	8	32	1470	177	—	4624	144	1388	—	9920
Tchernawoda, Harsova	440	6028	16	280	136	—	—	440	6180	—	180	—	264	—	13964
Matchin	2161	7264	376	1126	56	—	75	2161	7696	—	304	126	1052	—	22397
Soulina	36	444	896	796	608	8	32	36	1948	12	112	8	96	116	5148
Totaux	21916	24167	7546	8883	1437	438	781	23330	31726	1842	6424	341	4812	1102	134735

Mangalia et une partie de l'arrondissement Nouveau Silistrie ne sont pas mentionnés. La population, pour ces contrées, était évaluée à 15,825 âmes ;

C'est vraiment dommage et le Gouvernement roumain devrait faire tout ce qui est en son pouvoir pour les amener à aimer la terre des « *giaours* ».

Il est probable que si l'administration de la province n'avait pas été accaparée par bien des gens sans aveu et sans cœur, on n'aurait pas pu assister à des spectacles semblables à celui que relate l'ex-préfet de Constantza, M. C. D. Pariano, dans le journal Farul (*Le Phare*, n° 11, du 4 janvier 1904), quand plus de 50 familles ont émigré (68). Les faits se sont paraît-il passés ainsi : « L'Etat permet aux villageois de prendre tous les dimanches du bois mort dans les forêts qui se trouvent sur ses domaines.

« Les Musulmans, ayant leur dimanche le vendredi, ont pris ce jour-là (les habitants de la commune Ghiuvegea), de bonne foi, du bois mort ». D'où, délit, selon la loi interprétée à la Shylock.

« Le garde forestier dressa des procès verbaux en alléguant que tous ces habitants ont fait des dégâts de 1,000 à 5,000 francs, et les poursuivit en justice.

---

par conséquent, la population de la Dobrogea en 1880, atteignait le chiffre de 150,560.

M. *Jackson* (*Lectures upon Roumanian History*) évalue la population de la province (1884) à 134,735 habitants (cf. *contra*, M. de Rosny). Selon J. J. *Nacian*, le chiffre mentionné par Jackson est vraisemblable, car, dit-il, le publiciste anglais a tenu compte des émigrations qui ont eu lieu depuis 1878 (cf. ouv. cité, p. 41, n. 1).

A notre avis toutes ces statistiques sont plus ou moins fantaisistes.

(68) Sous le gouvernement roumain, il y eut des cas regrettables — heureusement assez rares — d'abus administratifs, mais il ne faut pas s'imaginer qu'avant l'annexion de la province, les choses allaient mieux. Loin de là. — Au xviiiᵉ siècle (sous les Ottomans), l'incurie de l'administration turque était révoltante. Le baron de Tott nous dit que la Dobrogea était alors un vrai nid de bandits (Mémoires, t. II, p. 211, note).

« Aucune citation ne leur fut remise en mains, et pas
même ne leur fut communiquée la sentence de condamnation
qui, une fois définitive, fut rendue exécutoire.

« Je venais, par hasard, d'Ostrow, le jour où les produits,
les bêtes de somme, les instruments de labour et tous les
effets de ces braves gens furent vendus et je sais que ce jour-
là les 50 familles de Musulmans, nues, affamées, ont émigré
en pleurant et en maudissant la Roumanie.

« On se demandera peut-être quel mobile a déterminé les
agents à commettre cet acte de vandalisme.

« *Le plus ignominieux :* le désir de se rendre maîtres des
fortunes de ces gens-là.

« Les gardes forestiers, par personnes interposées, — lors
de la licitation qui eut lieu dans le village Ghiuvegea — se
rendirent acquéreurs de tous les objets des Mahométans en
payant seulement 5 0/0 de leur valeur.

« Quelle autre entreprise aurait pu leur procurer, pour un
capital de 5 francs, 95 francs de bénéfices ?

« Et même sans risque et péril, car la spoliation se faisait
sous le couvert des formalités légales ».

Voilà comment malgré la loi, malgré les règlements administratifs très larges, par la faute de fonctionnaires abusifs,
non contrôlés et non révoqués par leurs supérieurs hiérarchi-
ques — toutes les fois que des faits semblables se produi-
saient — un grand nombre (et des meilleurs) de citoyens de
la Dobrogea se virent forcés d'émigrer.

Car les Ottomans de Dobrogea sont, en général, probes,
travailleurs, respectueux des lois roumaines, et dignes de
tout intérêt.

Leurs mœurs sont douces et tranquilles.

« Excellents Turcs, consciencieux, toujours contents d'Allah et de son prophète et dès qu'ils ont pris femme, plus sobres qu'une société de tempérance (69).

Quoique la religion leur permette d'avoir plusieurs femmes, ils ne sont polygames que d'intention. Les Turcs et les Tatars profiteraient volontiers de la permission que leur accorde la loi si leur pauvreté, leur amour de l'argent et leur soif de tranquillité ne les retenaient » (70).

§ 6. — Les Grecs

> *Timeo Danaos et dona ferentes.*
>
> (VIRGILE).

> Le fanatisme politique est aussi étranger que le fanatisme religieux aux principes de justice et aux sentiments d'humanité.
>
> (DE SÉGUR).

Ce peuple est répandu un peu partout dans la presqu'île, habitant les villes où il s'adonne au commerce. C'est le désir excessif de gain qui le détermine à se disséminer, à mener une vie nomade à vrai dire.

Les Grecs, en général, sont usuriers, fraudeurs, exclusivistes, n'ayant aucun amour pour le pays où ils vivent, et dans la Dobrogea plus que partout ailleurs, ils sont rapaces et moins civilisés que leurs coreligionnaires de tout le reste de l'Europe.

Nous ne pouvons faire leur apologie, car entre les Grecs d'aujourd'hui et les Hellènes d'autrefois, — et quand nous

---

(69) *André Bellessort, A travers la Roumanie*, dans la Revue des Deux-Mondes du 15 mars 1903, p. 407.

(70) *Idem*, p. 421.

disons Hellènes, nous entendons les illustres écrivains et savants de l'Hellade — la différence est trop grande. Aussi nous préférons passer en revue un autre peuple : les Allemands (Alsaciens).

Les qualités admirables de ceux-ci font ressortir pour le voyageur impartial, encore plus les défauts des trois autres peuplades — vrais parasites — (Grecs, Juifs, Arméniens) dont le nombre pour le malheur de la province ne fait que croître.

§ 7. — Les Allemands

(Alsaciens)

La première colonie d'Allemands (Alsaciens) vint dans la Dobrogea vers 1848-1850 ; cinquante-neuf familles quittèrent alors Odessa et s'établirent à Malcoci près de Toultcha, et à Tikilesti.

Ces Alsaciens catholiques ont toujours conservé pour la France des sentiments qui les rattachent à leur ancienne et noble patrie.

Vers 1860, la population allemande comptait 1,200 âmes (71), et en 1864 ce nombre s'était légèrement accru. Ils habitaient les villages Cataloï, Ciukurova, Malcoci et Atmagea où ils avaient leur église et leur pasteur.

Ils s'occupaient de camionnage, de commerce et aussi de la vente des coupes de forêts.

Quand le gouvernement fit construire à Sulina des digues, ils se sont enrichis presque.

Ces Allemands, maintenant au nombre de plus de 8,000, doués de qualités supérieures aux autres peuplades de la

----

(71) *Lejean*, ouv. cité, p. 12.

presqu'île, sont travailleurs, bon ménagers et savent utiliser en perfection les forces et les produits de la nature.

Ils s'occupent d'agriculture, de l'élevage du bétail, etc.

« On croirait que ces Germains, si fidèles à leurs traditions, si imperméables aux influences étrangères, se font gloire de leur patrie et prétendent rester les sujets de l'empereur. Mais de tous les peuples, l'Allemand est celui qui se dénationalise le plus volontiers.

Songez que les Souabes de la Dobrodja ont abandonné leur pays depuis plus d'un siècle. S'ils en conservent les habitudes, c'est moins par esprit national que par nécessité. N'eût été la défiance des nations où ils se sont établis, ils s'y seraient bientôt fondus. Mais on persiste à les traiter en étrangers alors qu'ils s'évertuent à répéter qu'ils ne sont, ne peuvent et ne veulent être que des citoyens de la Roumanie.

L'administration les a tracassés et pressurés » (72).

Elle a fait du mal à la Roumanie, cette administration ; de-depuis 1878 surtout, depuis que les mœurs électorales sont devenues détestables !

Espérons que tout cela va bientôt changer, car déjà dans les derniers temps la réaction s'étant produite, les nominations dans les fonctions administratives furent faites avec plus de circonspection.

---

(72) *Bellessort,* ouv. cité, p. 415.

§ 8. — Les Juifs

> « Les Irlandais ne sont bons qu'à tuer,
> et c'est une faiblesse coupable chez
> les Juifs de ne pas les avoir exter-
> minés tous ».
>
> (*The Banner of Israel*, le journal
> juif de Londres, n° du 17 juillet
> 1889).
>
> Nous pourrions traduire ces lignes de la
> façon suivante : Les Moldaves et les
> Valaques ne sont bons qu'à être ré-
> duits à la mendicité, et c'est un crime
> pour les Juifs de Roumanie de ne
> pas avoir réussi à les ruiner tous.

Les Juifs de Dobrogea comme ceux de Roumanie peuvent être considérés comme un vrai fléau social qui tend à gangrener le corps de ce malheureux pays, car ils ne font qu'exploiter les autres populations honnêtes et travailleuses au milieu desquelles ils vivent.

Leur nombre augmente sans cesse menaçant la vitalité du peuple roumain.

« L'exemple de la Bucovine est sous nos yeux : il est trop éloquent pour ne pas nous servir de leçon.

« Il peut paraître préférable au gouvernement autrichien de voir en Bucovine les Juifs parlant l'allemand (?) y être l'élément dominant, plutôt que les Roumains, anciens maîtres du pays. Les efforts de tout gouvernement roumain, au contraire, doivent tendre à ce que ce soient les Roumains qui, dans leur propre pays, restent l'élément dominant.

« Si ces conditions leur paraissent trop dures, c'est dans l'émigration qu'ils doivent chercher un remède efficace à leurs maux. Tant le pays que les Juifs y gagneront.

« Qu'ils soient bien persuadés que les dénonciations calomnieuses, les intrigues, les déclamations sur la base de principes soi-disant humanitaires ne serviront à rien.

« Les gouvernements qui se succéderont au pouvoir, en Roumanie, à quelque parti qu'ils appartiennent veilleront à assurer aux Juifs la protection des lois existantes, ils préviendront, réprimeront et puniront sévèrement toute brutalité envers eux.

« Mais entre les intérêts vitaux de la nation roumaine et l'avantage des Juifs établis en fraude sur son territoire, ils ne sauraient hésiter ; il y va de l'avenir de la nation roumaine et par conséquent

« *Salus rei publicæ suprema lex* » (73).

§ 9. — **Diverses nationalités**
(Arabes, Italiens, Arméniens, Tsiganes, etc.)

Nous ne pouvons que mentionner ces différents peuples, étant donné leur nombre infime et le peu de part qu'ils prennent à la vie sociale et publique.

Les *Italiens*, comme partout en Roumanie, très aimés, sont manœuvres ; les *Arméniens*, à l'instar des Juifs, vivent aux dépens des faibles qu'ils exploitent ; quant aux *Arabes* on ne peut affirmer qu'il y en ait encore des traces.

Tout ce qu'on peut affirmer c'est que, entre 1832 et 1834, un petit nombre vint dans la Dobrogea à la suite de la guerre turco-égyptienne (74) et se fixa dans le village *Arab Keni* (village des Arabes) et à Docuz-Agaci.

---

(73) Cf. *Verax*, La Roumanie et les Juifs, Bucarest, Socec, 1903, le livre le plus documenté et le plus véridique qu'on ait écrit jusqu'à présent sur les Juifs de Roumanie.

(74) Cf. Revue de géographie, année 1879.

Ils se distinguaient des autres peuplades par une solidarité sociale et une propreté admirable, selon les dires de l'historien grec Papadopoulo-Vrétos.

Les *Tsiganes* (Bohémiens), originaires de l'Inde, dont l'immigration (75) paraît remonter à l'année 1399 sont peu nombreux.

Certains sont nomades et vivent de brigandage. Leur audace se borne à dévaliser les basses-cours.

Les sédentaires vivent isolés des peuplades d'autres races et n'ont des relations qu'avec les Turcs et cela seulement parce qu'ils pratiquent la même religion.

Ils ont une aptitude spéciale pour l'industrie du fer. Ils excellent aussi dans l'art de la musique (le violon) et de la danse.

Leurs femmes sont laborieuses, s'adonnent à la sorcellerie et disent, pour quelques sous, la bonne aventure aux passants.

---

(75) *A. Poissonnier*, Les esclaves Tsiganes dans les principautés danubiennes; Paris, 1855.

CONCLUSION

―

Ainsi qu'on peut le voir, grand est le nombre des nations qui concourent à rendre très difficile la tâche du Gouvernement roumain.

Nous pouvons avoir pour certaines une préférence que justifient leurs qualités, pour d'autres presque de l'indifférence. Mais puisque la plupart, persécutées dans leurs patries, sont venues chercher asile dans la Dobrogea, nous soubaiterions ardemment que toutes s'efforcent de devenir vraiment roumaines et prennent en mains les intérêts vitaux de la province.

―

LIVRE III

CHAPITRE PREMIER

LE RÉGIME ANCIEN

(La Dobrogea sous les Romains)

Sous les Romains, jusqu'à l'avènement de Dioclétien, la Dobrogea faisait partie de la Moesia inferior, tandis qu'après l'organisation de l'Empire sous Dioclétien — 284-305 ap. J.-C. — ce territoire fit partie de la préfecture du préteur de l'Orient, *diocesis Thraciæ*, sous la dénomination officielle de *Scythia minor, Scythia pontica* (1).

En l'an 400 ap. J.-C., la Scythia minor était élevée au rang de Præses Scythiæ (2) (province dont l'administration

---

(1) Cf. livre II, chap. Iᵉʳ, note 1.

(2) Au troisième siècle, et suivant *Borghesi* (Œuvres, t. III, p. 277; t. V, p. 397, 405), à partir d'Alexandre Sévère (222-235), il se produisit dans le régime des provinces impériales un changement important et durable : la séparation de l'administration civile et du commandement militaire, l'une confiée à un *præses*, l'autre remis à un *dux*. Cf. Lamprid., *Al. Sever*, XXIV : Provincias legatorias præsidiales plurimas fecit. — Kuhn, dans le *Jahrbücher für classische Philologie*, 1877, p. 713. — Suivant M. Arnold (*The Roman system of Provincial administration*), c'est à Aurélien que doit être attribuée cette organisation. Il fonde cette manière de voir sur l'exemple de la Numidie, où en l'année 260 encore, on trouve un légat prétorien, tandis qu'en l'année 283 on rencontre déjà un *præses Numidiæ* (Cf. *Mommsen* et *Marquardt*, Organisation de l'Empire Romain, t. II, p. 585, note 5; et p. 457 et suiv., Paris, Ernest Thorin, éditeur, 1892, traduct. par Paul-Louis Lucas et André Weiss),

confiée à un præses était séparée du pouvoir militaire confié à un dux — *dux Scythici limitis*) (3).

Nous savons que la préfecture du prétoire d'Orient, la plus vaste et la plus riche de l'Empire, était subdivisée en cinq diocèses : *Thrace* (4). *Asie, Pont, Orient, Egypte*. De plus le proconsulat d'Asie, l'ancienne Ionie, relevait directement de l'empereur et on y rattachait les provinces des *Iles* (Cyclades, Lesbos, Chios, Samos, Rhodes), administrée par un *président* et d'*Hellespont*, administrée par un consulaire (5).

Le *diocèse de Thrace* comprenait six provinces : La *Moesie deuxième* (6) entre le Danube et les Balkans (Bulgarie orientale) avec Nicopolis (Nikopoli) et Marcianopolis (Péréïaslaf) ;

(3) A l'époque d'Alexandre Sévère, la *Mœsia Superior* est gouvernée par un *præses* (voy. Borghesi, *Œuvres*, t. V, p. 396) tandis qu'à la tête de l'armée se trouvait un *dux totius Illyrici*, investi du commandement en Thrace, dans les deux *Mœsiæ*, en Dalmatie, dans les deux Pannonies et en Dacie. Il est mentionné sous Valérien (253-260) par Trebell-Pollio (*Claud.*, XV). Sous cet empereur, il y avait un *dux Scythici limitis*, un *dux orientalis limitis*, un *dux Illyriciani limitis* (Vopisc., Aurel., XIII); le *dux limitis provinciæ Scythiæ* se rencontre ensuite à l'époque de Dioclétien (C. I. L., t. III, [1], n° 764) et plus tard, dans la *Notit. Dignit. Or.* (c. XXXVI).

(4) Voy. pour la Thrace spécialement : Alb. Dumont, *Inscriptions et monuments figurés de la Thrace*, dans les *Archives des missions scientifiques et littéraires* (Paris, 1876, in-8°), 3e série, t. III, p. 117-200. — *Gatti, Bulletino della Commissione archeologica comunale di Roma*, 1888, p. 140. — René Cagnat, *L'année épigraphique*, 1888, Paris, 1889, p. 26, n° 69. — W. Liebenam : *Beiträge*, I, Iéna, 1886, p. 28 et *Tab.*, n° 21, p. 40; *Forschungen*, Leipzig, 1888, p. 389-396. — Henri Kiepert, *Manuel de géographie anc.* (trad. franç. de M. Emile Ernault), Paris, 1887, p. 184 et s. — J. W. Kubitschek, *Imp. Rom. trib. discr.*, 1889, p. 238-240. — C. I. L., t. III, 1er Supplém., Berol., 1889, fos 1328-1338 ; *Mommsen, Reges Thraciæ inde a Cæsare dictatore*, dans l'*Ephem. épigr.*, vol. II, p. 250 et s.; *Cyriaci Thracia, eod*, vol. III, 1877, p. 235 et suiv.

(5) Ernest Lavisse et Alfred Rambaud, Histoire générale du ive siècle à nos jours, t. I, p. 43.

(6) Sous Domitien la Moesie fut divisée en Moesie supérieure et Moesie inférieure séparées par Ciabarno.

La Dobrogea faisait partie de la Moesie inférieure. Chacune de ces deux

La *Scythie, à peu près représentée par la Dobrogea* (avec les villes de *Dionysopolis* — ou Crumi-Akrania, — de *Tomi* — par la suite Constantia-Kostanza, ou en turc Köstendjé — et de *Calatis*).

La *Thrace*, répondait au bassin supérieur de la Maritza, sa ville centrale était Philippopolis.

L'*Hæmimont* se trouvait à l'est, vers la mer Noire; son chef-lieu était Hadrianopolis (Andrinople) ;

La province de *Rhodope* s'étendait autour de la montagne de ce nom jusqu'à la mer Egée;

L'*Europe* comprenait les environs de Constantinople, la rive européenne de l'Hellespont.

La Thrace et l'Europe obéissaient à un consulaire, les autres à un président (7).

Ainsi donc l'administration de la Dobrogea était confiée à un præses et il est hors de doute qu'elle a dû être administrée conformément aux lois romaines appliquées dans les provinces conquises annexées à l'Empire.

Les provinces romaines étaient des régions politiques créées

---

provinces ont eu leur legatus consularis et leur procurator (cf. *Tacite,* Hist. II, 86; *Spartien*, Hadr. II, III ; *Mommsen et Marquardt*, ouv. cité, t. II, p. 180-189).

(7) Cf. *Histoire générale du* IVᵉ *siècle à nos jours*, par Lavisse et Rambaud, t. I, *Les Origines*, p. 43 et suiv.

Documents officiels : *Codex Theodosianus* (éd. *Hænel*, 1842, 4ᵉ éd., 1882), Recueil des lois, des décrets et des lettres officielles des Empereurs jusqu'au Vᵉ siècle ; *Notitia dignitatum* (*et administrationum Orientis et Occidentis*) une sorte d'almanach de l'Empire qui donne les titres de tous les hauts fonctionnaires impériaux au commencement du Vᵉ siècle (éditée par *Boecking*, 2 vol., 1839-53; rééd. par Seeck, 1877). — *Ammien Marcellin* (*Rerum gestarum libri*, III), l'historien le plus détaillé, le plus intelligent et le plus impartial du IVᵉ siècle, fournit des traits caractéristiques sur l'état de la société.

LIVRES : voy. la bibliographie que donne *P. Viollet*, Histoire des Institutions politiques de la France, t. I, 1890 ; pour certaines questions spéciales, voy. la bibliographie indiquée par Lavisse et Rambaud, ouv. cité, p. 46, t. Iᵉʳ.

dès le temps républicain : dans les pays conquis, Rome envoyait un magistrat qui était comme un souverain absolu tout le temps que durait sa charge.

Les agents de l'empereur ont tous le caractère commun qu'ils sont des délégués, non pas des fermiers; des délégués à temps et payés : ce qui implique qu'ils ne prendront pas racine et n'exploiteront pas le pays à outrance.

Etroitement surveillés, ils ont pour rôle d'être les représentants de l'empereur en toutes choses : juges, chefs militaires, chefs politiques.

Ils ont à côté d'eux des agents financiers : ceci n'indique pas qu'on soit arrivé à la division des pouvoirs, car de tout temps l'administration des finances a été confiée à des agents spéciaux. Chefs militaires, les gouverneurs de province commandent l'armée (dans les provinces impériales) ; chefs administratifs, ils contrôlent le gouvernement des cités ; la justice est leur principale fonction. En tout et partout ils représentent l'empereur, chacun relevant de lui directement, sans hiérarchie intermédiaire.

Les provinciaux étaient bien protégés ; d'autant plus qu'ils avaient une institution capable, dans une certaine mesure, d'empêcher les abus : *l'assemblée provinciale.* L'antiquité n'a pas complètement ignoré le système représentatif moderne; il suffit de citer : les confédérations des cités comme celle de la Lycie, décrite par Strabon (XIV, 3) et conservées par les Romains ; celles d'Asie Mineure ; les députés des provinces de la Gaule convoqués par César et Auguste; les assemblées espagnoles à caractère politique comme celles de la Gaule ; les assemblées orientales ayant surtout un caractère religieux ; l'assemblée (sous Auguste) annuelle des députés des soixante cités gauloises, institution ayant ce double caractère : politique et religieux.

Ces assemblées provinciales, qui fonctionnèrent jusqu'au
ive siècle et qu'Honorius voulut restaurer en Gaule (Edit
de 418), envoyaient à l'empereur des députations chargées
de lui porter les vœux ou les plaintes des provinces, d'accuser au besoin le gouverneur.

Les assemblées provinciales sont seulement pour l'empereur
un moyen de contrôle ; elles ne peuvent empiéter sur son
droit de légiférer, de fixer l'impôt, de faire la paix ou la guerre,
sur aucun des attributs de la souveraineté. Il n'y a pas là de
libertés *politiques*. Remarquons aussi que, ces assemblées
disparues, les Conciles nationaux de l'Eglise semblent s'être
formés sur leur modèle.

L'étude de l'administration romaine mène à la même conclusion que l'étude sur le pouvoir impérial.

Ce pouvoir dispose d'une administration omnipotente qui
laisse subsister une certaine indépendance municipale, quelques libertés provinciales, sans que celles-ci puissent gêner
l'action de l'autocratie impériale (8).

Nous croyons inutile de faire un exposé complet des pouvoirs du præses de Scythia minor et des autres fonctionnaires, car toutes ces questions ont été magistralement
traitées par *Mommsen* et *Marquardt* [Manuel des Antiquités
romaines (trad. Paul Fr. Girard), Organisation de l'Empire
romain (trad. Lucas et Weiss)].

Nous mentionnons seulement, avant de clore ce chapitre,
que la Thrace, dans les premiers temps, rentrait dans la
troisième classe des provinces impériales, classe formée par
celles où la nature du sol, comme dans les régions alpestres,

---

(8) Cf. *Lavisse* et *Rambaud*, ouv. cité, t. Ier, p. 6 et suivantes, d'où nous
avons extrait certains passages ; *Mommsen* et *Marquardt*, « Manuel des
Antiquités romaines », t. IX, p. 498 et suiv. (Administration des provinces),
et « Organisation de l'Empire romain », t. II, p. 197-202.

le degré de civilisation, comme en Maurétanie et en *Thrace*,
le caractère obstiné des habitants, comme en Judée et en
Egypte, rendaient impossibles, sinon pour toujours, tout au
moins dans les premiers temps, l'introduction du régime
ordinaire des provinces et l'application du droit romain. Aussi
furent-elles d'abord exploitées comme domaines et placées
sous l'autorité non d'un fonctionnaire de l'Etat, mais d'un
administrateur nommé par l'empereur et personnellement
responsable devant lui, qui doit être considéré comme rem-
plissant dans le pays les fonctions de vice-roi avec des pouvoirs très variables et qui porte officiellement le titre de
procurator (9), en Egypte celui de *præfectus* ; ce n'est que
plus tard, lorsque les obstacles locaux furent aplanis, qu'elles
furent, au moins en partie, organisées en provinces proprement dites : il en fut ainsi de la Thrace, de la Cappadoce, de
la Judée et de la Rétie.

(Mars 1907, Paris).

----

(9) Sous la République le *procurator* est le fondé de pouvoirs général d'un
particulier romain, qui voyage pour ses affaires ou a un fonds de terre à
administrer hors d'Italie.

Sur le changement apporté par la monarchie dans le personnel administratif ; sur les *legati Augusti* dans les provinces impériales, dans la classe
desquels il convient de faire rentrer les *procuratores*, voyez *Marquardt*,
ouv. cité, t. II, p. 582 et suiv.

CHAPITRE III [1]

LE RÉGIME POSTÉRIEUR A L'ANNEXION

—

SECTION PREMIÈRE

Liste des lois et des règlements
appliqués dans la Dobrogéa depuis 1878 jusqu'en 1907 [2]

> Une loi d'exception introduite dans une
> Constitution libre est toujours une
> loi dangereuse.
>
> (CHATEAUBRIAND).

Avant de faire l'analyse critique des lois qui sont la consécration du régime exceptionnel dobrogiote, nous avons jugé utile de mentionner les règlements et les lois relatifs à notre province transdanubienne.

---

(1) Le chapitre II, *Le régime antérieur à l'annexion* (institutions, organisation judiciaire, législation des Ottomans) sera publié ultérieurement.

(2) Pour tout ce qui concerne la législation de la Dobrogea, il n'y a pas encore à notre connaissance d'ouvrage complet ; à peine quelques exposés, très sommaires, nous ont guidé dans cette partie de notre étude.

Aussi nous prions les lecteurs de bien vouloir prendre en considération que dans le chaos des lois et des règlements appliqués à cette contrée, et qui ont été si souvent modifiés, il nous a été difficile d'avoir la main sûre et la vue nette.

Nous avons sinon l'espoir d'avoir su mener à bien une tâche aussi pénible, du moins la conscience de nous être donné de toutes nos forces, sans avoir pourtant la prétention que le but cherché soit complètement atteint.

Nous ne doutons pas que ceux qui nous succéderont dans cette voie sauront travailler au mieux des intérêts de la population dobrogiote, en apportant ainsi leur précieux concours au progrès de la science juridique roumaine.

Nous avons dit (3) que la Dobrogea a été définitivement reconnue comme concédée par la Russie à la Roumanie en échange de la rétrocession de la Bessarabie dans la séance du 23 juin 1878, au Congrès de Berlin.

Malgré cela, la Dobrogea a été administrée par les Russes, quelques mois encore, selon le système de Biéloserkowitch, le gouverneur de la province pendant l'occupation russe (4).

A peine le 14 novembre 1878 Son Altesse royale le prince des Roumains, Charles Ier de Hohenzollern, a été en mesure d'annexer effectivement la Dobrogea.

Il a adressé alors à la population de la province la proclamation suivante :

Aux habitants de la Dobrogea

« Les grandes puissances européennes, par le traité de Berlin, ont réuni votre pays à la Roumanie.

« Nous n'entrons pas comme conquérants dans votre pays dont l'Europe a fixé les frontières ; mais vous le savez vous-même, beaucoup de sang roumain a été versé pour affranchir les peuples des rives droites du Danube.

« Habitants de toutes races et religions, la Dobrogea, l'ancienne possession de Mircea le Vieux et d'Etienne le Grand, à partir d'aujourd'hui, fait partie de la Roumanie.

« Dorénavant vous êtes membres d'un Etat où non pas l'arbitraire, mais seulement la loi discutée et ratifiée par la nation

---

(3) Voir *suprà*, livre I, page 4.

(4) Certains passages de ce chapitre sont empruntés à l'ouvrage très méritoire de M. J. N. Roman, que nous avons souvent consulté avec profit. Nous prévenons les lecteurs que généralement les emprunts faits portent sur des faits et gestes du Gouvernement roumain de notoriété publique, vérifiés d'ailleurs scrupuleusement par nous dans les journaux officiels et officieux roumains.

décide et commande. Les plus saints et les plus chers trésors
de l'humanité : la vie, l'honneur et la propriété sont mis sous
l'égide d'une Constitution que nous envient beaucoup de nations étrangères.

« Votre religion, votre famille, le seuil de votre maison
seront défendus par nos lois que personne ne pourra trans-
gresser sans encourir la sanction qu'elles édictent.

« Habitants musulmans, la justice roumaine ignore les
différences de race et de religion. Votre croyance, votre famille
seront défendues tout comme celles des chrétiens. Les affaires
religieuses et de famille seront, en ce qui vous concerne,
confiées au ministère des *muftis* (membres du clergé musulman) et des juges choisis parmi vous et selon vos coutumes.

« Chrétiens et musulmans, recevez donc avec confiance les
autorités roumaines ; elles ont le devoir formel de mettre fin
aux douloureuses épreuves que vous avez subies, de guérir
les blessures que vous a causées la guerre, de défendre votre
personne, votre vie et vos intérêts légitimes, enfin de développer votre bien-être moral et matériel.

« L'armée roumaine, qui pénètre dans la Dobrogea, n'a
pas d'autre mission que de maintenir l'ordre, et modèle de
discipline d'empêcher qu'on trouble la quiétude de votre vie.

« Saluez donc avec amour le drapeau roumain, qui sera
pour vous le drapeau de la liberté, de la justice et de la paix.

« Bientôt votre province, par voie constitutionnelle, recevra
une organisation définitive qui tiendra compte de vos besoins
et de vos mœurs, qui établira sur des bases stables votre état
de citoyens. Jusqu'alors, les autorités roumaines ont comme
premier devoir de rechercher et de satisfaire vos besoins,
d'avoir souci de votre bien-être, de vous amener à aimer le
pays au sort duquel le vôtre est lié.

« Comme première preuve de Notre sollicitude paternelle à votre égard, de Notre désir d'alléger vos charges, Nous abolissons la *dijma* (dîme, impôt en nature) quelle que soit sa nature, pour l'année 1879. A partir du 1ᵉʳ janvier 1880, elle sera remplacée par un impôt en argent plus équitable et plus léger pour les agriculteurs.

« *Emleacul* (impôt sur les biens immobiliers des villes et villages), l'impôt sur le revenu immobilier dans les villes, *temetuatul* (impôt de 3 0/0 sur l'agriculture et le commerce), l'impôt sur les baux, sur les cabarets, les cafés, les épiceries, les hôtels, tous ceux-ci seront transformés en impôts en argent, moins lourds et plus justes, à partir du 1ᵉʳ janvier 1879; tandis que le *bedelul* (impôt pour la dispense du service), l'impôt *entizab* (taxe de 2 1/2 0/0 sur la vente du bétail) et la taxe sur les moulins, sont complètement abolis.

« Et maintenant, en appelant la bénédiction du Tout Puissant, au nom et avec l'assentiment de l'Europe, Nous prenons possession de la Dobrogea, qui devient et est terre roumaine (*sic* dans le Journal Officiel roumain), et en vous envoyant Notre salut princier, Nous vous souhaitons que ce jour soit, pour cette partie de la Roumanie, l'origine d'un avenir de paix et de renouveau, le commencement du bien-être et de la fraternité entre les fils du même Pays.

« Fait à Braïla, le 14 Novembre, l'an de grâce 1878, le treizième de Notre règne.

« CAROL. »

Aux soldats on donna lecture de l'ordre du jour suivant :

« Soldats !

« Les Grandes Puissances européennes ont, par le traité de Berlin, réuni à la Roumanie la Dobroudja, cette vieille possession de nos anciens princes.

« Vous mettrez aujourd'hui le pied sur ce sol qui redevient terre roumaine ! Cependant, vous ne pénétrez pas en Dobroudja comme des conquérants, mais comme des amis, comme les frères des habitants qui sont à partir d'à présent vos compatriotes.

« Soldats ! Vous trouverez dans cette nouvelle Roumanie une population qui est déjà en grande partie roumaine, mais vous y trouverez aussi des habitants d'autre race et d'autre croyance : ces hommes, qui deviennent également à présent des membres de l'Etat roumain, ont le même droit à votre protection, à votre affection !

« Parmi eux vous trouverez des mahométans dont la religion, les mœurs et la vie de famille sont différentes des nôtres Je vous recommande tout particulièrement de les respecter.

« Soyez au milieu de vos nouveaux concitoyens ce que vous avez été jusqu'ici, en temps de paix comme au champ d'honneur : c'est-à-dire ce que toute l'Europe reconnaît maintenant en vous — je le constate avec fierté — des modèles de bravoure et de discipline, les défenseurs du droit de la Roumanie, l'avant-garde de la justice et de la civilisation de l'Europe.

« Bonne route, donc, soldats, et que Dieu vous protège.

« De pensée et de cœur je ne cesse d'être avec vous.

« Vive la Roumanie !

« Donné à Braïla, le 14 Novembre de l'an 1878.

« CAROL. »

Même après l'annexion, l'ignorance des Roumains et de leurs hommes d'Etat, relativement à la question dobrogiote, continua d'être presque tout aussi grande qu'avant l'annexion.

Ainsi s'explique en partie pourquoi le Gouvernement roumain a pensé qu'il était de toute prudence de ne pas appliquer à la province les lois du Pays.

A cette fin, il a demandé et il a obtenu des Assemblées législatives (5) — avant l'annexion définitive — l'autorisation d'administrer la contrée, par des règlements *ad hoc* jusqu'à sa définitive organisation.

L'autorisation du Parlement une fois obtenue, le Gouvernement a élaboré, en trois jours, trois règlements ayant force de loi :

Le 11 novembre 1878, le règlement d'administration publique en ce qui concerne l'organisation judiciaire de la Dobrogea (ce règlement, publié dans le *Moniteur officiel* du 12/24 novembre 1878, contient 66 articles) ;

Le 13 novembre 1878, le règlement pour la division et l'organisation administrative de la Dobrogea (règlement publié dans le *Moniteur officiel* du 15/27 novembre 1878, p. 7147, et contenant 31 articles) ;

Le 14 novembre 1878, le règlement pour l'établissement et la perception des impôts (ce règlement a été publié dans le *Moniteur officiel* du 17/29 novembre 1878, p. 7177, et il contient 19 articles).

Avant le 11 novembre 1878 on avait préparé un règlement (6) relatif : aux services douaniers, aux administrations générales et aux administrations des domaines et forêts de l'Etat dans la Dobrogea, règlement qui fut publié plus tard, le 18/30 novembre 1878.

A tous ces règlements on adjoignit le règlement pour l'organisation des prisons de la Dobrogea, promulgué et publié dans le *Moniteur officiel*, n° 16, du 20 janvier 1879 (ce règlement contient 8 articles).

---

(5) Le 28 et le 30 septembre 1878.

(6) Ce règlement est du 7 novembre 1878.

Pendant seize mois (14 novembre 1878-9 mars 1880) la Dobrogea a été administrée en vertu de ces règlements dressés, à la hâte, à la veille et le jour même de l'annexion.

Le régime des règlements constitue la première phase du régime d'exception.

Avec la loi du 9 mars 1880, ce régime prend fin et c'est le régime légal d'exception qui commence et qui subsiste encore aujourd'hui, complété par les lois postérieures suivantes :

1. La loi pour la réglementation de la propriété immobilière dans la Dobrogea, loi sanctionnée le 31 mars 1882, promulguée le 3 avril 1882 (7).

Cette loi a été modifiée : par la loi sanctionnée le 7 mars 1884, promulguée le 10 mars 1884 (8) ; par la loi de 1885 ; par la loi du 11 juin 1889 et par loi du 20 mai 1893.

En corrélation avec la loi de 1882, il y a le règlement (9) décrété le 5 juin 1884, promulgué le 8 juin 1884, qui contient quarante-cinq articles et qui est intitulé : Règlement pour l'application de la loi du 3 avril 1882 et des modifications subies par elle en vertu de la loi du 10 mars 1884, lois relatives à la réglementation de la propriété immobilière dans la Dobrogea.

2. La loi sur l'organisation judiciaire dans la Dobrogea (10), du 30 mars 1886, modifiée : par la loi du 15 avril 1888 ; par la loi du 1er septembre 1890 ; par la loi du 1er avril 1894 et par la loi du 1er juin 1896 (La loi du 1er septembre 1890 a

---

(7) *Hamangiu,* « Codes Roumains » (Codul General al României), t. II, p. 1938 de l'édition de 1900 ; *Theodoru,* Recueil de lois, p. 63.

(8) *Theodoru,* ouv. cité, p. 181.

(9) *Idem,* p. 223.

(10) *Hamangiu,* ouv. cité, t. II, p. 2106 et suivantes.

été modifiée à son tour : le 8 juin 1891, le 29 juillet 1892, le 4 mars 1894 et le 26 avril 1896).

3º La loi pour l'attribution de propriétés, dans la Dobrogea, aux sous-officiers ayant douze ans ininterrompus de service avec ce grade (Cette loi a été promulguée le 9 janvier 1888) (11).

4º La loi pour l'aliénation des biens de l'Etat et pour le rachat des propriétés grevées d'emphythéose, promulguée le 7 avril 1889 (12), et modifiée : par la loi du 3 avril 1892, par a loi du 5 mai 1896 et par la loi du 19 mars 1899.

En corrélation avec la loi de 1889, il y a le règlement du 2 avril 1893 (13), intitulé : Règlement sur l'application de l'article 3 de la loi pour l'aliénation des biens de l'Etat et le rachat des propriétés grevées d'emphythéose ».

Et c'est tout, et c'est trop, et ce n'est pas assez pourtant !

(Buzeu, Roumanie, Juillet 1906).

SECTION II

Exposé et analyse critique des règlements et des lois antérieurs à la Proclamation de la Royauté

—

§ 1. — Le Règlement du 11 Novembre 1878 concernant l'organisation judiciaire de la Dobrogea

Ce Règlement d'une importance considérable contient soixante-six articles.

---

(11) C. *Hamangiu*, ouv. cité, t. II, p. 2321.

(12) *Idem*, p. 2332 et suiv.

(13) *Idem*, p. 2734 et suiv.

L'article 63 (1) statue qu'un délégué, spécialement désigné
par le ministre de la Justice, sera chargé de la mise en application de ce Règlement jusqu'à l'organisation définitive et le
fonctionnement de tous les tribunaux institués déjà ou qui le
seraient par la suite.

Ce délégué avait des attributions bien importantes et un
pouvoir exorbitant, car l'alinéa 2 dispose : « qu'il devra sur-
« veiller l'activité de ces tribunaux, constater les défauts que
« la pratique mettra en évidence pour tout ce qui concerne
« le mécanisme judiciaire et proposer au Ministre les modi-
« fications et les améliorations dont la nécessité se ferait
« sentir » ; et l'alinéa 3 prévoit que le délégué « aura soin
« que tous les magistrats accomplissent religieusement leur
« devoir et, en cas de manquements graves, négligence,
« immoralité, ou tout autre fait de nature à compromettre la
« dignité des magistrats, en référera au ministre, en indi-
« quant la peine disciplinaire qu'il croira nécessaire d'être
« appliquée et en ajoutant toutes les pièces à conviction ou
« d'information relatives aux faits imputés ».

On n'a qu'à lire les articles 120-143 de la loi du 9 juillet
1865 (2) pour se convaincre que ce délégué était investi de
pouvoirs arbitraires non conformes à l'esprit de la loi d'organisation judiciaire qui régissait les Principautés-Unies (la Valachie et la Moldavie).

En effet, la loi de 1865 disait : « Le Ministre de la Justice
a le droit de surveillance et de discipline sur tous les tribunaux et cours » (art. 120) ;

---

(1) Il paraîtra peut-être singulier de prime abord que nous commencions
par l'article 63, mais la clarté du sujet l'exigeait.

(2) Moniteur Officiel du 9 juillet 1865 ; Cf. aussi la loi du 1er septembre
1890 (Art. 100-127).

« Chaque Cour a le droit de surveillance et de discipline sur les Tribunaux de son ressort » (art. 121) ;

« Chaque Tribunal et Cour a le droit de discipline sur ses membres » (art. 122) (3).

Nulle trace par conséquent d'un petit Pacha surnommé délégué du Ministre de la Justice ; bien au contraire, quant au droit de contrôle sur les Magistrats, la loi de 1865 avait établi une hiérarchie rationnelle puisque les Magistrats ayant acquis, grâce à leurs fonctions, plus d'expérience, devaient juger leurs confrères fautifs. Ils avaient tout intérêt pour ne pas discréditer la Magistrature à ne commettre aucun abus ; d'ailleurs, ils ne pouvaient juger à la légère les membres de la Justice, car la loi entourait de nombreuses garanties l'application d'une peine aux Magistrats fautifs et l'article 129 disposait catégoriquement que « l'inculpé a toujours le droit de « se défendre devant la Cour ou devant le Ministre de la Jus- « tice ».

Ces garanties faisant défaut dans le Règlement d'organisation judiciaire que nous analysons, il est de toute évidence que les Magistrats de la Dobrogea étaient exposés à subir les caprices du délégué ministériel, somme toute du Gouvernement.

L'inconvénient était bien grand, car les Dobrogiotes pouvaient penser : puisque la Magistrature est malmenée, les autres institutions ne le seront pas moins ; puisque le premier Règlement rédigé par un jurisconsulte éminent (Eugène Statesco) consacre l'arbitraire du Gouvernement à l'égard des Magistrats, les autres Règlements vont consacrer l'arbitraire du Gouvernement envers nous.

On est toujours si enclin à généraliser !

---

(3) « Les membres du Ministère public sont sous la surveillance et la discipline directe du Ministre de la Justice » (art. 123 de la loi de 1865).

Cependant le Règlement d'organisation judiciaire contient des articles dont un législateur peut être fier.

Ainsi l'*article 1er* qui institue les Justices de-paix est équitable (al. 1er) : « Sont juges de paix le maire de la commune « (*muchtar*, en turc) et deux jurés (*azalé* ou *ciobargii*) élus « pour une année, par tous les habitants de la commune, « parmi les notables ou les vieillards ».

De même l'alinéa 2 : « Dans les communes où la popula-« tion est de diverses nationalités, chaque nationalité sera « représentée par un juré ».

L'*article 2* aussi est judicieux : « L'attribution de la Jus-« tice de paix est de concilier les parties dans les procès de « toutes sortes — quelle qu'en soit la valeur — qui naîtraient « entre les habitants de la commune.

« Si les parties appartiennent à deux communes différentes « la juridiction compétente est celle de la commune du défen-« deur ou de la situation de l'objet en litige quand il s'agit « d'immeubles.

« Si les parties sont de nationalités différentes le jury sera « composé du maire et d'un juré par nationalité ».

Il est à noter que ce jury n'avait comme attribution que de concilier les parties et non pas de rendre un jugement.

En effet, l'*article 4* dispose : « Si le jury parvient à con-« cilier les parties, il donnera à chacune un procès-verbal de « conciliation.

« Cette décision aura force de sentence judiciaire, mais ne « sera exécutoire qu'après avoir été homologuée par *le tri-« bunal d'arrondissement* (4) dans le ressort duquel se trouve « la commune.

---

(4) **M. *D. Alexandresco*,** le jurisconsulte roumain bien connu, *emploie,* dans son livre : « Droit ancien et moderne de la Roumanie », *comme terme*

« Si le jury ne peut concilier les parties, il rendra une
« décision spécifiant que la conciliation n'a pu avoir lieu et
« le requérant sera en droit de porter son action devant la
« juridiction de première instance ».

*L'article 5 et les suivants jusqu'à l'article 20 font partie
d'une rubrique ayant comme titre « Des tribunaux d'ar-
« rondissement ».*

Le fonctionnement ou plutôt le mécanisme de ces tribunaux est intéressant.

Art. 5 : « Dans les chefs-lieux d'arrondissement sont créés
« des tribunaux d'arrondissement fonctionnant avec un juge,
« un suppléant, un greffier et deux ou plusieurs commis-
« greffiers, selon l'importance de la localité ou selon les
« besoins ».

Art. 6. — « Pour connaître des causes qui sont de la
« compétence des tribunaux d'arrondissement, le juge ou, en
« son absence, son suppléant, sera assisté de deux membres,
« choisis parmi les notables du chef-lieu d'arrondissement
« sur la liste électorale rédigée par les soins de l'Administra-
« tion ».

Les articles 7, 8 et 9 indiquent la manière dont ces listes
seront composées, les personnes qui ne peuvent être inscrites
et celles qui sont exclues en tant que fonctionnaires publics
ou militaires en activité.

L'article 10 dénote de nouveau la sollicitude du législateur
pour la population annexée : « La liste aura deux colonnes.
« Sur l'une on inscrira le nom des électeurs non musulmans
« et sur l'autre le nom des électeurs musulmans. Cette liste

équivalent au mot roumain « de ocol », le mot communal ou rustique. Nous
préférons le mot arrondissement qui nous paraît plus exact.

« sera affichée le 1ᵉʳ juillet de chaque année sur les portes
« des églises et des mosquées, et au chef-lieu d'arrondisse-
« ment où siège le tribunal ».

Nous avons vu que l'on choisissait les membres, devant
assister le juge, parmi les notables inscrits sur les listes sus-
dites ; *l'art. 14* nous explique comment on procède : « Les
« deux premiers jours du mois d'août de chaque année, tous
« les électeurs non musulmans et musulmans se réuniront, au
« chef-lieu d'arrondissement respectif, pour choisir les deux
« membres qui auront à entrer en fonction auprès des juges
« du tribunal d'arrondissement, ainsi qu'il a été prescrit plus
« haut par l'article 6 » ; et *l'article 15*, pour couper court
aux controverses, statue : « Dans les arrondissements mixtes (5)
« les électeurs non musulmans éliront, parmi les membres
« inscrits sur les listes, un membre non musulman ayant
« domicile dans le chef-lieu d'arrondissement où siège le
« tribunal d'arrondissement ; de même les électeurs musul-
« mans éliront un membre musulman.

« Dans les arrondissements habités exclusivement par des
« non musulmans ou par des musulmans, les deux membres
« devront être respectivement non musulmans ou musulmans.

« L'élection sera constatée par procès-verbal signé du sous-
« préfet et dont on enverra une copie au juge du tribunal
« d'arrondissement ».

L'article 18 rappelle par sa structure l'art. 299 du Code
de procédure criminelle (art. 267 du Code d'instruction crimi-
nélle français), où il est question des fonctions du Président
des Cours d'assises : « La direction des débats et le droit de
« présider appartiennent exclusivement au juge du tribunal,

---

(5) C'est-à-dire où la population est composée de musulmans et de non
musulmans.

« nommé par le Gouvernement ; c'est lui qui a le droit de
« déclarer les débats clos, de poser aux membres les questions
« de droit et de fait, de réunir les suffrages, de faire l'appli-
« cation de la loi, de prononcer les sentences une fois moti-
« vées, enfin de surveiller leur rédaction et leur expédition ».

Les articles 20-33 s'occupent de la compétence des tribunaux d'arrondissement et de la procédure à suivre devant ces
tribunaux.

Les articles 30 et 31 nous intéressent spécialement.

Article 30. — « Dans chaque chef-lieu d'arrondissement,
« l'on crée, aussi, des justices mahométanes composées d'un
« *hoge* » (6) de la localité et de deux membres élus par la
« totalité des habitants mahométans. Ces nominations doivent
« être confirmées par le ministre de la justice après recom-
« mandation du « *mufti* » (7).

Article 31. — « Ces tribunaux seront compétents pour
« juger, avec droit d'appel au tribunal (d'appel) respectif,
« tous les litiges, entre mahométans, concernant l'organisa-
« tion de la famille, la puissance paternelle et la puissance
« maritale, les mariages et les divorces, la tutelle et la mino-
« rité, et en général toutes les questions se référant à la
« constitution de la famille et aux droits qui en découlent.

« Ils jugeront aussi en matière de successions *ab intestat*
« et testamentaires et liquideront ces successions selon la
« demande des parties ».

La Proclamation du prince Charles adressée aux habitants
de la Dobrogea n'oubliait pas les musulmans, car en s'adres-
sant à ceux-ci, le prince avait dit :

---

(6) « *Hoge* » (pr. hodgé), prêtre turc.

(7) « *Mufti* » (pr. moufti), celui qui rend des décisions lorsqu'il s'agit, chez
les Mahométans, de différends juridico-religieux. Le grand mufti, c'est le
« *cheïk-ul-islam* ».

« Habitants musulmans ! La justice roumaine ne fait pas de différence de race ou de religion. Votre croyance, votre famille seront défendues comme celles des chrétiens.

« Les affaires religieuses et de famille seront en ce qui vous concerne confiées aux « muftis » et aux juges choisis parmi vous et selon votre loi » (8).

Le prince pouvait s'exprimer ainsi, le règlement ayant été promulgué le 14 novembre 1878, c'est-à-dire avant la proclamation adressée aux Dobrogiotes.

Le titre III du règlement d'organisation judiciaire relatif aux « Tribunaux d'appel » constitue la partie la plus originale de la première phase du régime d'exception.

Nous sommes habitués à entendre dire « des Cours d'appel » ; nous savons que pour des raisons pratiques certaines législations font juger en appel, par les tribunaux départementaux, les causes jugées en première instance par les justices de paix (de leur ressort); mais jamais nous n'avons ouï dire « tribunaux d'appel », car ces deux mots jurent ensemble.

Il est vrai, ces tribunaux « jugeaient en dernière instance « les appels faits contre les sentences des tribunaux maho- « métans et des tribunaux d'arrondissement, rendues en pre- « mière instance » (*Art. 40*); mais rien n'empêchait le législateur de leur donner un nom moins étrange.

N'oublions pas que le Gouvernement a élaboré, en trois jours, trois règlements; ne soyons donc pas trop exigeants !

Les articles 33 et suivants jusqu'à l'article 40 nous font connaître l'organisation de ces « tribunaux d'appel ».

Art. 33. — « Dans les villes de Toultcha et de Constantza « (Kustendjé) sont créés des tribunaux d'appel, composés

______

(8) *Moniteur officiel* du 16 novembre 1878, p. 7162 et s.

« d'un président, de deux membres, d'un suppléant, d'un
« premier procureur, d'un procureur, d'un greffier, d'un ou
« plusieurs commis-greffiers et de quatre ou plusieurs co-
« pistes selon les besoins du service ».

Si nous rapprochons cet article de l'article 16 de la loi
d'organisation judiciaire du Pays (loi du 9 juillet 1865) que
complète l'article 86 de la même loi, nous voyons que les
tribunaux d'appel de la Dobrogea ont un premier procureur
en plus que les tribunaux départementaux de Roumanie, mais
qu'ils n'ont pas de procureur général comme les Cours d'appel du Pays (9).

Ils forment en quelque sorte le degré intermédiaire entre
les tribunaux et les Cours d'appel du Pays.

L'article 34 du règlement prévoit, pour le jugement de
tous les litiges, la création, auprès des tribunaux d'appel, de
deux membres — en dehors de ceux nommés par le Gouvernement — qui seront élus comme le prescrit l'article 35.

Art. 35. — « Chaque arrondissement nommera, en même
« temps que sont élus les membres des tribunaux d'arrondis-
« sement, deux délégués, dont un non musulman et l'autre
« musulman. Ces deux délégués devront élire à leur tour,
« parmi les électeurs notables du chef-lieu d'arrondissement
« où siège le tribunal d'appel, deux membres qui exerceront
« fonctions auprès de ce tribunal. L'élection aura lieu à la

____

(9) En effet l'art. 16 de la loi de 1865 est à peu près identique à l'art. 33 du
règlement.

TITRE III. — *Les Tribunaux départementaux.* — *Article 16* : « Les tribu-
« naux départementaux seront composés dans toute la Roumanie, d'un prési-
« dent, de deux membres, d'un suppléant, d'un procureur et d'un substitut.
« L'un des membres sera nommé juge d'instruction ».

Cet article est complété par l'*Article 86* : « Dans les départements où le
tribunal est divisé en plusieurs sections, il y aura un greffier par section et
un ou plusieurs commis-greffiers selon les besoins du service ».

« résidence du tribunal d'appel le 10 et le 11 août de chaque
« année.

« Les délégués non musulmans éliront un membre non
« musulman. De même les musulmans éliront un membre
« musulman ».

Art. 36. — « Dans les départements où la population sera
« exclusivement non musulmane ou musulmane, les deux
« membres élus devront être non musulmans ou musul-
« mans.

« L'élection des membres sera constatée par un procès
« verbal signé par le préfet et d'après lequel on enverra une
« copie au Président du Tribunal d'appel. »

L'office des tribunaux d'appel était, nous l'avons vu, « de
« connaître en dernière instance des appels interjetés quant
« aux sentences des tribunaux mahométans et des tribunaux
« d'arrondissement, rendues en première instance » (art. 40).

L'article 41 prévoit que « ces tribunaux connaîtront
« encore, en première et dernière instance, des causes qui,
« selon les lois ordinaires, sont de la compétence des Cours
« d'assises » ;

Et *l'article 42* statue que « les décisions du tribunal d'ap-
« pel ne peuvent être attaquées que par voie de recours en
« cassation, dans les termes et selon les formalités prévues
« par les lois en vigueur. »

La procédure à suivre devant ces tribunaux était à peu
près celle qu'on devait accomplir devant les tribunaux départementaux du Pays et celle du Code de commerce lorsqu'il
s'agissait de litiges de nature commerciale (Cf. art. 45, 46 et
47 du Règlement).

« Quand le tribunal d'appel connaîtra — comme instances
« d'appel — des affaires correctionnelles, la procédure à
« suivre sera celle prévue *par le Code de procédure crimi-*

« *nelle* » (10) (c'est-à-dire par le Code d'instruction criminelle, si nous nous en référons au Code Napoléon, qui est
d'ailleurs en vigueur en Roumanie).

 « En matière de crimes ou autres infractions à la loi
« pénale de la compétence des Cours d'assises, le tribunal
« d'appel connaîtra du fond de la cause, après un réquisitoire
« écrit du premier procureur et devra suivre la procédure
« indiquée dans l'article précité », c'est-à-dire la procédure
du Code d'instruction criminelle (Cf. *art. 49* du Règlement).

Nous avons insisté, peut-être un peu trop, sur ce Règlement.
Nous l'avons fait pour trois motifs :

1° Parce que ce Règlement est original et intéressant ;

2° Parce qu'il n'a pas fait l'objet d'une étude approfondie
de la part des jurisconsultes roumains ;

3° Parce que nombre de ses dispositions ont passé dans la
loi de 1880, modifiée en 1886, loi encore en vigueur.

Un exemple parmi bien d'autres : *L'article 52* du Règlement dispose : « Personne ne pourra exercer la profession
« d'avocat *auprès des tribunaux d'appel* s'il n'a au préalable
« justifié au Ministre de la Justice qu'il réunit les conditions
« exigées par la loi de 1864 (11) et s'il n'a obtenu à cette fin
« un certificat.

---

(10) Article 48 du Règlement.

(11) La loi du 6 décembre 1864, intitulée « *Loi pour la constitution du
barreau* », dans son *premier article* statue : « Personne ne pourra exercer la
« profession d'avocat auprès des tribunaux, auprès des Cours d'appel, ou au-
« près de la Cour de cassation, s'il n'est Roumain, ou naturalisé Roumain, et
« s'il n'a pas un diplôme ès-sciences juridiques d'une faculté de droit de Rou-
« manie ou d'une des facultés de droit de l'étranger ». Cet article est complété par l'*art. 2* qui dispose : « Ne peuvent être avocats :

1° Les faillis non réhabilités ;

2° Ceux qui ont été condamnés à une peine criminelle ou à une peine cor-
rectionnelle pour les délits suivants :

« Le Ministre de la Justice, avec l'assentiment du Conseil
« des Ministres, pourra refuser l'autorisation sans indiquer les
« motifs de son refus ».

L'article 57 de la loi de 1886, qui a modifié la loi de 1880,
est identique : « Personne ne pourra exercer la profession
d'avocat s'il n'a, au préalable, etc., etc. ». (Cf. art. 57, loi
de 1886, *Hamangiu*, ouv. cité, t. II, p. 2109, édit. de 1900).

*On ne retrouve plus, il est vrai, les mots : « auprès des
tribunaux d'appel »* ; mais cela ne doit nous étonner
aucunement, car ces tribunaux avaient été supprimés par la
loi du 30 mars 1886 (12).

*De la sorte le texte de la loi est devenu plus général et,
nous osons le dire, plus dangereux.*

Nous reviendrons sur cette question quand nous ferons
l'analyse de la loi de 1886.

Pour le moment, il nous suffit d'avoir signalé une ressem-

-----

a) Vol.
b) Escroquerie.
c) Abus de confiance.
d) Faux témoignage.
e) Calomnie.
f) Attentat aux bonnes mœurs.
g) Concussion ».

Il nous paraît intéressant de faire remarquer que la loi de 1864 exigeait des
avocats d'être diplômés d'une faculté de droit roumaine ou étrangère, tandis
que la loi de 1865 n'exigeait pas cela de la part des juges d'arrondissement.

En effet, *l'art. 10* de la loi du 9 juillet 1865 était rédigé ainsi : « Pourra
« être nommé juge d'arrondissement, toute personne qui se distinguera par
« une bonne conduite, *qui aura une certaine connaissance des lois* et l'âge
« de vingt-cinq ans au moins ».

(12) Cette loi, intitulée : « Loi pour la modification de la circonscription de
la Cour d'appel de Focshani, le changement de résidence de cette Cour à
Galatzi et la suppression des tribunaux d'appel de Toultcha », a été promulguée le même jour que la loi modificative de la Constitution dobrogiote.

blance entre le Règlement du 11 novembre 1878 et les lois postérieurement appliquées dans la Dobrogea.

Ce n'est pas la seule.

(Buzéo, Roumanie, août 1906).

§ 2. — Le règlement du 13 novembre 1878 sur la division et l'organisation administrative de la Dobrogea (13)

> Les bonnes lois sont rares, mais leur
> exécution l'est davantage.
>
> (VOLTAIRE).

Le deuxième règlement ayant force de loi dans la province transdanubienne est l'œuvre de C.-A. Rosetti, le démocrate convaincu, vaguement socialiste, qui fut toujours un républicain endurci, ne renonçant jamais à ses principes, bien au contraire s'efforçant de doter son pays de lois ultra-libérales,

---

(13) Nous faisons un bref exposé de la division administrative de la Dobrogea suivant le Règlement de 1878, car cela ne présente plus qu'un intérêt rétrospectif.

Le Gouvernement roumain, dès qu'il prit possession de la Dobrogea, eut soin de réorganiser tout d'abord l'administration de la province.

A cette fin il divisa le territoire annexé en trois districts, les districts en arrondissements, et subdivisa les arrondissements en communes.

Le district de Kustendjé (chef-lieu Constantza) fut divisé en trois arrondissements : Constantza, Mangalia et Harsova ; le district de Toultcha fut divisé en quatre arrondissements : Soulina, Matchin, Toultcha et Babadagh.

Le district de Silistra Noua (Nouveau-Silistrie) — chef-lieu Rassova — dont l'existence fut de courte durée, car la loi de 1880 divisa la Dobrogea seulement en deux districts (cf. le rapport du général Gherghel, préfet, et le livre de M. le capitaine M.-D. Ionesco, page 357), avait été divisé en deux arrondissements : Medjidié et Silistra Noua.

L'arrondissement de Medjidié était formé du « caimacamlik » de Medjidié et d'une partie du « murdiclik » de Tchernavoda (en roumain Cernavoda) chef-lieu Medjidié.

Le district de Silistra Noua était formé d'une partie de l'ancien sandjack de

sans s'inquiéter de savoir si les Roumains étaient mûrs pour de semblables réformes.

C.-A. Rosetti partout et toujours n'a eu qu'un but, le bien de son pays qu'il voulait grand et indépendant ; qu'une pensée, la liberté qu'il voulait absolue (14).

Emanant d'un tel homme le Règlement en question aurait dû être une copie fidèle des lois administratives du Pays, qui étaient sinon, tout aussi libérales que la Constitution — dont le prince disait : « qu'elle est tellement libérale qu'aucun peuple ne possède sa pareille en Europe » (15) — du moins assez démocratiques puisqu'elles étaient copiées d'après les lois administratives de la France.

Roustchouk ; il comprenait aussi le « murdiclik » de Rassova et quelques villages situés entre Rassova et la frontière bulgare.

La Dobrogea était administrée comme la mère-patrie.

A la tête de chaque district était placé un préfet dont l'autorité s'étendait sur tout le département et qui communiquait directement avec le pouvoir central dont il était le représentant.

A la tête de l'arrondissement il y avait le sous-préfet.

Les communes étaient divisées en communes urbaines et rurales. Elles étaient administrées par des maires élus parmi les cinq membres qui composaient le Conseil municipal.

La nomination des maires était faite par le préfet, qui généralement prenait de préférence les membres professant la religion de la majorité des habitants de la commune.

(Cf. sur tous ces points : *J.-J. Nacian*, ouvr. cité, p. 83 et suiv. ; *M.-D. Ionesco*, ouvr. cité, p. 357 et suiv.).

En ce qui concerne *l'administration de la province sous les Ottomans*, voir : *I. Ionesco*, Excursion agricole dans la plaine de la Dobrodja, Constantinople, 1851, p. 13 et 75 ; *C. Teodorescou*, « Din trecutul Dobrogei », Bucarest, 1897, p. 8 et s. ; *F. Crouse*, La péninsule gréco-slave, p. 220 et s., Bruxelles, 1876, librairie Spinoux ; cf. sur les abus des fonctionnaires et des juges ottomans, C. Teodorescou, ouvr. cité, p. 10 et s. ; M.-D. Ionesco, p. 355 et s.).

(14) Frédéric Damé, ouv. cité, p. 177.

(15) Prince Charles de Hohenzollern, Lettre à Auerbach (Bucarest, 10/22 décembre 1870); cf. Frédéric Damé, Histoire de la Roumanie contemporaine, Félix Alcan, 1900, p. 217 et s.

Or, ce qui est étrange à constater, par le Règlement d'organisation administrative de la Dobrogea on consacra l'omnipotence des préfets, qui eurent des pouvoirs plus considérables que les préfets du Pays.

Ils furent, à proprement parler, de vrais Satrapes ayant sous leurs ordres : les administrateurs d'arrondissement (articles 20 et 21), la Police (art. 22), les maires qu'ils nommaient eux-mêmes (art. 23) et que seuls ils pouvaient révoquer (art. 27); bref, la force publique et tous les fonctionnaires administratifs (cf. art. 14 du Règlement) (16).

On imita ainsi, sans le vouloir, le règlement d'organisation judiciaire par lequel on accordait au délégué du Ministre de la

----

(16) *Article 20 du Règlement* : « Les administrateurs d'arrondissement dans leur circonscription respective ont les mêmes attributions et les mêmes droits que le préfet ».

Article 21 : « L'administrateur d'arrondissement travaille suivant les ordres du Préfet. Il le met en mesure de connaître tout ce qui se passe dans la localité, et par des rapports hebdomadaires il soumet à son appréciation les mesures prises ou à prendre.

« Le Préfet, à son tour, les étudie et les modifie conformément à ses obligations ».

Article 22 : « La Police est directement sous les ordres du Préfet de district et fait emploi de la force suivant les lois et coutumes existantes et conformément aux enseignements du Préfet, qui a sous sa surveillance toute la police de l'endroit ».

Article 23 : « *Le Maire est nommé par le Préfet et choisi parmi les cinq habitants de la commune élus par leurs covillageois.*

« La religion n'est pas un obstacle pour la nomination du maire. Mais, le préfet devra tenir compte de la religion professée par la majorité des habitants d'une commune ».

Article 27 : « Le maire est sous les ordres de l'administrateur d'arrondissement.

« Il peut demander l'aide de la force publique pour rétablir l'ordre en cas de trouble à l'intérieur de la commune.

« L'administrateur peut le suspendre s'il manque à ses devoirs.

« *Le Préfet seul a le droit de le révoquer* ».

Article 14 : « *Tous les fonctionnaires administratifs et la Police sont sous les ordres du Préfet* ».

Justice des pouvoirs exorbitants à l'égard des magistrats de la province.

Les attributions et les pouvoirs des préfets furent en partie réduits par la loi de 1880.

Pourtant, la plupart des préfets continuèrent ou à abuser du pouvoir que la loi leur conférait ou à se désintéresser du sort de la province.

De la sorte, l'Administration fut accaparée surtout par des gens sans vergogne qui, dans l'impouvoir de commettre des abus en Roumanie, — où ils étaient tombés en discrédit, — se ruèrent sur la Dobrogea comme des oiseaux de proie, et là-bas, où tout contrôle manquait, réussirent à se créer une situation et, une fois devenus fonctionnaires administratifs, tyrannisèrent la population de la malheureuse province (17).

Les Dobrogiotes ne doivent pas s'imaginer qu'en Roumanie l'Administration a été consciente de sa mission et conséquemment à la hauteur des besoins du peuple (18).

---

(17) Ne voulant pas empiéter sur la matière du chapitre IV (livre III), où il est question des conséquences du régime exceptionnel et partant des abus administratifs, nous nous contentons, pour le moment, de mentionner seulement que l'exaspération des habitants de la Dobrogea a dû être très grande, puisque des hommes politiques modérés se sont vus obligés de dévoiler les abus de l'Administration publiquement et par écrit.

(18) Pour le rôle qui incombe à l'Administration, dans un pays comme le nôtre, où le nombre des analphabètes est de 78 %, voir divers articles parus dans différents journaux et revues de Roumanie, dont un très récent publié par le journal « Universul », le 15 novembre 1906, sous le titre « *Administratia si satenii* » (*l'Administration et les paysans*). Cf. la brochure de M. *A. Nicolesco*, « *Rolul Administratiunii in imbunatatirea Sortei teranului* » (*Le rôle de l'Administration quant à l'amélioration du sort des paysans, conférence tenue au Congrès des Sciences sociales*), Bucarest, 1906 ; Cf. *surtout l'étude de M. V. Kogalniceanu*, « *La question agraire en Roumanie* », *publiée dans le Courrier Européen, Paris, octobre-novembre 1906*, et qui a été l'objet d'une critique véhémente parue dans l'officieux du parti conservateur « La Roumanie » au mois de novembre 1906.

Loin de là, et ce qui est bien triste à constater, c'est que l'épuration commence, — combien timidement! — à peine de nos jours, quand un grand nombre de paysans sont ruinés ou dans une situation précaire et quand la question agraire, — malgré la patience proverbiale des campagnards, — risque, si elle n'est pas résolue équitablement, de provoquer, comme en Russie, des conflits regrettables entre les classes sociales.

Aussi, dans un de ces moments de mélancolie et de dégoût, — dont ne sont pas exempts même les hommes politiques d'une bonne trempe — M. Maïorescou a dû penser que le régime parlementaire n'est que rarement à même de guérir les maux causés au peuple par une mauvaise administration et il a écrit dans le Journal « Epoca » de Bucarest : *« qu'il ne partage pas toutes les illusions des Dobrogiotes qui s'attendent à de notables améliorations administratives et judiciaires, grâce à l'unification constitutionnelle de leur province »* (19).

M. Maïorescou a raison d'être sceptique, car les idées ne meuvent-elles pas l'humanité encore mieux que tous les moyens extérieurs, et la société la plus parfaite n'est-ce pas celle où il y a le moins d'action extérieure ou violente des citoyens les uns sur les autres et le plus d'activité intérieure dans chaque citoyen ?

L'idéal ne serait-il pas l'absorption de toute force coercitive dans la force spontanée, de toutes les résistances externes dans l'initiative intime (20) ?

C. A. Rosetti, qui était jusqu'aux moelles l'homme de 1848, tel que les Français l'ont connu, illusioniste et peu pratique,

---

(19) *Titu Maïorescou*, « Chestia Dobrogei », Journal « Epoca » Bucarest.

(20) *Alfred Fouillée*, « L'Idée moderne du Droit en Allemagne, en Angleterre et en France », page 260.

sentimental et mystique (21), en inscrivant dans le Règlement, dont nous nous occupons, les *articles 16 et 17*, qui
devaient être pour les Préfets et pour les autres fonctionnaires
administratifs, plus qu'une loi, une doctrine, n'a-t-il pas eu
en vue justement cet idéal ?

Voyez plutôt : « Le but que le Préfet doit s'efforcer d'at-
« teindre est la législation du Pays. A cette fin, il est obligé
« de prendre des mesures prudentes, en laissant à la popula-
« tion le temps nécessaire pour se convaincre de l'utilité des
« nouvelles réformes » (*art. 16 du Règlement*).

« En aucun cas le Préfet ne doit empiéter sur les lois géné-
« rales du Pays.

« C'est à son intelligence des lois d'apprécier quand il ne
« doit pas appliquer certaines parties qui seraient en contra-
« diction avec les coutumes et la législation locales.

« Le fait de maintenir la cordialité et la fraternité parmi
« les diverses religions et nationalités, par respect des cou-
« tumes et des dogmes de chaque culte, sera une des pre-
« mières préoccupations du Préfet.

« Les habitants de la Dobrogea (de la Roumanie transdanu-
« bienne) étant considérés comme fils de la Roumanie, tous
« jouiront également de la même sollicitude et des mêmes
« droits et le Préfet en a la charge » (*art. 17*).

Il est de toute évidence que Rosetti savait que le rôle de
l'administration, comme celui de l'Etat, dans une œuvre de
colonisation, est très étendu, et il a eu à cœur de faire un
exposé des principes moraux suivant lesquels devait se con-
duire le personnel du Gouvernement, sans oublier non plus le
côté pratique de cette œuvre de colonisation, car il a inscrit
dans le Règlement l'*article 15* qui dispose : « Le Préfet est

____

(21) *Frédéric Damé*, « Histoire de la Roumanie contemporaine », page 177.

« obligé de rapporter tous les quinze jours aux Ministères
« respectifs sur les améliorations et sur les réformes qu'il
« croira utiles d'être introduites dans la législation locale
« actuelle et qui en faciliteraient autant que possible le rap-
« prochement de la législation générale du Pays.

« Ainsi, l'école, l'administration communale et départemen-
« tale, le service sanitaire *et le service des ponts et chaus-*
« *sées* feront l'objet des premières mesures auxquelles le Pré-
« fet devra accorder toute sa sollicitude.

« Le Préfet, par des ordonnances, fera connaître à la popu-
« lation les mesures proposées et adoptées par les ministères
« respectifs, approuvées par le prince, et les fera exécuter
« ponctuellement ».

Comme on peut le voir, le plus important « service », *la
viabilité*, sans lequel les débuts de la colonisation sont singu-
lièrement pénibles et lents, n'a pas été omis et c'était tout
naturel, car « sans la viabilité la culture ne peut s'étendre
faute de moyens de transports et de relations faciles ; le peu-
plement se trouve arrêté. Attendre pour faire des chemins
qu'il y ait une population et des villages, c'est commettre une
erreur capitale : ce sont précisément les chemins qui doivent
attirer la population et donner naissance aux villages. Les
routes ont une grande puissance d'attraction et quand elles
sont nombreuses et en bon état elles créent la culture, elles
font les villes. *Un bon réseau est donc l'intérêt premier de
toute colonie, la condition essentielle de son progrès* (22) ; on

---

(22) Cf. *Nenitzescou*, « La situation du département de Toultcha », Tulcea,
1898, p. 41 ; — Sur les progrès réalisés quant à la viabilité, voir *I. N. Roman*,
ouv. cité, p. 125 ; pour le départ. de Toultcha, *Luca Ionesco*, ouv. cité,
p. 203 et suiv., qui critique l'article 63 de la loi sur les communes rurales tel
qu'il est interprété par les autorités communales ; — Pour les améliorations
nécessaires, *Bastacki*, Jud. Tulcea, 1902 ; — Sur la difficulté de l'entretien
en bon état des voies de communication, cf. : *Colonel Magheru*, Jud. Tulcea,

ne saurait s'appliquer trop à rendre dès le début, et avant même l'arrivée des colons, ce service aussi parfait que possible » (23).

L'administration algérienne, en suivant une voie tout autre que celle indiquée par l'expérience des faits et par la science, employa toute son activité et toutes ses ressources à construire des villages.

En négligeant les chemins, elle fit preuve d'une singulière inexpérience, car les villages naissent tout seuls et en leur

---

1901, p. 19 ; — Sur les remèdes nécessaires, *Bastacki*, ouv. cité, p. 28 *in fine* ; — Voir surtout l'exposé complet de tout ce qui a trait à la viabilité que fait M. *le Capitaine M. D. Ionesco*, dans son remarquable ouvrage « La Dobrogea au seuil du xxᵉ siècle », p. 660-698.

Sur l'importance d'une voie ferrée qui relierait Toultcha à Constantza, Cf. presque tous les rapports annuels des préfets du département de Toultcha ; en outre : *M. D. Ionesco*, ouv. cité, p. 682 *in fine* ; *I. N. Roman*, ouv. cité, p. 89 et suiv. ; *C. D. Pariano*, « La Dobrogea et les Dobrogiotes », Constantza, 1905, p. 79.

Sur la création des voies de communication et de leur importance : *J. J. Nacian*, La Dobroudja économique et sociale, Paris, 1886, p. 89-98.

Sur la série de projets de canalisation maritime du Bas-Danube, cf. : Travaux exécutés à l'embouchure du Danube de 1857 à 1871 sous la direction de la Commission européenne par *Félix Martin*, ingénieur des ponts et chaussées, Paris, 1873 ; Embouchures du Danube et projet de canalisation maritime, par *Ernest Desjardins*, Paris, 1870.

Sur l'état de la viabilité sous les Ottomans, cf. : *I. Ionesco*, Excursion agricole dans la plaine de la Dobrogea, 1851, Constantinople, p. 49-62 ; *Ubicini*, Lettres sur la Turquie, p. 381, deuxième édit., 1853.

En ce qui concerne la division du district de Toultcha seulement en quatre arrondissements, cf. la critique faite par le préfet *Nenitzesco*, ouv. cité, p. 5 et suiv. ; — Sur les conséquences de cette répartition défectueuse, dont la plus nuisible est l'invasion de toutes sortes d'étrangers vagabonds et chevaliers d'industrie qui se font inscrire par fraude dans les listes électorales, voir le même auteur p. 7-9 ; Cf. aussi : *Ovid Buteanu*, ouv. cité, p. 7 et suiv.

Enfin, sur la mauvaise répartition administrative de la Dobrogea seulement en deux départements, cf. : *I. N. Roman*, p. 85-87, et capitaine *M. D. Ionesco*.

(23) *Leroy-Beaulieu* « De la Colonisation chez les peuples modernes », 2ᵉ édit., p. 582 et suiv.

temps ; tandis que les routes, au contraire, tiennent le premier rang dans les travaux de premier établissement (24).

C. A. Rosetti aurait pu laisser plus de liberté d'action à la vie municipale parce que « c'est le seul moyen de créer des mœurs publiques fortes et saines et de conserver de viriles mœurs privées. Toute politique contraire amoindrit l'initiative des citoyens en amoindrissant leur responsabilité, affaiblit leur activité, leur ardeur, sous le poids des règlements inutiles » (25).

Selon Tocqueville, les seuls rapports qui doivent inévitablement existe entre la commune et l'Etat, sont ceux relatifs aux services d'une utilité générale qui doivent être exécutés selon les lois faites par l'Etat (26).

On n'a qu'à lire les articles 25, 26, 28 pour se convaincre que les conseils communaux, qui, selon *l'article 9*, « sont composés de quatre conseillers élus par les habitants « de la commune conformément aux us de la localité pour « aider le maire quant à l'administration de la commune », *sont à la merci des administrateurs d'arrondissement et du préfet* (27).

Les maires aussi, puisque suivant *l'article 27* « l'adminis- « trateur d'arrondissement a le droit de les suspendre quand « il est prouvé qu'ils ont manqué à leurs devoirs », et puisque « le préfet a le droit de les révoquer » (*art. 27 du règlement*).

Les expressions si vagues, parce que trop générales, des

---

(24) Cf. *J. J. Nacian*, ouv. cité, p. 112, et *Leroy-Beaulieu*, p. 583 et suiv.

(25) *Leroy-Beaulieu*, ouv. cité, p. 629.

(26) Cf. *Tocqueville*, De la Démocratie en Amérique.

(27) « Quand il serait constaté que le conseil communal ne répondrait pas « à ses obligations, l'administrateur d'arrondissement le suspendrait de ses « fonctions, en référerait au préfet qui pourrait dissoudre le conseil et or- « donner une nouvelle élection » (*Art. 28 du règlement d'organisation administrative de la Dobrogea*).

articles 27 et 28, laissaient une large place à l'arbitraire des représentants directs du Gouvernement.

Au danger que présentait cet état de choses, il y avait un seul remède qu'à notre avis on dédaigna un peu trop, savoir : le choix des fonctionnaires parmi les hommes les plus honnêtes et les plus capables de remplir les tâches difficiles et délicates que la colonie réclamait.

Déjà en 1886, M. J. J. Nacian écrivait : « La prospérité de la colonie dépendra sans doute de la bonne et sage administration qu'on lui donnera et du personnel qu'on lui choisira à cette fin. La Métropole aura donc les yeux fixés sur l'administration de la Dobroudja, et, c'est aussi à elle qu'incombe le devoir de la préparation du personnel administratif et des fonctionnaires coloniaux » (28).

Ce personnel aurait dû être composé de tout ce qu'avait le pays de plus honnête et de plus actif, et il aurait dû être complété par un lot d'hommes en état de diriger des expériences d'agriculture, de mines ou d'exploitation des bois selon la nature du territoire, d'ouvriers propres à travailler sous leurs ordres, d'artisans capables d'exécuter les travaux de bâtiment, de réparer les outils..., etc., etc. (29).

Le personnel du Gouvernement a été, il est vrai, assez nombreux quant à l'instruction primaire, parce qu'il fallait compléter la société naissante de la colonie et la placer dans des conditions propices à la rendre viable.

L'Etat aurait dû créer à Constantza et à Toultcha des écoles de commerce et des écoles d'agronomie, il n'a pas cru utile de le faire et il a eu évidemment tort.

---

(28) *J. J. Nacian* « La Dobroudja économique et sociale », p. 142 (Paris, 1886).

(29) Cf. Courcelle Seneuil, « Traité d'économie politique », t. II, p. 485 et suiv. de la 2ᵉ édition.

Si au point de vue de l'instruction (30) il est assez aisé de soutenir que la province a fait de notables progrès (31), il n'en est pas de même de la viabilité (32).

---

(30) Avant l'annexion il y avait dans la province 16 écoles roumaines, 16 écoles bulgares, des écoles turques en assez grand nombre et qui fonctionnaient un peu partout où il y avait des « geamii » (églises turques), 3 écoles grecques, 2 écoles catholiques, 2 écoles arméniennes et 1 école russe.

Maintenant il y a plus de 200 écoles primaires roumaines outre les écoles secondaires, professionnelles, etc.

Selon les statistiques les analphabètes sont au nombre de 75,2 % (en Roumanie ils sont au nombre de 78 %).

Sous ce rapport la Dobroudja n'a rien à envier au Pays; cf. I. N. Roman, ouv. cité, p. 124.

Il est certain qu'il y a encore des réformes à faire, surtout pour relever le niveau moral des écoles tant dans la province que dans le pays; cf. sur cette question, les récentes publications de MM. *St. Meïtani* « *Invatamînt si educatiune* » (*Enseignement et éducation*); *Const. Alimanisteanu* « *O dorintà* » (*Un désir*), Bucarest.

(31) Presque tous les auteurs et tous les préfets de Dobrogea sont d'accord sur ce point; voir : *Luca Ionesco*, ouv. cité, p. 238 et s.; *Scarlat Vârnav*; *I. N. Roman*, ouv. cité, p. 124 et s.; *Nenitescu*, ouv. cité, p. 58, etc.

Il est un point sur lequel nous nous faisons un devoir d'attirer l'attention des lecteurs, c'est la fréquentation des écoles, car, à notre avis, il est bien triste que la moitié seulement du nombre des élèves obligés de fréquenter les écoles suive régulièrement les cours. Dans le département de Toultcha, pour l'année 1903-1904, les élèves obligés de suivre les cours étaient au nombre de 15,568. Au commencement de l'année scolaire seulement 10,397 se sont fait inscrire, c'est-à-dire 66 %. Ont fréquenté les écoles régulièrement 7,618 élèves, c'est-à-dire 73 % du nombre de ceux qui s'étaient fait inscrire, et moins de 50 % du nombre de ceux qui devaient fréquenter les écoles !

Par conséquent, plus de 50 % des enfants du peuple sont restés dans l'ignorance. Ils seront bien armés pour la lutte âpre de la vie tous ces analphabètes ! M. Luca Ionesco (ouv. cité, p. 240) dit toutefois que la situation est plus que satisfaisante en ce qui concerne la fréquentation des écoles !

Nous ne sommes pas de cet avis. Nous avons une grande admiration pour M. Luca Ionesco, le préfet modèle du département de Toultcha et nous serions enclins à croire que ses paroles cachent une amère ironie, si, pour soutenir son affirmation il n'établissait des comparaisons avec les années précédentes dont il résulterait un progrès assez notable, quant à la fréquentation des écoles, et tout à l'avantage de l'année scolaire 1903-1904.

(32) *En 1878 il y avait dans la Dobrogea cent kilomètres de chaussées ;*

Ce n'est pourtant pas les carrières qui ont fait défaut ! Non. Ce qui a fait défaut, ça été la prévoyance de nos hommes politiques qui n'ont pas hésité à employer les revenus de la province pour combler, *en partie*, les déficits budgétaires du pays (33).

Ceci au mépris des considérations économiques et politiques qui devaient guider un Etat comme le nôtre dans une entreprise coloniale.

On le sait, les considérations économiques sont *indirectes* lorsque la colonisation a pour but, non des profits immédiats, mais le développement progressif d'un peuple nouveau qui pourrait un jour offrir à la mère-patrie un marché avantageux; elles sont *directes* lorsque la mère-patrie se propose un gain immédiat et pécuniaire (34).

Envers une province habitée par une population en majorité roumaine, province qui nous a appartenu dans le passé

---

maintenant il y en a 870. (Il ne faut pas perdre de vue que la province a une superficie de 15,536 kilomètres carrés, c'est-à-dire à peu près égale à celle de trois départements français réunis, puisque la moyenne pour tous les départements français est à peu près de 6,147 kilom. c.). *On voit donc qu'il y a encore de la marge, car 870 kilom. de chaussées pour une province trois fois plus grande qu'un département français, c'est vraiment peu de chose !*

D'ailleurs, combien des chaussées de Dobrogea, voir même de Roumanie, méritent-elles ce nom si on les compare aux idéales routes de France, de Suisse, de Belgique, etc. ?

(33) Nous disons, *en partie*, car la série des emprunts contractés à l'étranger, a comblé la presque totalité des déficits budgétaires chroniques occasionnés soit par la construction de fortifications et de chemins de fer d'Etat, soit par les mauvaises années agricoles (heureusement assez rares).

Les crises financières les plus inquiétantes ont été provoquées par les déficits budgétaires de 1865 (36,000,000 francs), de 1875 (32,000,000 fr.), de 1895 (27,000,000 francs) et par le déficit budgétaire, de triste mémoire, de 1900 (74,000,000 francs).

(34) Cf. Rossi, Cours d'économie politique, t. II, p. 357, 358, 4e éd.

et où tout nous parle de la gloire de nos ancêtres (les Romains) et de la bravoure de nos *voïvods* (*princes*) roumains, il est hors de doute que les considérations économiques de la Roumanie étaient et sont indirectes, car la Métropole ne devait pas retirer des bénéfices immédiats de la Dobrogea (35).

On a fait pendant plus de vingt ans trop bon marché des idées émises par les plus éminents économistes sur l'œuvre de colonisation *et nous croyons que le temps est enfin venu pour nos hommes politiques* de ne pas être plus catholiques que le Pape; en d'autres termes, *de bien vouloir se décider à suivre un peu les conseils des spécialistes dans la matière*.

Il est plus que probable que la province n'en souffrira pas de ce changement de tactique, bien au contraire!

Buzéo, Braïla (Roumanie), septembre-octobre 1906.

---

(35) Les revenus domaniaux de la province, dont a profité le budget du Pays, atteignent la somme considérable de 57,378,579 fr. 74, et proviennent de : la vente des terres, des forêts, appartenant à l'Etat, etc., de la location de certains immeubles, du rachat de la « *dijma* » (impôt que les citoyens payaient en nature à l'Etat, sous la domination des Ottomans).

Si nous ajoutons à cela les excédents budgétaires des départements de la province, qui, en 1902-1903, ont atteint la somme de 8,505,687 fr. 82, et dont l'Etat roumain profita, puisque la Dobrogea n'a pas un budget propre; si nous ajoutons encore les autres revenus de l'Etat, tels que : foncière, patentes, amendes de toutes sortes, monopole du sel, du tabac, des allumettes et des cartes de jeu, etc.; nous croyons ne pas exagérer en affirmant que le Pays a eu, grâce à la province annexée, un bénéfice se chiffrant à plus de 250,000,000 francs.

Il est évident que pour avoir le chiffre exact du bénéfice que le Pays a obtenu grâce à la contrée annexée il faut déduire des 250,000,000 fr., la somme représentant les frais occasionnés par l'entretien de l'armée de Dobrogea (une division active) ainsi que les dépenses dues à la construction du pont sur le Danube et du port de Constantza (cf. pourtant sur ce dernier point, *I. N. Roman*, ouv. cité, p. 90, qui soutient que ces dépenses ont été faites parce qu'elles devaient profiter surtout au Pays et seulement en seconde ligne aux habitants de la Dobrogea).

§ 6. — La loi du 9 mars 1880

(Constitution de la Dobrogea)

> Le devoir le plus impérieux de tout homme d'Etat
> est de ne pas étouffer la liberté tout en évitant
> l'anarchie.
>
> Il n'obtient la vraie gloire que s'il peut, par l'éner-
> gie de la volonté personnelle et par le respect
> du droit commun, diriger les pas de la *Liberté*
> vers la justice — cime difficilement accessible,
> — la retenir souvent au bord des précipices de
> l'anarchie, et la laisser prendre son majestueux
> essor dès qu'elle a atteint le pic culminant de
> la vérité.
>
> (Braïla, octobre 1906. Georges ANGELESCO).

Parmi toutes les lois appliquées dans la province transdanubienne, une des plus importantes est sans contredit la loi
d'exception du 9 mars 1880 que Michaïl Kogalniceanu (Michel
Kogalnitchanou) a surnommée à juste titre la Constitution de
la Dobrogea (36).

Et, puisque Michaïl Kogalniceanu a été le plus éminent des
hommes d'Etat de la Roumanie contemporaine, puisqu'il a
été — toutes proportions gardées — le Richelieu de notre
patrie, il importe de savoir pourquoi il a donné ce surnom
à la loi de 1880 et s'il a eu des motifs péremptoires pour le
faire.

Si nous tenons compte : qu'on ne s'est pas du tout occupé
de la Dobrogea lors de la revision de la Constitution roumaine (en 1879) (37) — une année seulement après l'an-

---

(36) La loi de 1880 est l'œuvre de M. Remus Opran, le premier préfet de Constantza (Küstendje), avec la collaboration de Kogalniceanu, alors ministre de
l'intérieur.

(37) En 1879, on a modifié l'art. 7 de la Constitution roumaine de 1866
(Cf. loi du 13 octobre 1879); voir sur cette question *Nicolae Basilescu*, « Con-

nexion — et que la loi de 1880 établit sur des principes autres que ceux du droit commun (roumain) non seulement la position, en tant que citoyens des habitants de la Dobrogea, mais aussi les diverses institutions de cette province, nous sommes

---

tributiuni la intelegerea, art. 7, § 5 din Constitutie », Bucarest ; *D. Alexandresco, Droit civil*, 1er vol. (« Explicatiune teoreticâ, si practicâ a Deptului civil român, in comparatiune cu legile vechi si cu principalele legislatiuni strèine) ; *Comsa D.*, « Articolul 7, § 5, si art. 9 din Constitutie, articolul 19, Cod civil », *Bucarest*.

En 1884, on a modifié, parmi bien d'autres, l'article 1er de la Constitution de 1866, et ce fut alors seulement que la Dobrogea fit l'objet d'une mention dans la Constitution roumaine et fut considérée comme faisant partie intégrante de l'Etat.

L'article 1er du texte de la Constitution de 1866 était rédigé ainsi : « Les Principautés-Unies roumaines constituent un seul Etat indivisible sous la dénomination de « Roumanie ».

L'article 1er de la loi de 1880 (Constit. de la Dobrogea) est rédigé de la. sorte : La Dobrogea, annexée à la Roumanie par le traité de Berlin, ainsi que le Delta du Danube et l'île des Serpents, est divisée pour le moment en deux départements ».

L'article 1er de la Constitution roumaine modifiée en 1884 est la résultante des deux articles précédents :

« Le Royaume de Roumanie, avec les départements des rives droites du Danube constitue un seul Etat indivisible ».

La Constituante de 1884 avait revisé un grand nombre d'articles de la Constitution. Deux articles seulement se rapportent à la Dobrogea : l'art. 1er et l'art. 133. Ces deux articles ont subi des retouches multiples et importantes. Il est intéressant de se rendre compte des travaux de la Commission — composée de quinze membres — qui avait été chargée par la Chambre (le 1er juin 1883) d'élaborer un avant-projet de revision.

Cette commission avait elle-même chargé de cette rédaction un de ses membres, Ion A. Sturdza, qui a travaillé sûrement d'accord avec le Gouvernement. La Commission avait élu rapporteur M. Emile Costinesco, qui présenta à la Chambre l'avant-projet, avec un minutieux rapport (Séance du 24 octobre 1883).

Les articles qui nous intéressent étaient rédigés ainsi : *Art. 1er* : « Le Royaume roumain constitue un seul Etat, sous la dénomination de Roumanie » ;

Art. 133 (art. 132 dans l'avant-projet) : « Les dispositions de cette Constitution pourront être appliquées aussi, par une loi spéciale, à la partie de la

fondés à croire que Kogalniceanu a eu raison de surnommer
« Constitution de la Dobrogea » la loi de 1880. L'analyse des
principaux articles de cette loi rendra plus ferme notre conviction.

Le deuxième chapitre de la loi est intitulé : « Des droits
des Dobrogiotes » (Art. 3-24).

Art. 3. — « Tous les habitants de la Dobrogea, qui, le
« 11 avril 1876, étaient citoyens ottomans, deviennent
« citoyens roumains ».

(Sont exceptés par conséquent ceux qui étaient sujets
étrangers) (38).

Roumanie appelée Dobrogea, quand cela deviendra nécessaire. Cette loi déterminera également le nombre des représentants, pour chaque ville et département, à la Chambre comme au Sénat ».

Les travaux de la Commission avaient été soumis à un nouvel examen dans
les sections des assemblées. Les rapporteurs des Comités des délégués — Anastase Stolojan à la Chambre et M. Démètre Polizou Micsuneshti au Sénat —
avaient présenté simultanément (le 26 mars 1884) aux assemblées les projets
élaborés. Dans les deux projets, les articles de l'avant-projet avaient été modifiés :

Art. 1er : « Le royaume de Roumanie avec tout le territoire cisdanubien et
transdanubien constitue un seul Etat indivisible » ;

Article 133 (article additionnel) : « Les dispositions de cette Constitution
pourront être appliquées, par des lois spéciales, à la partie de la Roumanie
d'au delà du Danube ».

L'*article 1er* avait fait l'objet de longs et importants débats et de nombreux amendements. et sa *rédaction définitive* fut la suivante : « *Le Royaume
de Roumanie avec les départements des rives droites du Danube constitue
un seul Etat indivisible* », tandis que l'*article 133* avait été voté par les
assemblées le même jour (1er avril 1884) sans discussion aucune, tel qu'il
avait été rédigé par les comités des délégués de la Chambre et du Sénat.

L'*incorporation de la Dobrogea au pays fut consacrée enfin constitution-
nellement* (Cf. pour plus de détails I.-N. Roman, ouv. cité, p. 52 et s.).

(38) Cour de cassation (roumaine), n° 12/86, sect. Ire. — Bulletin de la
Cour, p. 254. Cf. aussi une décision de la Haute-Cour, n° 37/91, sect. Ire
(Bullet. de la Cour, p. 414), où il est dit : « La simple mention dans les
listes électorales, qu'un habitant est né dans l'Empire ottoman, — ne faisant

« Une loi spéciale déterminera les conditions suivant
« lesquelles ils pourront exercer les droits politiques et
« acheter des immeubles ruraux en Roumanie. Une autre loi
« statuera sur la représentation des habitants dobrogiotes au
« Parlement (roumain) ».

Ces deux lois n'ayant pas vu le jour, il résulte que le régime
appliqué à la population de la province transdanubienne
est un régime d'exception, car les Dobrogiotes ne peuvent
prendre part à la confection des lois qu'on leur applique *et ils
n'ont pas le droit d'acquérir des immeubles ruraux en
Roumanie.*

On pourrait se demander : *Ce régime d'exception est-il
suffisamment démontré ?* Car *l'article 5* de la loi de 1880
dit explicitement que : « Les habitants de la Dobrogea, devenus
citoyens roumains, sont égaux devant la loi, jouissent de
tous les droits de cité et peuvent être nommés dans les fonctions publiques sans distinction d'origine ou de religion ».

D'autre part, le § *5 de l'article 7* de la Constitution roumaine, modifié en 1879, dit formellement : « Seulement les
Roumains ou ceux qui ont été naturalisés peuvent acquérir
des immeubles ruraux en Roumanie ».

Nous savons que par l'annexion « les habitants d'une province cédée deviennent, à compter de la séparation de cette

---

pas preuve qu'il a été habitant de la Dobrogea et partant sujet ottoman le
11 avril 1877, lors de l'annexion de la province (aux termes de l'article 3 de
la loi de 1880) — n'est pas suffisante pour qu'il soit considéré comme citoyen
roumain ayant en cette qualité le droit de figurer sur les listes électorales de
la Dobrogea ».

Au contraire : « Celui qui était habitant de la Dobrogea au moment de
l'annexion de cette province est considéré sujet ottoman et, par conséquent,
grâce à l'annexion, citoyen roumain ; faute de preuve contraire de la part de
celui qui lui conteste ce droit, il doit être inscrit sur les listes électorales ».
(Cour de cassation, n° 195/91, sect. Ire. — Bullet. de la Cour, p. 422).

province de l'Etat cédant, quel que soit leur sexe ou leur âge,
sujets de l'Etat annexant sous la condition résolutoire d'une
option contraire (39), et que « tout sujet de l'Etat cédant qui
est domicilié au jour de l'annexion sur le territoire séparé,
appartient désormais à la nationalité de l'Etat cessionnaire : et
ce changement de patrie résulte, dit-on, d'une double présomption de volonté » (40).

Faisons d'abord la remarque suivante : Quel est l'Etat
cédant de la Dobrogea ? La Russie ou la Turquie ?

Et qu'on ne croie pas à une supercherie de notre part ! Le
traité de Berlin, il est vrai, est assez explicite : c'est la Russie
qui nous donnait la Dobrogea en échange des trois districts de
la Bessarabie que l'Europe l'avait forcée à nous restituer en
1856 (traité de Paris).

Mais la Russie, à son tour, tenait la province de la Turquie,
qui, dans l'impossibilité de lui payer une forte indemnité de
guerre (1,400,000,000 roubles), s'était vue contrainte de lui
céder la Dobrogea et quelques autres territoires en Asie.

D'ailleurs, le mot rétrocession, si souvent employé au
Congrès de Berlin, prouve d'une manière évidente que la
Russie donnait d'une main ce qu'elle prenait de l'autre.

Juridiquement parlant, elle faisait un échange, échange
d'une province qui lui appartenait bel et bien.

La Roumanie a traité, par conséquent, avec la Russie, et la
Turquie était un tiers par rapport à notre pays.

Pourtant, l'article 3 de la loi de 1880 ne s'occupe que des
citoyens ottomans, il ne souffle mot des citoyens russes et
nous savons que les Slaves étaient et sont encore bien nombreux dans la province.

------

(39) M. *André Weiss*, Manuel de Droit international privé, page 161.
(40) *Idem*, page 162.

Le deuxième paragraphe de l'article 19 du traité de San Stefano nous fournit la clé de cette énigme.

Cet article, qui trahit entièrement les intentions de la Russie victorieuse en 1878, est rédigé ainsi : « Ne désirant pas s'annexer ce territoire (le sandjack de Toultcha) et les îles du Delta, la Russie se réserve la faculté de les échanger contre la partie de la Bessarabie détachée par le traité de 1856 et limitée au Midi par le thalweg du bras de Kilia et l'embouchure du Stary-Stamboul » (41).

Le traité de San Stefano a été considéré comme non avenu au Congrès de Berlin. Toutefois, en ce qui concerne la Dobrogea, le point de vue russe, resté le même, fut approuvé et consacré par les plénipotentiaires des grandes Puissances, malgré les protestations énergiques du Gouvernement roumain.

A la question posée plus haut : *Quel est l'Etat cédant de la Dobrogea ?* on peut facilement répondre : *c'est la Russie,* car il s'agit d'un échange effectué grâce à un paiement avec subrogation, la Roumanie ayant été purement et simplement subrogée dans les droits que la Russie pouvait faire valoir à l'encontre de la Turquie.

Et, il faut le reconnaître : c'est la seule manière juridique d'expliquer la rétrocession de la Bessarabie, à moins qu'on ne veuille admettre que la Russie a entendu faire une stipulation pour autrui, ce qui ne serait pas téméraire, vu que « la stipulation pour autrui, élargie et assouplie par la jurisprudence moderne, a un champ d'action de plus en plus vaste dont il est impossible de fixer les limites » (42).

---

(41) Art. 19 du traité de San Stefano. Cf. les Recueils d'actes diplomatiques : *Frédéric Damé,* ouv. cité, page 307 ; *Bluntschli,* Documents diplomatiques. Question de la reconnaissance de la Roumanie, Paris, 1880.

(42) M. *Marcel Planiol,* Traité élémentaire de Droit civil, t. II, 2ᵉ édition, nᵒ 1216, page 379.

Une fois cette question préliminaire élucidée, poursuivons l'analyse de l'art. 3 et de l'art. 5 de la loi de 1880.

Nous avons vu que « tous les habitants de la Dobrogea qui, « le 11 avril 1877, étaient citoyens ottomans (43), sont « devenus citoyens roumains » grâce à l'annexion.

Ces habitants n'ont pas les droits politiques, c'est entendu.

La Cour de cassation leur refuse aussi le droit d'acheter des immeubles ruraux en Roumanie (44), « *car ce droit a été toujours considéré, en Roumanie, comme un droit politique* » (45).

---

(43) *Citoyens ottomans* veut dire *sujets ottomans* sans distinction de race ou de religion. Ne sont pas devenus citoyens roumains les habitants soumis à des protections étrangères, c'est-à-dire les sujets étrangers. Les arrêts des tribunaux et Cours sont formels (Cf. C. C., n° 12/86, sect. II. — B. C., p. 260; Cour de cass., n° 5/89. — Bullet. de la Cour, p. 377; Cour de cass., n° 8/91, sect. II. — Bullet. de la Cour, p. 378; C. C., n° 11/91, sect. II. — Bullet. de la Cour, p. 381; C. C., n° 557/91, sect. II. — B. C., p. 554; C. C., n° 37/91, sect. Irᵉ. — Bullet. de la Cour, p. 414; C. de C., n° 195/91, sect. Irᵉ. — B. C., p. 422).

(44) Les arrêts de la Haute-Cour sont catégoriques : « Les Roumains des autres Etats, qui n'ont pas acquis *individuellement* la qualité de citoyens roumains, ne peuvent acquérir des immeubles ruraux en Roumanie » (Cour de cassation, I, 389/91. — Bullet. de la Cour, p. 1081).

Individuellement cela veut dire *par voie législative*, c'est-à-dire avec l'accomplissement des formalités prescrites par l'art. 9 de la Constitution roumaine.

Un autre arrêt de la Cour de cassation explique ce qu'il faut entendre par « Roumains » : « Le législateur n'a entendu viser que les Roumains qui font partie de l'Etat roumain et non pas les autres Roumains sujets des Etats étrangers » (Cour de cass., toutes Chambres réunies, n° 10/903. — Le journal « Dreptul », *Le Droit*, année 1903, p. 563).

(45) En ce sens, I. N. Roman, ouvr. cité, p. 26; D. Comsa, Avocat, Directeur de la Banque Nationale de Roumanie, cf. l'article publié dans le « Courrier Judiciaire » du 14 janvier 1907, p. 25; cf. *en outre une décision du tribunal d'Ilfov*, sect. III, dans le Journal « *Dreptul* » (Le Droit), p. 134-905 (et Ciorapciu, ouvr. cité, t. II, p. 315) *où il est dit que* : « Le législateur de la Constituante de 1879 en proclamant ce principe que la différence de croyance reli-

Elle dispose : « Les Roumains des autres Etats, qui n'ont

---

gieuse et de confession ne constitue pas en Roumanie un empêchement pour l'acquisition et l'exercice des droits civils et politiques, s'est vu dans l'impérieuse nécessité de prendre toutes les garanties afin que les terres du Pays ne passent pas aux mains des Juifs, lesquels, vu les exigences de l'Europe, devaient obtenir l'indigénat en grand nombre ; et c'est pour cela qu'il déclare dans le § 5 de l'art. 7 de la Constitution que seulement les Roumains ou les naturalisés Roumains peuvent acquérir des immeubles ruraux en Roumanie, *transformant ainsi le droit d'acquisition de propriétés rurales, faisant de ce droit,* purement civil antérieurement, *un droit de cité* dont peuvent jouir seulement les Roumains ou les naturalisés ».

Il nous semble qu'on commet une double erreur en affirmant cela, car :

I. Le droit d'acquérir des immeubles ruraux n'a pas *toujours* été considéré comme un droit politique, et

II. Le droit d'acquérir des immeubles ruraux n'a pas été transformé de droit civil en droit politique.

I. Le Droit d'acquérir des immeubles ruraux n'a pas *toujours* été considéré comme un droit politique ;

a) En Valachie, *avant le Règlement organique,* le droit des étrangers d'acquérir des immeubles dans le pays était considéré comme éminemment politique et, en conséquence, n'appartenait qu'aux Roumains ;

b) Le Règlement organique — la première Constitution du Pays — en conférant le droit d'acquérir des immeubles seulement aux étrangers de rite chrétien, divisa la naturalisation en deux : la grande naturalisation qui conférait le droit d'acquérir toutes espèces d'immeubles tant ruraux qu'urbains et la petite Naturalisation qui conférait seulement le droit d'acquérir des immeubles urbains ;

c) La législation de Moldavie était plus libérale que celle de la Valachie, — quoique les étrangers même de rite chrétien ne pouvaient pas acquérir des biens ruraux et des titres de noblesse — puisque les Juifs pouvaient acheter des maisons et des boutiques et les Arméniens même des vignes, droits qu'ils n'avaient pas eus, de tout temps, si toutefois le chrysobulle du prince Etienne — du 20 décembre 1526 — n'est pas apocryphe;

d) Cet état de choses dura jusqu'en 1864, époque où la loi du 19 août, inspirée des principes de réciprocité qui doivent exister entre les différentes nations, établit que les étrangers de tout rite chrétien, domiciliés en Roumanie peuvent y acheter des immeubles, en tant que les Roumains auront ce même droit dans les Etats dont ces étrangers relèvent (cf. Alexandresco, Droit ancien et moderne de la Roumanie, p. 19-21 ; l'éminent jurisconsulte soutient — malgré les décisions des Cours de Galatz et de Iassy — que les *Israé-*

pas acquis, par voie législative, la qualité de citoyens

---

lites du Pays — paménlenii — sont visés par cette loi et qu'ils n'ont pas conservé le droit que leur accordait le Code Calimach d'acquérir des immeubles urbains car les Israélites ont toujours été considérés comme étrangers et n'ont jamais acquis la nationalité roumaine, même en embrassant la religion chrétienne. Quant à la réciprocité établic par la loi de 1864 elle ne peut pas exister pour eux, puisqu'ils n'ont pas de patrie).

e) En dehors des étrangers proprement dits la législation du Pays a fait de tout temps une classe à part des individus qui, étrangers d'origine et de religion, ne relevaient pourtant d'aucune puissance étrangère et qui, suivant qu'ils professaient ou non un culte chrétien avaient l'exercice des droits civils avec plus ou moins de restrictions; tous cependant étaient déclarés incapables d'acquérir des immeubles ruraux et d'aspirer au droit de naturalisation; en faveur de cette classe d'étrangers, en tant que chrétiens a été faite la première réforme dans la voie des idées modernes — Traité de Paris, 1858 — (de 1856, il doit y avoir une faute d'impression dans le livre de M. Alexandresco) (cf. Alexandresco, ouv. cité, p. 22).

f) En 1865, les articles 6 et 11 du Code civil achevèrent la réforme de la loi de 1864 en statuant que l'exercice des droits civils est indépendant de la qualité de citoyen et que les étrangers jouissent en général en Roumanie des mêmes droits civils que ceux dont jouissent les Roumains, sauf les exceptions établies par la loi.

g) En 1879, à la suite du traité de Berlin — art. 44 — la Constitution du Pays fut revisée dans són article 7 auquel on substitua le texte suivant : « La différence de croyances religieuses et de confessions ne constitue plus en Roumanie un empêchement à l'acquisition des droits civils et politiques ». Ce principe qui est devenu la base du droit public roumain appliqué d'une manière absolue aurait donné tout d'un coup le droit *de citoyenneté (sic Alexandresco)* à toute une population flottante composée d'individus étrangers au pays par la race et par la religion, qui, en outre, aurait acquis le droit de posséder des propriétés terriennes, ce qui, d'après le sentiment général du pays, pouvait avoir de graves inconvénients. — D'un autre côté comme il n'était plus possible de faire des catégories parmi les étrangers, qui, à l'avenir, devaient tous être soumis au même régime, on fut contraint d'enlever aux étrangers chrétiens les avantages qu'on leur avait concédés sur les étrangers non chrétiens et d'imposer à ceux-là les restrictions qu'on se voyait forcé de faire subir à ceux-ci. C'est ainsi que, d'une part, le droit d'acquérir des immeubles ruraux fut réservé uniquement aux Roumains d'origine ou naturalisés (§ 5 de l'art. 7) et que, d'autre part, les conditions pour obtenir la naturalisation furent rendues plus difficiles pour tous les étrangers, en géné-

roumains, ne peuvent acquérir des immeubles ruraux en Roumanie (46).

Il s'ensuit que ni les Roumains de Transylvanie ou de Bukovine, ni les Roumains de Bessarabie ou de Macédoine, ne peuvent acquérir des propriétés immobilières rurales en Roumanie.

Mais les Roumains de Dobrogea? Ce ne sont pas des Roumains sujets d'autres Etats. Ils ont été citoyens ottomans ; ils sont devenus citoyens roumains à partir du 11 avril 1877 (47); ils devaient avoir le droit d'acheter des immeubles ruraux dans la mère-patrie.

Il est, en effet, étrange que ces gens, Roumains d'origine, devenus, grâce à l'annexion, citoyens roumains, après avoir

---

ral, y compris les habitants du pays qui, sans relever d'aucune puissance étrangère n'avaient pu jusque-là obtenir la citoyenneté roumaine.

II. *Le droit d'acquérir des immeubles ruraux n'a pas été transformé de droit civil en droit politique* :

Lorsqu'un Etat trouve utile d'empêcher les étrangers d'exercer en totalité ou en partie un droit civil quelconque, il peut, grâce à sa souveraineté, décréter cela; et alors l'étranger incapable d'exercer les droits politiques sera incapable d'exercer le droit civil visé par la prohibition, sans qu'on puisse pour cela dire que le législateur a transformé ce droit civil en un droit politique, car il n'est pas dans son pouvoir de changer la nature des choses.

« *Ainsi donc le législateur roumain*, dans son désir de réserver le territoire du Pays autant que possible aux Roumains, *en apportant dans la Constitution une restriction au droit civil des étrangers d'acquérir toutes sortes de choses en Roumanie* — puisqu'il les a déclarés dans le § 5 de l'art. 7, incapables d'acquérir des immeubles ruraux — *n'a pas transformé par cela le droit civil d'acquérir des immeubles ruraux en un droit politique* ».

(Cour de cassation, toutes Chambres réunies, n° 8/1901; « Courr. Judic. », p. 1, 1902 et le journal « Dreptul », p. 803, 1901; cf. aussi Ciorapciu, Encyclopédie juridique, t. II, p. 316).

(46) Cass. Roum., I, 389/91; Bullet, p. 1081; Cf. Hamangiu, Codes Roumains, t. Ier, p. 4, nota b.

(47) La date du 11 avril 1877 a été arbitrairement fixée, comme il a été prouvé à la Chambre à l'occasion des débats de la loi de 1880.

été « volentes nolentes » citoyens ottomans, n'aient pas les mêmes droits que les Roumains du Pays !

Au moins pour cette catégorie d'individus, il faut reconnaître que la loi de 1880 est incomplète et que la jurisprudence de la Cour de cassation est, sinon erronée, tout au moins bien rigoureuse.

Nous sommes des premiers à admettre que le législateur de 1880, guidé par un patriotisme digne de toute louange, n'a pas voulu accorder aux Turcs, aux Russes, aux Bulgares, etc., devenus « in globo » citoyens roumains, le droit d'acheter des immeubles ruraux en Roumanie, car il aurait été trop facile pour leurs compatriotes de fournir à ceux-ci des fonds pour acheter des « latifundia » dans notre Patrie et réduire ainsi à néant le § 5 de l'article VII de la Constitution roumaine « qui ne permet qu'aux Roumains ou à ceux qui ont été naturalisés, d'acquérir des immeubles ruraux en Roumanie » (48).

---

(48) Si le législateur de 1880 n'avait pas prévu cela, le fameux article 7 de la Constitution, œuvre la plus admirable des patriotes roumains intelligemment coalisés contre l'injuste Europe du traité de Berlin, et qui eurent recours à une subtilité des plus juridiques pour préserver la patrie d'une destruction certaine ; le fameux article 7, que l'alliance juive regarde avec tant de haine et à cause duquel, si souvent, une partie de la presse européenne, au service de la Grande Finance, a lancé contre le peuple roumain les plus odieuses calomnies ; *le fameux article 7 qui, à lui seul, constitue un titre de gloire immortelle pour les jurisconsultes et les hommes d'Etat roumains* ; le fameux article 7 aurait vécu.

La bibliographie, en ce qui concerne l'article 7, est vaste ; aussi nous abstenons-nous de donner une liste qui serait forcément incomplète.

Ceux qui désirent néanmoins se faire une idée de la question des Israélites en Roumanie peuvent lire : *Ernest Desjardins*, Les Juifs de Moldavie, Paris, 1867 ; *E. Picot*, La question des Israélites roumains au point de vue du droit, Paris, 1868 ; La question des Israélites roumains, Paris, 1869 ; L'Occident et la persécution israélite en Roumanie, Paris, 1870 ;

G. Obédénaru, La situation des Israélites en Serbie et en Roumanie,

Nous concevons bien ce souci du législateur de 1880 ; mais nous ne voyons pas pourquoi il n'a pas fait une exception en faveur des Roumains établis de père en fils dans la Dobrogea, et cela depuis les temps les plus anciens.

Paris, 1876 ; *Edm. Sincerus*, Les Juifs en Roumanie, depuis le traité de Berlin jusqu'à ce jour ;

Documents. — 1) Manuscrits de l'Académie Roumaine ; Cf. aussi tome VII et VIII de l'Uricar de Th. Cotresco [voyez aussi les statistiques fournies par *L. Colescu (Bucarest, 1901)*; Recensamînt general al populatiunei Românici din Decembre 1899] ;

2) Analele statistice ale României pe 1865, VII; voyez aussi t. VI.

3) Archives de l'Etat à Bucarest, Dossiers relatifs au recensement de 1831, de 1838, etc.

Livres. — *V. A. Urechia*, O Statistica a Târii-Românesti din 1820 (Public. de l'Académie Roumaine), Bucarest, 1887 ; *Del Chiaro*, Istoria delle Revoluzioni della Valachia, 1718, p. 109 ; *Sulzer*, Geschichte des Transalpinischen, Dacien, II, p. 149 et suiv.; *Raicevich*, Beschreibung der beiden Fürstenthümer Moldau und Walachei, p. 98; *Zieglauer*, Geschichtliche Bilder aus der Bukowina zur Zeit den österreichischen Occupation. Czernowitz, 1899 ; *Comte d'Hauterive*, Mémoire sur l'état ancien et actuel de la Moldavie, Bucarest, Göbl, 1902, p. 354; *Neigebauer*, Die Donaufürstenthümer. Beschreibung der Moldau und Wallachei, 1ʳᵉ partie, p. 23 et suiv., 2ᵉ partie, p. 90 et suiv.; *M. Kogalniceanu*, Archiva Romaneasca, ll, p, 179 et suiv.; *Th. Colesco*, Cotropirea Jidoveasca in Romania, Bucarest, 1870; *Bibicescu, I. G.*, Sunt persecutati Evreii in România brochure, Bucarest, 1902; *Jean Lahovary*, La question Israélite en Roumanie, ouvrage judicieux; *Jericho Polonius*, China auf der Balkanhalbinsel, Lemberg, 1901, brochure à calomnies absurdes ; *Peter C. Madison*, The Jew as a patriot, New-York, 1903, livre où les détails ridiculement faux abondent ; *Dʳ Hugo Ganz*, Reiseskizzen aus Rumänien, Berlin, 1903, l'écrit le plus plein de fiel qui ait encore été publié sur la matière, cf. les réfutations magistrales de Verax, ouvrage cité, p. 229 et suiv. ; *Isidore Loeb*, La situation des Israélites en Turquie, en Serbie et en Roumanie, Paris, 1877 ; *Dʳ J. Bluntschli*, L'Etat roumain et la situation légale des Juifs en Roumanie ; La question Juive devant les Chambres roumaines. Paris, 1879 ; *D. Alexandresco*, Droit ancien et moderne de la Roumanie, p. 17 ; — pour la question de l'acquisition des immeubles ruraux par prescription, achat, donations, etc., p. 19 et s. ; — pour la controverse célèbre, quant à l'acquisition des immeubles ruraux par succession ab intestat ou testamentaire, p. 36 ; *Verax*, La Roumanie et les Juifs, Bucarest, Socec, 1903, et les auteurs cités dans ce remarquable ouvrage; *Nicolas Petresco*

Il n'a pas voulu, sans doute, être accusé de partialité. Il est possible aussi qu'il ait cru utile de ne pas encourager l'élément roumain de la Dobrogea à déserter les foyers ancestraux pour venir acheter des terres dans le pays, car la mis-

---

Comnène, Etude sur la condition des Israélites, thèse Paris, Pedone, édit., 1905 ; *A. C. Cuza*, « Miscarea poporatiei urbane din Moldova » (Le mouvement de la population urbaine en Roumanie), « Revista Idealista », sept.-nov. 1905, janvier 1906.

Nous conseillons aux lecteurs de lire surtout le chapitre VIII du quatrième livre de « l'Histoire de la Roumanie contemporaine » par M. *Frédéric Damé*, qui expose avec une netteté bien française la question des Juifs de Roumanie.

Après avoir démontré que sur 700,000 habitants des villes, il y a de 300 à 400,000 Juifs, et qu'en de certaines villes de Moldavie ils sont dans la proportion de 70 %, tandis qu'entre Focshani et Bucarest ils ne sont que dans la proportion de 25 %, et en *Olténie* (petite Valachie) de 5 %, M. Damé déclare :

« Naturaliser tous les Juifs, c'eût été pour les Roumains s'annihiler complètement, pour les Moldaves devenir une minorité dans leur propre pays, pour tous, abdiquer politiquement comme ils avaient abdiqué économiquement entre les mains d'une population étrangère nouvelle venue en immense majorité et qui ne parle même pas leur langue ».

« On comprend aisément que dans ces conditions la décision du Congrès de Berlin dut produire en Roumanie la plus vive émotion et éveiller chez les Roumains la volonté la plus absolue de résister aux injonctions de l'Europe.

« Au Parlement, la lutte s'engagea violente et acharnée du côté des Moldaves. M. N. Fleva s'écria : « Jamais je ne consentirai à ce qu'on accorde en masse des droits aux Juifs de Roumanie. Si l'injustice de l'Europe devait aller jusque-là, je me ferais plutôt écraser que de consentir à la destruction de la patrie ».

« Trois anciens ministres, G. Vernescou, J. Docan et N. Ionescou, le célèbre orateur, soutenaient la motion des Moldaves. Jean Bratiano, le président du Conseil des ministres, crut devoir calmer les appréhensions de la minorité : « L'Europe comprendra, dit-il, que ce serait nous suicider que d'accorder dès ce jour l'indigénat à tous les Israélites ».

« Les discussions avaient duré longtemps. Les débats recommencèrent le 4/16 septembre 1878. Ils durèrent encore huit jours, au bout desquels le Gouvernement sortit de la réserve qu'il s'était imposée et pour empêcher le vote du projet de la majorité, proposa un projet nouveau qui accordait l'indigénat à de nombreuses catégories de Juifs. Devant le refus bien net de la majorité de voter ce projet, il entama de nouvelles négociations avec les puissances

sion vraiment patriotique des Dobrogiotes est de rester là-bas, afin de tenir tête aux populations étrangères dont l'envie ou l'hostilité a dû être considérée par le législateur comme dangereuse aux intérêts de l'Etat roumain.

---

d'un côté et avec les chefs de groupes de l'autre, et *l'on arriva enfin à une transaction* d'où est sorti le nouvel article 7, qui fut voté à la Chambre le 6/18 octobre et au Sénat le 9/21 du même mois. Les Juifs, conformément au Congrès de Berlin, étaient traités absolument comme les nationaux de toutes les puissances. Aussi la reconnaissance de l'indépendance de la Roumanie ne se fit pas attendre. Au mois de février 1880, elle était un fait accompli.

« *Seulement, en mettant au point de vue des droits civils et politiques les Juifs sur le même pied que les chrétiens étrangers, l'article 7, au point de vue de la faculté d'acquérir des immeubles ruraux en Roumanie, avait mis les chrétiens sur le même pied que les Juifs, en spécifiant que seuls les Roumains et les naturalisés roumains pourront acheter des terres.*

« Depuis cette époque peu de Juifs ont réclamé l'indigénat et les Chambres ont voté la naturalisation à ceux qui avaient prouvé qu'ils étaient assimilés. Il semble que le mot de M. Iépouréanou soit vrai : « Les Juifs ne tiennent pas aux droits politiques ». Ceux qui les ont acquis, en effet, n'en usent guère et paraissent plus préoccupés d'acheter des terres, ou d'occuper des fonctions que de prendre part aux élections. *Quoi qu'il en soit, l'immigration continue et si de temps en temps on apprend que quelques centaines d'Israélites ont quitté la Roumanie pour s'embarquer pour l'Amérique, c'est que dans certains centres leur nombre est devenu trop considérable. Il y a encombrement et nécessité d'écouler le trop plein au dehors* ».

Ce sont là, à notre avis, des paroles sensées, modérées et justes. M. Frédéric Damé, qui a longtemps habité la Roumanie, a été en mesure de connaître, mille fois mieux que les détracteurs des Roumains, la question juive en Roumanie.

M. André Bellessort, qui a publié dans la « Revue des Deux-Mondes » du 15 mars 1905 une étude remarquable sur la Roumanie, dans laquelle ses critiques ne nous épargnent pas parfois, s'exprime ainsi sur la question juive : « La fameuse question juive ne me paraît, en somme, qu'une des formes du combat que les nations doivent soutenir contre ceux qui menacent de les submerger, que ces envahisseurs soient Grecs, comme dans la Roumanie du xviii° siècle, Juifs comme dans la Roumanie du xix° siècle, ou Chinois comme en Amérique. Mais elle met aux prises deux théories. L'une ne voit dans la patrie que la terre, l'autre n'y voit que le peuple. La première dit : « La Roumanie, c'est le territoire roumain ; il s'agit avant tout d'en assurer la

Ces conjectures ne sont peut-être pas dénuées de fondement si l'on veut tenir compte de tout ce que le génie sagace de Kogalniceanu était capable de prévoir.

L'éminent homme d'Etat a dû savoir que seulement la possession réelle de la terre par le peuple dominant assure à celui-ci la puissance politique (49), car lors de la discussion

prospérité, et comme j'estime que les étrangers y sont nécessaires, j'ouvre la porte aux étrangers. Il importe peu que la Roumanie devienne moins roumaine, pourvu que ses finances, son commerce, son industrie, son agriculture se développent et grandissent. L'autre répond : « La Roumanie, c'est le peuple, qui sous d'abominables et de séculaires oppressions, a su conserver sa langue et son esprit. Il a payé trop cher son titre de Roumain pour le partager avec les premiers venus. Ceux qui le dirigent ont le devoir de lui en maintenir la propriété exclusive. Qu'il exploite mal ses champs ou ses mines de pétrole, cela ne regarde personne. Je le préfère moins riche, mais plus lui-même ».

(49) Le député français *Flandin*, rapporteur de la commission budgétaire pour l'année 1903, en parlant du protectorat français en Tunisie, a prononcé ces mémorables paroles : « Jusqu'en 1896 l'Italie a combattu notre hégémonie politique en Tunisie ; aujourd'hui elle la reconnaît, mais elle occupe, à l'aide des paysans siciliens, la terre qu'elle n'a pu occuper par les armes. *Est-ce que nous ne risquons pas ainsi de perdre aussi la domination politique ? !* »

Les Français se méfiant des Italiens, Latins comme eux ! La France, qui a résisté pendant des siècles à toutes les vicissitudes, dénonçant — par l'organe d'un de ses représentants au Parlement — comme un péril colonial, la possession par les paysans siciliens de quelques terres en Tunisie ! Ce cri d'alarme n'est pas banal assurément ! La Presse européenne discute pourtant la chose avec calme.

Mais, si les Roumains, désireux de mettre un frein à la cupidité sans bornes des étrangers, essaient de préserver, du flot envahisseur des Juifs, les paysans, parce que le peuple des campagnes, à cause de son « *inaltérable douceur naturelle* » (Edgar Quinet, ouv. cité, p. 119) est impuissant à se défendre contre les spéculations effrontées des Juifs, ou contre les vexations odieuses des fermiers et des commerçants grecs ; si le Gouvernement roumain se voit obligé de défendre le pays contre l'usure des Juifs, contre le péril slave ou contre la mainmise économique de l'Autriche, oh ! alors, une partie de la Presse européenne cherche dans son vocabulaire les plus venimeuses paroles pour les lancer à la face du petit peuple latin.

Il est dans nos habitudes de présenter des preuves à l'appui de nos allégations : *a)* On a vu ce que dit M. Damé de la question juive. M. Damé est bien

de la loi qui nous occupe, Kogalniceanu disait à la Chambre (séance du 29 janvier 1880) : « Messieurs, quand la question de la propriété sera résolue, si vous voulez que la Dobrogea soit représentée aussi au Parlement, moi-même, l'automne pro-

---

trop indulgent pour cette vermine sociale qui, après avoir désolé et ruiné la Moldavie, essaie de s'abattre sur la Valachie et sur l'Olténie ;

b) Pour ce qui est des Grecs, nous renvoyons les lecteurs à l'ouvrage d'Edgar Quinet « Les Roumains », dont nous extrayons seulement ces quelques lignes : « Que font en Moldavie, en Valachie, les moines grecs ? (l'auteur écrit en 1856) Cette population flottante ne sait de la langue et des usages du pays que ce qui est nécessaire pour le dévorer. Où vit-on jamais des invasions de moines étrangers s'abattre annuellement sur une contrée, la dépouiller et se retirer pour faire place à d'autres qui recommencent les mêmes déprédations ?

« Les monastères grecs en Moldo-Valachie possèdent, dit-on, le cinquième du territoire. Par un arrangement monstrueux les richesses de ces couvents s'écoulent hors du pays, placées en réalité sous la main de la Russie, qui les fait administrer par ses créatures, les abbés du Mont Athos et des Lieux-Saints ». (Edgar Quinet, les Roumains, Paris 1856, Hachette ; pages 111 et s., 149 et s. ; 4e édit. ; Cf. encore sur les moines grecs des principautés valaques, sur l'organisation du clergé etc., *Ami Boué*, la Turquie d'Europe, 1840, Paris, t. III, p. 440 et suiv.).

Faut-il encore rappeler aux lecteurs les faits récemment imputés aux Grecs : la création de bandes armées sur le territoire hellène pour assassiner les paisibles populations valaques de Macédoine ? Nous nous abstenons de qualifier la conduite du Gouvernement d'Athènes et surtout celle des Grecs de Roumanie, qui, après avoir acquis des richesses considérables dans notre patrie, envoient de l'argent aux sociétés de Grèce (tels que Hellénismos et autres) pour aider à la formation de bandes d'assassins en Macédoine.

c) Sur le péril slave il est inutile d'insister, puisque l'Autriche-Hongrie est effrayée à bon escient de ce péril, bien plus inquiétant pour l'Europe que le péril jaune. Il est d'ailleurs de toute évidence que les Roumains ne peuvent que craindre la domination russe, car le sort pitoyable des Polonais, des Finlandais, des Lithuaniens, etc., ne leur sourit guère. *Une annexion de la Roumanie à l'Empire moscovite marquerait un recul pour la civilisation européenne, car entre la Belgique de l'Orient et la Sibérie de l'Europe toute comparaison serait ridicule* (Cf. livre II, chap. II, section II, § 4 : Les Russes).

d) Quant à la mainmise économique des Autrichiens et des Allemands sur la Roumanie, il suffit de rappeler aux lecteurs la question du Danube ; les

chain, je serai avec ceux qui demanderont un tel droit pour la province (50).

Il ne faut pas s'imaginer que la loi pour l'organisation de la Dobrogea a été votée à la vapeur ou par surprise.

Après la proclamation de la royauté il a été donné aux gouvernés d'enregistrer de semblables expédients à l'actif des gouvernants (51).

---

onéreuses conventions commerciales conclues avec ces pays et la lutte qu'entreprend la Serbie pour se libérer du joug odieux de l'Autriche. Les Allemands ont été trop souvent nos usuriers et la Roumanie ne peut que se méfier d'une politique équivoque comme celle de l'Autriche ou d'une politique qui a comme devise « *Drang nach Osten* » comme celle de l'Allemagne.

e) Que dire enfin de la Presse, de cette presse européenne « qui sauf des exceptions bien rares, vit des subventions d'Israël » ! ? Cf. ce que disait Lueger (cet illustre ami des Roumains) à la réunion antisémitique de Vienne, du mois de décembre 1890 : « Il se peut, qu'à nos prochaines assises, nous voyions aussi des Français, nous les saluerons de tout notre cœur, car la France aussi souffre, et elle souffre encore plus que nous, car de *nom* elle est gouvernée par des valets de Juifs, et *de fait* par le Juif Rotschild. Même les Anglais, ces spéculateurs par excellence, le peuple le plus trafiquant parmi les peuples aryens, ont dû apprendre à leurs dépens ce que c'est que dē se trouver sous le joug des Rotschild ».

Cf. aussi ce que disait M. Gustave Rouanet dans la *Revue socialiste* du mois de novembre 1890 : « Sans doute l'organisation française ne diffère pas sensiblement de celle des pays voisins, étreints comme nous par les tentacules de la même pieuvre capitaliste qui les enserre de toutes parts. Mais aucun pays n'a vu se développer au même degré l'anarchie économique que les pratiques du libéralisme ont introduites dans le nôtre. Aucun gouvernement n'a abdiqué, comme celui de la République française, les pouvoirs d'autorité et les devoirs de prévoyance sociale dont l'absence nous livre à la discrétion d'une poignée de parasites et d'accapareurs, devenus les arbitres de notre existence nationale elle-même... ».

Cf. pour plus de détails, le *Testament d'un Antisémite* par Edouard Drumont, livre deuxième : *La Presse et l'esprit public*, Paris, Dentu, 1891.

(50) « Monitorul official » (Le journal officiel). — Débats parlementaires — (n° 24), du 30 janvier 1880, p. 552.

(51) A l'appui de nos dires, nous citons les mémorables paroles de C. A. Rosetti, dans la séance du 2/14 avril 1884.

M. Damé (Histoire de la Roumanie contemporaine, p. 357) décrit de la

Mais alors Kogalniceanu était ministre de l'intérieur et cet homme intègre ne se serait jamais prêté à de pareilles vilenies, même s'il eût fallu éviter au Gouvernement des incidents regrettables.

Qu'on le sache donc : « La Constitution dobrogiote a été l'objet de débats passionnés qui ont duré neuf longues séances. A ces débats ont participé toutes les célébrités de la tribune parlementaire de ces temps-là et à un moment il s'en est

---

sorte l'incident qui eut lieu alors : « C. A. Rosetti se lève tout frémissant : Je proteste, crie-t-il dans le tumulte, contre la violation du règlement.

« Je proteste contre l'étranglement de la liberté de la parole par un gouvernement libéral. Je me retire indigné de ce Parlement au sein duquel je ne rentrerai plus ». — C. A. Rosetti était un des membres les plus marquants du parti libéral, il était depuis quarante ans l'ami intime de Jean Bratiano, alors premier ministre.

Inutile, à notre avis, de multiplier les exemples, car il est incontestable que la proclamation de la royauté marque dans l'histoire de la Roumanie contemporaine le commencement :

1°) *De la décadence des mœurs électorales ;*

2°) *Des luttes politiques stériles, d'autant plus violentes qu'elles furent plus superficielles et dont le résultat fut un désintéressement criminel pour tout ce qui a trait à la question agraire.* Aussi l'exploitation inhumaine du paysan roumain, par les fermiers juifs, en Moldavie, a été dénoncée souvent par tous ceux qui se sont occupés des questions économiques et sociales. Les lois agraires et les autres lois similaires, en droit favorables aux paysans sont devenues insuffisantes ; en plus, elles furent, trop souvent hélas, appliquées en fait à l'encontre des intérêts de la majorité et au profit soit des partisans politiques, soit des accapareurs sans vergogne qui, par des trusts criminels, ont fait hausser tellement la valeur de la propriété immobilière rurale que les paysans ont été mis dans l'impossibilité d'avoir des terres pour les cultiver.

Des révoltes ont déjà eu lieu maintes fois et sont encore à craindre dans un avenir rapproché (Cf. V. Kogalniceanu « Les questions agraires en Roumanie », Courrier européen du 12 octobre 1906; cfr. en outre une foule d'articles parus dans le dernier temps, surtout dans tous les journaux et revues de Roumanie).

3°) *De l'inféodation politique de plus en plus manifeste de la Roumanie à l'Autriche d'abord, à la Triple Alliance ensuite.*

fallu de très peu pour qu'une crise ministérielle ne s'ensuivît.

« Un grand nombre d'orateurs condamnèrent ouvertement et avec fermeté les principes de la loi, les trouvant en non conformité ou même contraires aux principes du parti libéral. Et les critiques formulées sont significatives, car la plupart proviennent des libéraux alors que Jean Bratiano était à l'apogée de sa toute-puissance et qu'une discipline de fer sévissait dans les rangs du parti libéral.

« A la Chambre, MM. Pantazi-Ghica, Ion Ionescou de la Brad, G. Cantilli, D. I. Ghica, N. Fléva, G. Kitzou, Stefan-Perietzeanu-Buzeu, et bien d'autres encore ; le général G. Manu et Ion Ghica, au Sénat, condamnèrent sévèrement le projet du gouvernement, trouvant : qu'il est anti-libéral, qu'il ne tient pas compte des droits primordiaux de l'homme et du citoyen, qu'il consacre l'abdication de la souveraineté du Parlement au profit de l'Administration, qu'il commet une iniquité révoltante envers une population que nous devons nous attacher et non pas éloigner de nous, enfin que, au point de vue de notre politique d'Etat, ce projet nous place au-dessous des Serbes et des Bulgares qui ont appliqué leurs constitutions aux populations des territoires annexés après la guerre de 1877-78.

« Tous ces orateurs déclarèrent formellement voter contre une loi « qui considère et traite les citoyens dobrogiotes non comme des citoyens libres, mais comme un troupeau d'esclaves. »

« Acculé par ces critiques, le Gouvernement, par l'organe de Kogalniceanu, Ministre de l'Intérieur, se vit forcé d'expliquer qu'il entendait par l'application de cette loi mettre fin au régime des Règlements, que d'ailleurs même ce régime légal devait être considéré comme provisoire, comme une nécessité momentanée jusqu'à ce que la question de la propriété immobilière fût résolue.

« On exigea alors du Gouvernement de limiter par un article de la loi la durée de ce régime et l'on dit qu'il ne faudrait pas que ce régime durât plus de deux ans, afin que les Dobrogiotes fussent assimilés le plus tôt possible aux citoyens du Pays et afin qu'ils pussent envoyer des représentants au Parlement. — Kogalniceanu n'a pas cru politique de conditionner par un terme fatal l'abolition de ce régime d'exception, mais seulement par la solution définitive de la question de la propriété — question d'un très grand intérêt pour l'Etat — qu'il pensait mener à bonne fin dans quelques mois.

« Il a répété maintes fois que, pendant l'automne de l'année 1880, il présenterait un projet de loi grâce auquel les citoyens de la Dobrogea seraient assimilés aux citoyens du pays — quant aux droits politiques — ; il a dit même au Sénat, dans la séance du 4 mars 1880, que « non seulement il ne s'effrayait pas, mais, au contraire, qu'il se réjouissait à l'idée que la Dobrogea aurait le plus tôt possible des voix au Parlement Roumain ».

« Kogalniceanu s'est trompé en croyant pouvoir résoudre en quelques mois la question de la propriété » (52).

Quand nous analyserons la loi du 3 avril 1882, on pourra se rendre compte des difficultés que présentait la question de la propriété immobilière pour laquelle, de nos jours encore, grammatici certant.

Grâce à l'exposé d'une partie des débats parlementaires et des idées que les Gouvernants avaient sur la Dobrogea (53), le lecteur a pu se rendre compte que les Assemblées législa-

----

(52) *I. N. Roman*, ouv. cité, p. 40-43.
(53) Voir *supra*, livre Ier, chap. 1er (Introduction).

tives ont voté la constitution de la Dobrogea à contre-cœur et seulement à titre de loi provisoire.

Le Parlement n'a pas oublié le devoir qui lui incombe, à savoir : l'assimilation complète des habitants de la province annexée aux habitants du Pays — quant aux droits politiques.

En effet, le rapporteur de la loi de 1882 (loi sur la propriété immobilière dans la Dobrogea), M. C. Nacu, a cru de son devoir, dans l'exposé des motifs du projet de loi, de conclure ainsi : « Il faut nous efforcer encore que les habitants de la Dobrogea soient mis sur un pied d'égalité parfaite — au point de vue des droits politiques — avec les habitants du Pays pour pouvoir dire qu'en Roumanie il n'y a pas de différence entre un sujet roumain et un citoyen roumain ».

M. Nacu considérait même cette question comme devant être résolue d'urgence. Malgré cela, aucun des deux partis politiques — qui, en Roumanie, ont à tour de rôle le pouvoir — n'a résolu la question. De la sorte, un « *statu quo* » inique pèse sur les habitants de la Dobrogea.

Au commencement de ce paragraphe nous avons analysé l'article 3 et l'article 5 de la loi qui nous préoccupe. Nous avons vu que tous les citoyens ottomans sont devenus, par l'annexion, citoyens roumains, mais qu'ils n'ont pas les droits politiques et qu'ils ne peuvent non plus acheter des immeubles ruraux dans la mère-patrie.

L'article 13 trahit le désir du législateur de fortifier l'élément roumain dans la Dobrogea, car il dispose : « Peuvent « acheter des immeubles ruraux dans la Dobrogea seulement « les habitants qui s'y trouvaient le 11 avril 1877 et auxquels « les lois ottomanes accordaient un droit pareil, les Roumains « et ceux qui ont un tel droit d'après l'article 7 de la « Constitution.

« Cette stipulation, sans préjudice de la loi qui sera faite

« relativement à l'établissement de colonies agricoles sur les
« domaines de l'Etat dans la Dobrogea ».

Le législateur de 1880 a permis aux Roumains du pays
d'acheter des immeubles ruraux dans la Dobrogea, mais il a
refusé aux Dobrogiotes ce droit en Roumanie (54).

Les motifs du législateur sont critiquables au point de vue
de l'équité et nous sommes les premiers à admettre qu'ils
blessent les principes de la justice absolue, mais en revanche
ils sont très patriotiques, très conformes aux intérêts d'Etat.

Qu'il nous soit donc permis de croire que M. André
Bellessort n'ayant pas analysé, même sommairement, les lois
dobrogiotes (comme l'exige la méthode historique), n'a pu
savoir quels motifs ont forcé le législateur de 1880 d'appliquer
à la province annexée un régime d'exception.

Aussi, dans l'article publié dans la Revue des Deux-Mondes
du 15 mars 1905, « A travers la Roumanie », il critique tout
autant l'Administration roumaine que la jurisprudence de
la Haute-Cour et ne fait même pas une distinction suffisamment marquée entre les deux pouvoirs de l'Etat.

« L'Administration roumaine, dit-il, ne se montra pas au
début très sensible à ces beautés, ni très soucieuse de ces
objets d'étude. Mais elle estima que les habitants de cette province privilégiée, sans député ni sénateur, devaient jouir d'une

____

(54) La Cour de cassation a décidé (16 février 1896), que « les Roumains
soumis à une domination étrangère peuvent acquérir des immeubles ruraux
dans la Dobrogea, avant d'avoir obtenu l'indigénat, pourvu, bien entendu,
qu'ils aient renoncé à la protection étrangère » (Cf. *Courrier judiciaire*, n° 10,
année 1896 ; et le journal « Dreptul » (*Le Droit*), 1896, n° 20).

Les vues de la Cour de cassation sont conformes à celles du législateur
roumain de 1880 et de 1882, à savoir : d'une part, empêcher les Roumains
de Dobrogea de déserter les foyers ancestraux pour venir s'établir en
Roumanie, et, d'autre part, pousser vers la province annexée les Roumains,
sans distinction aucune entre les Roumains du pays et les Roumains des provinces subjuguées.

situation sociale au moins aussi extraordinaire que la nature
de leur pays. L'annexion leur a conféré le titre de citoyen
roumain. Seulement, s'ils ont le malheur de franchir le pont
du Danube et qu'ils se réclament de ce titre, la Cour de cassation relève vertement leur impertinence et leur prouve que,
citoyens roumains en Dobrogea, hors de la Dobrogea ils ne
sont plus ni Roumains, ni citoyens et ne rentrent dans aucune
catégorie connue. Tel Juif ou tel Allemand qui voudrait quitter
Constantza et venir à Bucarest y verrait son nom impitoya-
blement biffé sur les listes électorales. Il n'est plus citoyen et
il n'est pourtant pas étranger. Cette anomalie n'affecte ni les
Turcs, ni les Tatars, ni les Tsiganes, ni les Lippovans. Les
Bulgares irrédentistes seraient même tentés de s'en gaudir.
Mais elle autorise les petites fantaisies néroniennes des
bureaucrates, et sous couleur d'attacher les colons au sol, les
livre à leur merci » (55).

Que M. Bellessort soit rassuré : si les Allemands ou les
Juifs de Dobrogea, — dont il paraît se préoccuper beaucoup,
— désirent devenir citoyens roumains « cives optimo jure »,
« cives cum suffragio » (56), ils n'ont qu'à s'adresser au Parlement, conformément aux articles 7 et 8 de la Constitution
roumaine.

Le Parlement accomplira leur vœu le plus cher — celui de
voter — après s'être convaincu qu'ils ont des sentiments vraiment roumains.

Le législateur de 1880 n'a pas voulu accorder plus de droits
aux étrangers de Dobrogea, ex-citoyens ottomans devenus

---

(55) *André Bellessort*, « A travers la Roumanie », Revue des Deux-Mondes
du 15 mars 1905, p. 411.

(56) Expressions qu'emploie, par ironie, M. I. N. Roman pour montrer la
différence qui existe entre les citoyens roumains du pays et les citoyens roumains de Dobrogea. Cf. *I. N. Roman*, ouv. cité, p. 115.

en bloc — grâce à l'annexion — citoyens roumains, qu'il n'en a accordé aux étrangers établis en Roumanie de père en fils parfois !

Il aurait été injuste à l'égard de ces derniers en favorisant trop les premiers. Il leur a accordé dans la Dobrogea *tous les droits*, sauf le droit de vote, parce qu'il a voulu résoudre d'abord la question de la propriété, et sauf le droit d'acheter des immeubles ruraux dans la mère-patrie que n'avaient ni les étrangers de Dobrogea, ni les autres étrangers de Roumanie.

Mais, on nous dira : pourquoi les a-t-il considérés comme citoyens roumains ? Ne voyez-vous pas que la comparaison que vous faites entre ces deux catégories de personnes est vaine, puisque les étrangers de Roumanie sont bel et bien étrangers, tandis que les étrangers de Dobrogea ont été citoyens ottomans et sont devenus « in globo » citoyens roumains ?

Raisonner ainsi c'est jouer sur les mots — il nous semble tout au moins — et en sophistiquant de la sorte on ne nous convaincra pas, parce qu'on peut réfuter trop facilement de pareils arguments.

Le législateur a entendu accorder à tous les Dobrogiotes le droit de cité, mais il a cru inopportun de créer des collèges électoraux dans la Dobrogea. Telle a été sa volonté à tous points de vue digne d'être respectée.

Mais M. I. N. Roman s'écrie : « Est-ce que nous vivons au temps des Romains pour nous permettre le luxe d'avoir dans l'Etat des « *cives optimo jure* » et des « *cives minuto jure* », des « *cives cum suffragio* » et des « *cives sine suffragio* » ?

Certes, non ! Toutefois est-ce une raison pour laisser se faufiler dans les rangs des Roumains des hommes ayant des sentiments et des aspirations diamétralement opposées aux nôtres ?

Faut-il imiter les naïfs Troyens qui introduisirent dans leur cité le cheval de bois offert par les trop aimables Hellènes?

Nous prions M. Roman de bien vouloir prendre en considération les arguments de M. Ovide Buteanu — qui est aussi un habitant de la Dobrogea et non des moindres — relativement à cette question que tout le monde veut résoudre et qui a comme titre : « est-il opportun d'accorder les droits politiques à tous les Dobrogiotes? »

« Le Congrès de Berlin — dit M. Ovide Buteanu, dans une brochure publiée à Galatz, en 1906 — nous a imposé de reconnaître la qualité de citoyens roumains aux rajas (57) (sujets ottomans), sans distinction de race ou de religion.

« L'illustre Michaïl Kogalniceanu a essayé de parer le coup en donnant l'ordre de rédiger une catagraphie par race, par religion, par sujétion.

« En pleine connaissance de cause l'ordre fut donné, car la catagraphie a dévoilé que :

« *Les Grecs*, déjà depuis longtemps, depuis la formation du royaume de Grèce, avaient cessé d'être des raïas et de reconnaître l'autorité ottomane, car ils s'étaient fait inscrire

------

(57) Voilà ce que dit des *rajas*, Ami Boué (*La Turquie d'Europe*, 1840, t. II, p. 434) : « Malgré le hatti-schérif, les rajas sont encore humiliés partout par les Turcs, et ce ne sont que les commerçants riches qui se dispensent des marques suivantes de respect. Ainsi, il y a toujours des lois pour restreindre le luxe des habillements. Les sujets chrétiens, à l'exception des Serbes en Servie, ne peuvent pas porter des pantoufles jaunes ni certaines couleurs d'habillements. Depuis 1722, les maisons des chrétiens sur le Bosphore ne peuvent être peintes qu'en couleurs foncées. Jadis ils ne pouvaient se laisser croître les cheveux. Ils n'osaient monter à cheval qu'avec des bâts, et leurs cachets ne pouvaient porter leurs noms; mais ces défenses ont cessé, quoiqu'on ne leur permette pas encore d'employer des noms turcs. Un raja s'écarte de la route quand il rencontre un Turc, et il descend même de cheval pendant que ce dernier passe, usage qui régnait parmi les Grecs du Bas-Empire. Si le chrétien ne descendait pas, il arrivait autrefois que certains Turcs

comme sujets hellènes, quoique la majorité de ceux qui foisonnaient dans la Dobrogea était originaire, non pas de la Grèce libre, mais des provinces encore sujettes à l'autorité du Padischah.

« Dans la catagraphie de 1879, pas un Grec ne se trouva inscrit comme raïa, tous étant sujets fidèles du roi Georges Ier.

« Quelques ans après, ils sont revenus de leur erreur et combien d'efforts n'ont-ils pas faits pour forcer les portes du droit de cité roumain.

« Certains ont réussi.

« *Les Bulgares* ayant quelque instruction, la bourgeoisie, ont usé de passeports bulgares, car la protection bulgare avait été créée sous l'égide du consul ottoman.

« Les archives des préfectures, des polices et des bureaux de douane dobrogiotes sont comblées aujourd'hui encore de passeports bulgares.

« J'ai le courage d'affirmer :

« Que de fois les volontaires de Shipka (1877) qui le 11 avril n'étaient pas des habitants de la Dobrogea, encore moins sujets ottomans, ne se sont-ils pas prélassés sur les chaises des conseillers de département, soit qu'ils aient été élus par ordre des préfets, soient qu'ils aient été nommés re-

---

criaient : reste, pauvre drôle, tandis que d'autres sommaient le *djaour* de descendre comme son devoir le prescrivait.

En Albanie, les paysans vont même jusqu'à mettre le genou en terre au passage de quelque grand personnage. Un raja ne doit pas saluer un Ottoman le premier ; autrefois l'inobservation de cette étiquette soumettait quelquefois le chrétien à de mauvais traitements. Le Turc interprétait le salut comme une dérision, sachant qu'il est haï du chrétien et que ce dernier ne le salue que lorsqu'il y est forcé.

Mahomet ne permettait pas de rendre l'*aleikoum* ou *selam aleikoum* (salut à vous) d'un infidèle. Jadis le raja ne pouvait pas aller à cheval dans les villes ; cet usage a cessé tout à fait, même en Bosnie, où il a duré plus longtemps qu'ailleurs ».

présentants du Gouvernement, au mépris de la loi et malgré
l'article 3 de la Constitution dobrogiote.

« Certains guerroyaient en 1877 dans les rangs des volontaires russes, d'autres faisaient leur petit commerce à la suite
des armées alliées, d'autres enfin faisaient les voituriers concurremment avec les charretiers russes, et après la guerre ils
ont réussi — grâce à notre faiblesse et à cause de l'inexécu-
tion de l'ordre du ministre Kogalniceanu — à endosser l'habit
immaculé du droit de cité roumain.

« *Les Juifs*, comme il était naturel, — émigrés de Galicie — *étaient* au temps de la domination ottomane *sujets
autrichiens*, sujétion grâce à laquelle, vu les faveurs obtenues par l'Autriche en vertu des nombreux rescrits du Padischah, ils avaient des avantages, tels que le droit d'acquérir
des immeubles ruraux.

« En cette qualité, ils sont inscrits dans la catagraphie faite
par ordre de l'inoubliable Kogalniceanu, et nous pourrions les
retrouver, de même que les Grecs et les Bulgares, dans les
dossiers de leurs gouvernements respectifs.

« Comme les Grecs et les Bulgares, les Juifs aussi ont rapi-
dement agi selon leur intérêt et malgré la catagraphie — dans
laquelle les Juifs sont considérés comme sujets autrichiens —
en 1880 l'on trouve inscrits dans les listes électorales 18 électeurs juifs, tandis que dans les listes de cette année l'on
trouve inscrits 62 électeurs juifs.

« Il ressort que sinon un mauvais vouloir, tout au moins
une fatalité, a contrecarré tout ce qu'avait prévu Kogalniceanu.

« De la catagraphie en question il n'existe plus à Toultcha
qu'un registre non garni de ganse, non sigilé, non légalisé et
non signé ! !...

« Que sont devenus ces travaux ?

« Se peut-il qu'on n'ait rien répondu à l'autorité supérieure ?

« Est-il possible qu'il ne soit rien resté de l'ordre du ministre ?

« Certes non.

« En tout cas, la catagraphie telle qu'elle existe aujourd'hui est si contraire aux intérêts des Roumains qu'il faudrait même par voie diplomatique éclaircir ce qu'elle contient de vrai.

« Puisque nous en sommes aux statistiques, il faut avouer que j'ai vu dans les journaux, à mon grand étonnement, des statistiques fantaisistes, « ad majorem Dei gloriam », soi-disant l'œuvre de la Commission chargée d'étudier la question de l'octroi des droits politiques aux Dobrogiotes.

« Je me permets d'affirmer qu'elles ne correspondent pas à la réalité et Dieu nous garde qu'il soit trop tard quand cette réalité s'imposera à nous par l'ironie des chiffres.

« Suffit-il d'envoyer un agent de police quelconque ayant charge de demander aux individus habitant la province quand, comment et d'où sont-ils venus, de rédiger les statistiques selon les réponses obtenues, et, cette besogne faite, de se croiser les bras, puisque l'œuvre est prête et qu'il ne reste plus que la signature de l'auteur ? !

« La question des étrangers de Dobrogea, par conséquent, n'est pas résolue.

« Et maintenant je me demande où nous en sommes avec le processus d'assimilation des races ?

« Où sont-ils les hommes bien trempés, énergiques et sages, que nous avons envoyés comme apôtres dans la Dobrogea ?

« Quel est le fruit de leur labeur ?

« Faut-il penser que la province a été : soit lieu d'exil pour ceux qui devaient sentir les rigueurs des maîtres du jour, soit terrain à profit pour les protégés envoyés là-bas où il n'y avait aucun contrôle et où les gens habitués à être toujours tyrannisés n'osaient élever la voix ?

« Ainsi donc la question de l'octroi des droits politiques à tous les Dobrogiotes est discutable. Qu'on me pardonne donc un moment de surprise, justifiée d'ailleurs.

« La Presse libérale !?

« Quelle est la cause de son silence sur cette question qui, dans un avenir plus ou moins proche, intéressera directement le progrès et le bien-être de la *Province surnommée à juste titre* LE POUMON DU PAYS ?! » (58).

Sans doute les arguments des Roumains, qui jugent inopportun d'accorder de suite — sans études préalables de la question — les droits politiques à tous les habitants de la Dobrogea, ne sont pas dénués de fondement.

Et s'il en est ainsi, à plus forte raison le législateur de 1880 n'a pas à encourir les reproches des Roumains.

Justice absolue, égalité parfaite — surtout quand il s'agit des droits politiques — entre tous les habitants d'un Etat, même s'il se trouve parmi eux des « Juifs errants » qui pensent « *ubi bene, ibi patria* », ou des étrangers prêts à conspirer contre la sûreté de l'Etat dès que leurs congénères trouvent avantage d'en faire autant, tout cela est fort bien pour les rêveurs, pour les visionnaires, pour les créateurs de doctrines philosophiquement juridiques et qui parlent « ex cathedra » (59), mais non pas pour les hommes d'Etat d'un petit pays entouré de voisins puissants et jaloux, ou pour les gens

---

(58) *Ovide Buteanu*, « Quelques mots sur l'opportunité de la Constitutionalisation de la Dobrogea », Galatz, 1906. — (« Câte-va cuvinte in preajma constitutionalizărei Dobrogei »).

(59) Cf. un article publié dans le *Courr. Judic.* du 14 et 18 janvier 1907 (N°s 4 et 5), par Démètre Comsa, docteur en droit de Paris, avocat et directeur de la Banque nationale de Bucarest.

qui, n'ayant pas déployé la bannière rouge du Socialisme, s'obstinent à se grouper autour de l'Etendard sur lequel est gravé, en caractères ineffaçables, *le mot éternel* PATRIE.

Ceux-ci croient que le tricolore n'est pas un chiffon sans valeur, bien au contraire que les couleurs nationales sont le symbole de la vie et des aspirations de tous les Roumains, car la couleur rouge leur rappelle le sang des braves qui, de tout temps, sont morts pour défendre « *la moshia* » (la terre roumaine) ; la couleur jaune représente à leurs yeux les épis dorés des magnifiques récoltes qui couvrent pendant l'été les plaines fertiles du sol roumain ; le bleu du drapeau, enfin, les fait penser que vers le ciel merveilleusement pur et parsemé d'étoiles, dont la vue réjouit si souvent les Roumains de la libre et hospitalière Roumanie, s'élèvent en silence et avec un indicible espoir dans un avenir meilleur, les troublantes prières de leurs frères subjugués.

Ainsi donc, le patriotisme n'est pas encore un mot vain pour les Roumains, et ceux qui ont agi avec circonspection à l'égard des étrangers de Dobrogea ont bien mérité de la Patrie.

Parmi ceux-là, Kogalniceanu est précompté, et ce seul nom suffit pour obliger ceux qui critiquent les lois de la province de parler avec plus de réserve.

En conséquence, nous nous efforcerons de faire l'analyse de la loi de 1880 sans excès, sans partialité aussi.

Les Dobrogiotes, avons-nous vu, n'ont pas le droit d'acheter des immeubles ruraux transdanubiens ; mais, aussi longtemps qu'ils restent dans la Dobrogea, ils ont l'exercice des droits de cité.

Le régime représentatif pour eux se borne dans le droit d'avoir des représentants dans les conseils départementaux et dans les conseils municipaux.

L'article 38 dispose en effet : « Les membres du Conseil
« de district sont élus par les délégués des Conseils commu-
« naux, deux par commune rurale et trois par commune
« urbaine.

« En dehors de ces délégués, sont de plein droit électeurs
« du conseil de district, les plus notables contribuables des
« communes, à savoir : un par commune rurale et deux par
« commune urbaine ».

Si nous comparons cet article aux articles 1, 2 et suivants
de la loi du 2 avril 1864 qui a créé les conseils départementaux, nous voyons qu'il y a entre eux de grandes différences.

D'après *l'article 1ᵉʳ de la loi du 2 avril 1864 :*

« Dans chaque département, l'on institue un conseil qui se
« réunit périodiquement et qui représente les intérêts locaux,
« généraux et économiques du département.

« Le département est personne morale ».

Selon *l'article 2* de la même loi : « Le conseil de district
« est composé de dix-huit membres.

« Les électeurs, pour le Parlement, des premier et
« deuxième collèges, ainsi que les électeurs du troisième col-
« lège et leurs délégués, se réunissent séparément et procè-
« dent à l'élection des six membres du conseil de district » ;

L'article 3 dispose : « Le président du conseil de district
« est élu par le conseil parmi les membres dont il se com-
« pose ;

« Le préfet du district est commissaire du gouvernement
« auprès du conseil » ;

L'article 4 prévoit que : « Le conseil de district élit,
« parmi ses membres, trois membres et trois suppléants qui
« composent la délégation de district ».

On peut se rendre compte que dans la Dobrogea, les membres du conseil départemental ne sont pas élus comme en

Roumanie par les électeurs, mais par les délégués des conseils communaux et par les contribuables notables des communes ainsi qu'il est prévu par l'art. 38 *in fine*.

La conséquence est que les conseils de district sont formés de trois électeurs par commune rurale et de cinq électeurs par commune urbaine, et que les membres des conseils départementaux sont élus par les membres des conseils communaux quoique les premiers doivent contrôler l'activité des derniers. Cela est évidemment contraire à l'usage.

Mais ce n'est pas tout : en dehors des conseillers — deux par arrondissement — élus par les collèges dont il a été question, « le préfet, sur une liste de douze personnes, — « citoyens roumains recommandés par le conseil communal, « — a le droit de nommer quatre membres dans le conseil « départemental de Toultcha et deux dans le conseil départe- « mental de Constantza » (*Art. 40 de la loi de 1880*) ;

« Le président du conseil n'est pas élu — comme de droit « — par le conseil, mais il est nommé tous les ans par le « gouvernement » (*Art. 37 de la loi de 1880*) ;

La délégation départementale n'existe pas : parce que, d'une part, elle a remplacé le comité permanent, et parce que, d'autre part, la loi de 1880 a disposé que « les fonc- « tions et les attributions du comité permanent passeront « au préfet » (60) (*Art. 44 de la loi de 1880*).

---

(60) M. I. N. Roman, dans son ouvrage, maintes fois cité, fait la remarque suivante : « La Constitution de la Dobrogea dispose que les préfets auront à remplir les attributions et les fonctions du Comité permanent institué par la loi des conseils départementaux, du 2 avril 1864.

« Cette dernière loi a été modifiée en 1883 et par l'art. 87 on a fixé même les appointements que les membres des comités permanents de Toultcha et de Constantza doivent toucher. Il aurait été logique que ces comités permanents fonctionnassent dans la Dobrogea, en considérant comme abrogées les dispositions de l'art. 44 de la loi de 1880. Les choses ne se sont pas passées

Enfin, le conseil de district ainsi constitué a le droit de prendre des résolutions, mais *l'article 43* dispose « qu'au- « cune résolution du conseil départemental ne devient exé- « cutoire avant que le préfet ait donné son approbation ».

---

ainsi ; au contraire, les préfets ont continué à remplir les fonctions du co- mité permanent et à avoir leurs attributions.

Neuf ans plus tard, en 1894, la loi sur les conseils départementaux a été de nouveau modifiée. Le comité permanent a été dissous et remplacé par la délégation de district avec des attributions beaucoup plus restreintes.

« Les préfets de Toultcha et de Constantza demandèrent alors au ministre de l'intérieur — Lascar Catargi — si la délégation départementale va fonc- tionner aussi dans la Dobrogea, ou si les préfets continueront à remplir les fonctions et les attributions de cette délégation, comme ils avaient rempli les fonctions et les attributions du comité permanent. Le ministre de l'intérieur — l'auteur de la loi qui créait la délégation de district — répondit catégori- quement que cette délégation devait fonctionner aussi dans la Dobrogea, vu que la loi modifiée, relative aux conseils départementaux, devait s'appliquer en entier et aux départements des rives droites du Danube.

« Conformément à cet ordre, la délégation de district a été instituée et a fonctionné quelque temps.

« Mais voilà que, le gouvernement conservateur délaissant le pouvoir, M. Paul Statesco fut nommé, par les libéraux, préfet de Toultcha, *préfet à poigne*, suivant l'expression populaire.

« Probablement il s'est senti gêné par la présence de la délégation de dis- trict qui, au moins dans la forme, représentait les citoyens dans l'adminis- tration effective du département, et il a demandé au ministère la suppression de cette institution. L'argumentation était simpliste : « la délégation de dis- trict remplace, quant au mécanisme administratif, le comité permanent ; les attributions et les fonctions du comité permanent ont été attribuées au préfet par la loi de 1880 ; par conséquent c'est le préfet qui doit remplir aussi les fonctions de la délégation de district créée par la loi de 1894 » !!

« Sinon pour l'amour de cette argumentation, au moins par considération que le préfet était « à poigne », le ministère a acquiescé à sa demande, en supprimant par voie administrative la délégation de district établie par une loi et en donnant en même temps à la loi de 1894 une interprétation diamé- tralement opposée à celle qu'avait donnée l'auteur même de la loi.

« Cette mesure, prouvant que le préfet avait intérêt à n'être contrôlé par personne, a déterminé l'auteur de ces lignes — désireux de voir la vie repré- sentative prendre une place de plus en plus considérable dans la province — à porter la question dans les débats du conseil départemental de Constantza

Le but constant du législateur de 1880 a été de faire régir les institutions ayant un caractère politique ou administratif par un régime d'exception (61).

En effet, *l'article 47* dispose : « Chaque commune, soit « urbaine, soit rurale, est administrée par un Conseil com- « munal au sein duquel le Ministre de l'Intérieur, pour les « communes urbaines, et le préfet pour les communes rurales, « choisissent un maire qu'on peut révoquer ».

Le collège électoral urbain n'est pas composé des citoyens qui auraient le droit de vote dans le pays, mais seulement des citoyens roumains « qui paient annuellement une contribution « directe à l'Etat, au moins de 30 francs, soit sous forme « d'impôt foncier, soit comme patente, soit pour l'entretien « des ponts et chaussées » (*Art. 50* de la loi de 1880).

De même, pour les collèges ruraux, *l'article 51* prévoit : « Sont électeurs et éligibles dans les communes rurales les « habitants, citoyens du pays, qui paient annuellement à « l'Etat une contribution de 18 francs ».

Les collèges, ainsi constitués, — collèges censitaires, ne jouissant d'aucune sorte de dispense, — procèdent à l'élection

---

et il a eu la satisfaction de voir sa demande — dont le but était le rétablisse-ment de la délégation de district — admise à l'unanimité, malgré les réti-cences et les réserves faites par le préfet de Constantza, M. Sc. Vârnav.

« Et qu'a répondu le ministère ? !

Rien !... pour ce bon motif que M. Sc. Vârnav — *autre préfet à poigne* — n'a pas même daigné envoyer au ministère la décision du conseil départe-mental afin qu'elle soit approuvée ! !...

« C'est ainsi que l'on rejette toute la vie représentative et tout le contrôle des citoyens quant à l'administration de la province, et que l'on institue les satrapies, ou, pour employer un terme populaire, le paschalik dobrogiote ! »

(I. N. Roman, ouv. cité, p. 29 et 30, note).

(61) Et M. I. N. Roman de dire : « Plutôt qu'un tel corps administratif ayant une telle origine, organisé de cette manière et ayant de pareils pou-voirs, est-ce qu'il ne vaudrait mieux..... rien ! (ouv. cité, p. 30).

de six conseillers communaux pour les villes de Toultcha et
de Constantza et de cinq conseillers pour les autres communes
urbaines et rurales.

Cela résulte implicitement de l'article 48 combiné avec les
articles 50, 51 et 52 de la loi de 1880.

« Le nombre des conseillers communaux dans les communes
« Toultcha et Constantza est de neuf, dont trois choisis par
« le Préfet parmi les notables ; dans les autres communes
« urbaines et rurales, le nombre des conseillers est de sept,
« dont deux nommés par le Préfet » (*Art. 48* de la loi de
1880).

Et ce qui nous prouve d'une manière évidente que même les
affaires communales n'ont pas échappé aux mesures empreintes
de méfiance à l'égard des étrangers de la province, c'est la
disposition de *l'article 53* de la loi de 1880 : « Le Préfet,
« dans les communes à population mixte, peut, — s'il
« croit que cela est conforme aux intérêts locaux, — fixer
« le nombre de conseillers que chaque confession ou agglo-
« mération d'origine diverse doit élire ».

Cet article qui, en accordant aux Préfets le droit de faire
des distinctions selon l'origine ou selon la confession des
différentes agglomérations de citoyens de la province, annihile
en partie les dispositions de l'article 3 de la même loi de
1880, est critiquable (62), étant donné que l'état florissant
d'une commune intéresse également tous ceux qui l'habitent.

---

(62) « Après avoir interdit aux Dobrogiotes d'envoyer des représentants au
Parlement, on leur a accordé ce simulacre de vie représentative ! Et malgré
ces droits dérisoires de participation aux affaires publiques et de contrôle
pour leur régulier fonctionnement, droits amoindris encore par les procédés
barbares d'une administration dépourvue de scrupules, on exige des Dobrogiotes un attachement sans conditions envers le pays et un amour excessif
pour la mère-patrie !? Il faut le reconnaître, nous sommes exagérés dans nos
prétentions ! » (*I. N. Roman*, ouv. cité, p. 32).

Aussi nous doutons fort qu'il ne soit resté lettre morte.

Vu la multitude d'étrangers (63) et d'aventuriers de toute sorte, établis en Roumanie (surtout dans les villes), il n'est pas étonnant que Kogalniceanu, conseiller patriote d'un prince plus patriote encore (Couza) (64), ait inscrit dans les lois du pays des articles hostiles à certaines catégories d'étrangers.

Tout cela est très juste et très explicable.

Mais ce qui, dans le système du législateur de 1880, s'explique le moins facilement, c'est : 1° l'application aux Dobrogiotes d'un régime d'exception, en ce qui concerne les institutions sans caractère politique et les droits primordiaux de l'homme ; et 2° les anomalies relatives à certains droits de cité.

------

(63) Ne nous payons pas de mots et entendons-nous, afin que la Camarilla Juive, qui encombre les Chancelleries européennes et les couloirs de la presse mondiale, n'essaie pas de dénaturer nos dires. *Dans cette étude, nous comprenons souvent par étrangers : la lie de la société roumaine,* — et qui vit, bien entendu, en marge de cette société, — *composée d'une part des intrus,* — Juifs chassés de Galicie, de Russie, de partout, immigrés en Roumanie pendant le xixe siècle, surtout depuis que le vénal prince Sturdza leur ouvrit toutes grandes les portes de la Moldavie et qui une fois établis dans le pays s'adonnèrent à l'exploitation systématiquement féroce du peuple roumain, notamment des paysans, — *et, d'autre part, des aventuriers de toute sorte entrés en Roumanie clandestinement* pour échapper à des condamnations encourues pour des méfaits commis dans leurs pays.

Ceux-ci nous les méprisons, nous les exécrons! Bien au contraire, tout notre être salue avec un respectueux émoi les opprimés du sort, — à quelque nation qu'ils appartiennent, — toutes les épaves d'origine illustre ou misérable échues sur la terre promise, c'est-à-dire sur le sol hospitalier de la Roumanie, cette Suisse de l'Orient.

(64) Le prince Couza est une des plus lumineuses figures de l'Histoire contemporaine de l'Europe. Le cœur de la France et de la Roumanie, ces deux patries sœurs, palpitait dans la poitrine de cet homme qui a fini ses jours en exil. Il semble que le peuple roumain ait de plus en plus la pensée délicate de rendre hommage à celui qui a été si grand, qu'il a fallu assez longtemps pour qu'on reconnaisse la grandeur de ses actes. Couza, dont le prince des poètes roumains, Basile Alexandri a dit : «Il y a des noms destinés, comme

I. *Analyse critique du régime d'exception concernant les institutions
sans caractère politique et les* DROITS PRIMORDIAUX *de l'homme*

a) *L'art. 62* prévoit que « l'Institution du Jury est pour le
« moment différée dans la Dobrogea.

« Les affaires criminelles et les délits politiques ou de
« presse seront jugés par les tribunaux ordinaires ».

Par l'article 2 de la loi du 30 mars 1886 — modifiée le
1er avril 1894 — la Cour d'appel de Galatz a été chargée
d'instruire et de juger les affaires criminelles de Dobrogea, de
la même manière et selon les mêmes formalités que le faisait
le Tribunal de Toùltcha.

La conséquence a été que les citoyens dobrogiotes sont
privés des Cours d'assises.

Le motif du législateur paraît avoir été l'impossibilité de
constituer de pareilles Cours dans la province, vu que beaucoup d'habitants de la Dobrogea ne savent pas le roumain.
Ce motif n'est pas décisif.

Le législateur aurait pu subordonner le droit d'être juré à
l'accomplissement de certaines conditions, entre autres celle
de savoir la langue du Pays, ce qui aurait, d'une part, évité

---

le tien, à demeurer sur la borne des âges et à répandre éternellement uno
lumière radieuse sur les siècles qui, dans l'ombre, en passant, les saluent »
(voyez, pour plus de détails, *F. Damé*, ouv. cité, p. 155), a eu la joie amère,
avant de mourir, d'entendre ceux qui l'avaient tant critiqué pendant son
règne, exalter ses actes, se faire un drapeau de son nom pour combattre son
successeur.

Et lorsque le cercueil du grand woïwod roumain a franchi la frontière au
milieu des drapeaux frissonnants, des soldats de toutes les armes, de la foule
respectueuse, des paysans accourus de toutes parts pour se prosterner devant
la dépouille mortelle de leur bienfaiteur, lorsqu'une longue acclamation
monta vers le ciel, les jeunes générations se demandèrent si réellement on ne
leur avait pas caché tout un côté de l'histoire,

l'injustice signalée et, d'autre part, aurait déterminé les étrangers de Dobrogea à apprendre le roumain (65).

b) La Constitution de la Dobrogea par l'art. 6 garantit à tous les habitants de la province les droits prévus par les articles 5, 23, 25 et 28 de la Constitution roumaine — c'està-dire la liberté de la conscience, la liberté de l'enseignement, la liberté de la presse, le secret des lettres et des dépêches et le droit de pétition — mais quant à la liberté des réunions la loi contient une disposition (*art. 6, in fine*), en vertu de laquelle le Gouvernement, par décret royal, obtenu après la décision du Conseil des Ministres, peut ne pas tolérer les réunions de nature à troubler l'ordre public.

Il est hors de doute que selon l'article 6, toute réunion peut être considerée comme contraire à l'ordre public, car la définition de cet article est bien vague et laisse la porte ouverte à l'arbitraire de l'administration.

Dans l'espèce, il ne faut pas perdre de vue qu'il s'agit de réunions ayant lieu dans des locaux clos et couverts et non pas de réunions tenues sur la place ou sur les voies publiques, celles-ci étant régies même en Roumanie par les lois de simple police (66) (cf. *Art. 26 de la Constitution roumaine*).

---

(65) En ce sens, *I. N. Roman*, ouv. cité, p. 33.

(66) En France la loi du 6 juin 1868 consacre le droit de réunion sans autorisation préalable, pourvu que l'objet sur lequel il s'agit de délibérer n'ait aucun caractère religieux ni politique.

La matière si élastique de l'économie sociale n'a point été comprise dans la prohibition, et ce fut là une des rares victoires obtenues dans le débat par des orateurs de l'opposition. Ainsi les questions de salaires ou autres intéressant l'industrie purent être débattues dans des réunions d'ouvriers ou de patrons, comme toute question non politique, et sans que ces réunions fussent assujetties à aucune autorisation préalable. Néanmoins, bien que l'autorisation ne soit plus nécessaire, une déclaration préalable doit d'abord être faite à l'autorité avant la tenue de toute réunion. Cette déclaration doit être signée

Et si l'on prend en considération qu'avant la loi de 1881 les réunions étaient assujetties en France à un régime moins libéral que celui appliqué dans la Dobrogea, on se convainc aisément que le législateur de 1880 n'a pas été un ennemi du droit de réunion.

----

par sept citoyens et par eux remise au préfet ou au sous-préfet de l'arrondissement et, à Paris, au préfet de police. Récépissé est délivré de la déclaration, et ce n'est qu'après le laps de trois jours à partir de la déclaration que la réunion peut avoir lieu. La déclaration doit énoncer l'objet de la réunion et le local où elle doit être tenue. La loi exige que ce local soit « *clos et couvert* ». On a demandé si c'était dans l'intérêt de la santé des citoyens et pour les préserver des rhumes de cerveau que la loi prenait ces précautions. Il est aisé de comprendre qu'il ne s'agissait que de prévenir les effervescences que pourraient produire des réunions sur la place ou sur la voie publique.

Les réunions ne peuvent se prolonger au delà de l'heure fixée pour la fermeture des lieux publics.

L'autorité peut déléguer un fonctionnaire public de l'ordre administratif ou judiciaire pour y assister, en réprimer les écarts et même les dissoudre dans deux cas : 1° si le bureau, quoique averti, laisse la discussion s'égarer en dehors de l'objet déterminé ou du programme de la réunion ; 2° si l'assemblée devient tumultueuse.

D'après l'article 9 de la loi, tout membre du bureau ou de l'assemblée qui n'obéit pas à la réquisition faite à la réunion par le représentant de l'autorité, d'avoir à se disperser, est puni d'une amende de 100 fr. à 3,000 fr. et d'un emprisonnement de six jours à six mois.

L'article 463 du Code pénal, relatif aux circonstances atténuantes est, au reste, applicable à cette catégorie de délits.

L'article 8 de la loi dispense de l'autorisation du gouvernement et permet, moyennant la simple formalité de la déclaration préalable et sous les autres conditions qui viennent d'être énumérées, *les réunions électorales*.

Ces réunions peuvent avoir lieu à partir de la convocation des électeurs. Toutefois, elles sont absolument interdites durant les cinq derniers jours qui précèdent immédiatement l'élection.

Après avoir affirmé, en principe, le droit de réunion et après avoir accumulé des difficultés pour en entraver l'exercice, le législateur de 1868 a imaginé un moyen pour rendre, dans la pratique, le droit de réunion tout à fait illusoire. D'après la loi, le préfet peut, sous sa seule responsabilité ajourner temporairement et le ministre interdire définitivement une réunion de citoyens, même une réunion électorale. Le préfet et le ministre ne devront, il est vrai,

II. — *Analyse critique du régime d'exception quant aux anomalies
relatives aux droits de cité.*

Le plus étrange anachronisme du régime d'exception dobrogiote est la « *capitis diminutio* » subie par les Roumains
qui s'établissent dans la province transdanubienne.

Tous les auteurs sont d'accord quand il s'agit de constater
le rôle important que les Roumains ont à accomplir dans la
province (67).

Toutefois, par une inexplicable conception du législateur
de 1880, ils sont condamnés à une sorte de dégradation civique
dès qu'ils passent sans esprit de retour le pont sur le Danube.

Ils étaient des « *cives optimo jure* », ils sont dorénavant
des « *cives minuto jure* ».

Ils avaient auparavant le droit de participer, dans le pays,
aux élections législatives, aux élections des membres des
Conseils départementaux et aux élections municipales.

Une fois établis dans la Dobrogea, ils ne prendront plus
part aux élections législatives de Roumanie s'ils n'ont pas des

---

ajourner ou interdire la réunion que si elle leur paraît « *de nature à troubler
l'ordre* »; mais ce sont eux qui examineront la question et qui la jugeront,
le ministre, du moins, sans recours, sans appel, souverainement. Le pouvoir
du préfet ne va pas au delà de la faculté d'ajourner simplement la réunion ;
mais cette faculté d'ajournement n'est pas moins une arme redoutable aux
mains de l'autorité locale ; l'utilité d'une réunion publique peut souvent dépen-
dre, en effet, d'une simple question de temps et d'opportunité.

*En réalité, la loi de 1868 attribue au pouvoir exécutif la faculté de
retirer le droit qu'elle concède.*

La loi du 30 juin 1881 sur la liberté de réunion, qui a abrogé la loi de
1868 est un peu plus libérale, mais sans différences notables, quoique l'art. 9
de cette dernière loi dispose que « le droit de dissolution ne devra être exercé
par le représentant de l'autorité que s'il en est requis par le bureau ou s'il se
produit des collisions et voies de fait ».

(67) Voir surtout le livre de M. Vladesco Olt « *Improprietaririlę din
Dobrogea* », Bucarest, 1905.

terres ou autres propriétés dans un des départements du pays et s'ils n'ont pas eu soin de se faire inscrire parmi les électeurs de ce département-là.

Ils n'ont pas le droit de vote aux élections municipales, même s'ils sont titrés, s'ils ne réunissent, quant au cens, les conditions exigées par la loi de 1880 (68).

Ils n'ont pas non plus le droit de vote aux élections déparmentales s'ils n'ont pas la chance d'être maires ou portiers (69) — c'est-à-dire fonctionnaires publics — dans une commune quelconque !!

Et comble des combles, ils ne peuvent s'établir dans la Dobrogea qu'en vertu d'une autorisation spéciale qui peut leur être refusée (70).

L'on dit généralement : « les lois d'exception ne visent que les étrangers de la province ». On pourrait même dire qu'elles ne visent que *certains étrangers*, puisqu'on s'est méfié surtout des Bulgares, des Russes, des Juifs.

Il se peut bien ! Mais ce n'est pas une raison pour que les Roumains supportent les quelques rigueurs des lois en question.

C'est une amère ironie de leur répéter sans cesse que le pays exige d'eux des sacrifices de ce genre comme preuves de patriotisme. Les Roumains qui ont quitté le pays pour s'établir dans la Dobrogea aiment la patrie, et ils ne regretteraient pas les sacrifices qu'on exige d'eux si ces sacrifices pouvaient

---

(68) Tribunal de Constantza ; cf. le journal « Dreptul » (Le Droit), année 1895, page 396 : « La loi du 15 juin 1886 — loi sur l'élection des conseils communaux — qui prévoit des dispenses quant au cens, n'est pas applicable dans la Dobrogea, même aux citoyens roumains qui s'en vont dans la province pour s'y établir soit provisoirement, soit définitivement ».

(69) Cf. I.-N. Roman, p. 115.

(70) Cf. I.-N. Roman, p. 115 et s.

servir vraiment la cause du Roumanisme. S'ils commencent à douter qu'il en soit ainsi, à qui la faute?

Ils ont fait preuve jusqu'à présent d'une inlassable patience, mais comme tout a une limite, il n'est pas étonnant qu'ils aient assez aujourd'hui des promesses sous lesquelles ils étouffent depuis vingt-sept ans !

Exigent-ils l'impossible? Nous ne le croyons guère. Ils désirent que le Gouvernement s'intéresse un peu plus à leur sort et un peu moins aux querelles de parti ou aux luttes électorales ;

Ils conseillent aux hommes d'Etat — sans distinction de parti — de continuer l'œuvre commencée par ceux qui délaissent le pouvoir ;

Ils demandent que l'on choisisse de préférence les opinions de ceux qui ont prouvé leur amour sincère pour la province — en traitant avec compétence les questions qui les concernent — lorsqu'il s'agira de résoudre les problèmes juridico-sociaux dobrogiotes.

Et de ces problèmes il n'en manque pas, et encore de ceux-là qui doivent être résolus le plus tôt possible, car la condition créée aux habitants de la province transdanubienne par les lois d'exception n'est pas des meilleures.

Cela ne peut étonner personne, puisque le régime d'exception — les paroles de Kogalniceanu en font foi — ne devait être que provisoire.

Ceci dit, il est de notre devoir de relever que parmi les Dobrogiotes aborigènes, il y en a certains qui depuis quelque temps dénoncent aux Roumains du pays avec trop de vivacité « le régime néfaste ».

On ne peut pas les blâmer puisqu'ils sont de bonne foi et puisqu'ils sont les premiers à souffrir à cause « du sucre qu'on casse sur leur dos depuis vingt-sept ans »,

Est-ce à dire qu'il faut prendre en considération tout ce qu'ils avancent?

Non! car, de même que dans les doléances d'un malade, énervé par une convalescence trop longue, il y a de l'exagération dans leurs plaintes.

Ainsi, M. C. Benderli, dans une brochure (parue en 1903 à Bucarest) intitulée « *Un Dobrogiote aborigène sur la Dobrogea* » fait une comparaison entre le régime appliqué aux étrangers en Turquie et celui qu'on leur applique en Roumanie, et il force la note en faveur des Ottomans.

Nous ne partageons pas la manière de voir de M. Benderli (71). Ceux qui ont étudié à fond les mœurs des Ottomans, leurs façons de procéder, nous donneront peut-être raison.

----

(71) M. C. Benderli, pour lequel nous avons une grande estime, car c'est un vaillant dans toute l'acception du mot, est revenu d'ailleurs un peu de ses idées premières. Pour s'en convaincre, cf. les articles récents écrits dans la question dobrogiote et l'interview avec l'éminent défenseur des droits des habitants de la province, publié par la « Revista poporului » (Revue du peuple) dans son numéro du mois de novembre 1906.

Sur la fameuse égalité, dont parle avec tant de désinvolture M. Benderli, voilà quelques spécimens : Le chrétien n'étant nullement encore l'égal du musulman, il faut qu'il endure bien des choses que ce dernier ne souffre pas le moins du monde. Ainsi, on est souvent étonné des sottises dont un Turc ose occabler un raja, quoiqu'il soit seul en sa compagnie, tandis que les chrétiens, à l'exception des Albanais catholiques, ne se permettent guère de riposter sur le même ton. Ensuite, quelques coups de badine ou de fouet donnés par un musulman ne sont pas comptés pour lui, car si on se plaint au cadi, le Turc saurait trouver assez d'excuses valables pour sa peccadille.

Nous avons eu (Cf. *Ami Boué*, ouv. cité, t. II, p. 435) dans notre voyage un exemple complet de ce manque d'impartialité de la justice turque. A notre passage à Trn, le pope s'étant montré extraordinairement indiscret et ennuyeux à notre égard, nous nous en plaignîmes à notre Tatare, qui, au lieu de se contenter de le réprimander de sa curiosité, lui appliqua quelques coups de fouet. Deux mois après, passant à Trn, le malencontreux pope et maître de poste tout à la fois était devant sa maison à notre arrivée et nous salua ; mais le Tatare ne lui répondit que par une seconde dose de coups de fouet, l'accablant des termes honteux de *Pesevenk*, de *Kerata*, de *Kiopek*, etc. Les

Toutefois, puisqu'il y a des leçons profitables à retirer de l'étude (72) de M. Benderli, nous nous faisons un devoir de citer les passages suivants : « L'égalité entre les citoyens ottomans, musulmans et chrétiens était et est encore absolue dans l'Empire ottoman.

« Là-bas il n'y a pas de Constitution, ou, pour mieux dire, elle n'a pas été appliquée. Ceux qui connaissent le système de gouvernement turc savent que dans l'Empire des Califes l'autorité est exercée d'une manière absolue, mais en même temps patriarcale.

----

musulmans présents à cette scène étaient eux-mêmes révoltés, d'autant plus que le pope était des leurs. Ils ne pouvaient s'expliquer cette brutalité qu'en s'écriant que le Tatare était fou (*deli*), ce qui n'était qu'une bien mince satisfaction pour le pauvre battu.

Tant que les rajas ne seront pas délivrés de ces humiliations, il y aura en Turquie des *Haïdoukes* ou des mécontents dans les montagnes ou les forêts, et les chrétiens tâcheront autant que possible de placer leurs habitations hors des routes et dans les lieux écartés où ils sont sûrs qu'aucun Turc ne viendra, d'abord parce qu'ils n'ont pas le goût de voyager pour leur plaisir, et secondement parce qu'ils savent pouvoir y rencontrer des individus qui se font aussi peu scrupule de tuer un Turc que les Ottomans se le font du meurtre d'un chrétien. (Cf. *Ami Boué*, ouv. cité, Paris 1840, t. II, p. 436).

Le viol entre Turcs est un des plus grands crimes en Turquie, il est puni de la potence. Il n'en est pas de même du viol d'une fille chrétienne par un Turc. On le défend bien, mais on ne le punit que légèrement et surtout par des amendes (Cf. le même auteur, t. II, p. 471).

Toutes sévères et paternelles que soient les paroles des sultans, les vices sont trop invétérés, tout le mécanisme de l'administration turque en est trop pénétré pour qu'on puisse croire le mal extirpé par des ordonnances, comme nous avons eu occasion de nous en convaincre par nous-même. Aucun marché n'est conclu, aucun entremetteur employé sans pourboire ou *Bakschisch*. Une foule de gens ne vivent que de cette sorte de gain. Comme les satrapes d'Asie, le Sultan attend encore des présents lorsqu'il confère l'investiture de quelque dignité, et même de pareils pourboires sont stipulés d'avance dans des traités (*ibid.* vol. III, p. 225).

(72) L'étude de M. Benderli a été publiée en Roumain sous le titre : « *Un Dobrogean de baştină despre Dobrogea* ».

« Non seulement les Turcs sont admis à toutes les fonctions ou dignités de l'Empire, mais les chrétiens aussi —
sujets du Sultan, descendants des anciennes familles byzan-
tines — jouissent sans distinction aucune des mêmes droits,
des mêmes prérogatives.

« Les chrétiens, après le démembrement de l'Empire
d'Orient et la prise de Constantinople par les Ottomans, ont
participé bien souvent à la distribution des faveurs.

« La plus haute dignité, celle de Grand Vizir, — et ce
n'est pas peu dire, — a été occupée par des non musulmans.

« L'ex Grand Vizir Karathéodory-Pacha est grec originaire
de Constantinople. Et combien de chrétiens ont été admis en
Turquie à des emplois très importants ?

« Combien ont été, sont et seront Ministres, Ambassadeurs ? Combien, après avoir occupé diverses fonctions en
Turquie, ont été envoyés jadis par la Porte en Roumanie et en
Moldavie comme Hospodars (princes régnants) et se sont établis ensuite dans le Pays ?

Mais tous les Mavrocordatos, Ghica, Soutzo, Mavrogheni,
Morouzi et autres, qu'ont-ils été, sinon des byzantins qui
avaient occupé dans l'Empire ottoman les plus hautes dignités ?

« Les familles Musurus-pacha, Karathéodory-pacha, Aleco
Vogoridi-pacha, Photiadi-pacha, — au service de la Sublime-
Porte — bien d'autres encore, dont le nom nous échappe et
qui ont fourni aux Ottomans des vizirs, des ambassadeurs,
des hauts dignitaires, qu'ont-ils été, sinon des byzantins autochtones ? Agop-pacha, l'ex-ministre de la liste civile du sultan,
n'était-il pas Arménien ? Et il faut tenir compte que les Arméniens sont persécutés dans l'empire ottoman !

« *Ainsi donc, en Turquie,* Etat qui n'est pas trop désireux
de s'approprier la civilisation occidentale, et qui n'a jamais eu

recours aux principes libéraux, Etat où le caprice du sultan et le fanatisme religieux priment tout autre droit, *les aborigènes ayant une autre croyance que le calife sont admis par celui-ci aux dignités*, c'est-à-dire sont mis sur pied d'égalité avec les musulmans.

« Tandis que nous, qui faisons aujourd'hui partie d'un pays civilisé, non seulement nous ne sommes pas les égaux de nos co-nationaux, mais, qui plus est, nous sommes vis-à-vis de ceux-ci dans un état d'infériorité inconnue sous le régime turc par nos parents !! (73).

---

(73) Oui, il est hors de doute que dans l'empire ottoman ceux qui n'ont pas de scrupules, en premier lieu, les byzantins intrigants, ont su être des arrivistes dans toute l'acception du mot. L'on s'abuserait pourtant si l'on croyait que cela est une conséquence de la tolérance des Musulmans !

Non ! mille fois non ! c'est plutôt le résultat de l'indifférence, de l'imprévoyance, parfois de la cupidité des hauts dignitaires.

Dans un pays où la plupart du temps les emplois s'achètent (tout comme au Maroc), *où par corruption et par fraude l'on arrive à tenir le gouvernail de l'Etat, où depuis des siècles le backchiche* (pourboire) *est maître et Dieu, il serait au moins tout aussi étrange de s'étonner que les Grecs, de Phanar surtout, ont su se créer des situations prépondérantes, qu'il serait malaisé de faire grand cas de la tolérance des hauts dignitaires ou de l'égalité dont jouissent les sujets !*

La Roumanie, d'ailleurs, n'a pas à envier à la Turquie, ou aux peuples occidentaux mêmes, bien des choses. Chez nous, le socialisme effréné et l'anarchisme odieux ne sévissent pas ; la tyrannie des autocrates et la guillotine des révolutionnaires sont également inconnues ; les persécutions religieuses n'existent que dans l'imagination des détracteurs des Roumains (cf. Edgar Quinet, ouv. cité, p. 136 et suiv.) ; de la délation dans l'armée ainsi que des pronunciamento militaires le sort nous a préservés jusqu'à présent ; l'administration roumaine même, qui n'est pas des meilleures, certes, n'a jamais commis des vols se chiffrant par des millions ou des abus pareils à ceux que commettent journellement les administrations : russe, turque, voire même l'administration des colonies allemandes, françaises ou anglaises. — Et quand la question agraire sera résolue équitablement afin de relever le paysan de son état d'infériorité par rapport aux autres classes sociales de Roumanie, alors on pourra dire, sans crainte d'être démenti, que parmi les peuples les plus heureux du monde, tient une large place le peuple roumain.

Et M. Benderli s'occupant d'autres questions fait les remarques suivantes :

« Est-ce qu'on s'est demandé, dit-il, quelle est la situation politique du Roumain de Dobrogea qui est domicilié en Roumanie ?

« Jouit-il dans le Pays de tous les droits accordés aux nationaux ? (74) — Est-il Roumain, c'est-à-dire lui permet-on de participer aux élections dans la localité où il a élu domicile, après avoir passé le Danube ? S'il jouit de ces droits, quelle est la loi qui les lui confère ?

---

(74) *Non. Le Roumain de Dobrogea ne jouit pas en Roumanie de tous les droits accordés aux nationaux.* Les arrêts de la Haute-Cour sont formels et il est étonnant que M. Benderli ait des doutes sur ce point.

« Les citoyens dobrogiotes » n'ayant pas le droit d'être représentés au Parlement, n'ont pas non plus le droit de participer à l'élection des membres du Parlement, et cette restriction à l'exercice des droits politiques, étant de statut personnel, suit les Dobrogiotes dans le royaume de Roumanie ; par conséquent, le changement de domicile d'un citoyen dobrogiote et son établissement en Roumanie ne peuvent lui conférer dans le Pays la plénitude des droits politiques. »

(Cour de cassation, IIe section, 4/92. — Bullet. de la Cour, p. 284).

« Du moment qu'il n'y a pas encore une loi pour déterminer les conditions suivant lesquelles les habitants de Dobrogea ont à exercer les droits politiques en Roumanie, il résulte que les Dobrogiotes ne peuvent jouir de ces droits que dans la Dobrogea et suivant les conditions prescrites par la loi organique de la province. »

(Cour de cass., N° 33/99, IIe section E. — Bullet. de la Cour, p. 544).

Autre arrêt :

« Les citoyens dobrogiotes n'ayant pas le droit d'avoir des représentants au Parlement, par conséquent n'ayant pas le droit non plus de participer aux élections des membres du Parlement, — et cette restriction apportée à l'exercice de leurs droits politiques étant de statut personnel suit les Dobrogiotes même en Roumanie, — *le changement de domicile et leur établissement en Roumanie ne leur confèrent pas la plénitude des droits politiques, parce qu'ils sont citoyens roumains suivant les conditions prescrites par la loi organique de la Dobrogea ».*

(Art. 4 de la loi de 1880 ; C. de cassation, N° 113/99, IIe section E. — Bulletin de la Cour, p. 559).

« Perd-il la qualité de Roumain, une fois qu'il met le pied sur la rive gauche du Danube, et devenant ainsi un heimatlos, peut-il demander la naturalisation ? Comment et à quelles conditions ? Quelle est la loi qui résout cette question ?

« Le Dobrogiote peut-il obtenir l'indigénat dans le Pays, à l'instar des Roumains de Transylvanie ou de Macédoine ? Sur quel texte de loi doit-il s'appuyer dans ce cas ?

« Car nous sommes dans le doute ! Nous ne sommes pas des étrangers, par conséquent nous ne pouvons pas demander à être naturalisés. Que sommes-nous donc, nous qui assumons toutes les charges des nationaux sans jouir des droits accordés au premier venu ? »

M. I. N. Roman, en commentant ces passages, ajoute : « Il est difficile de répondre à ces questions puisque la jurisprudence de la Haute-Cour est incertaine ».

La jurisprudence de la Haute-Cour n'est pas si incertaine que cela, avons-nous vu, et c'est justement pourquoi la situation créée aux Dobrogiotes par le régime d'exception apparaît sous un aspect plutôt sombre lorsqu'on l'envisage au point de vue des droits des membres de la même famille :

« Les filles des Dobrogiotes, mariées aux Roumains (de Roumanie), suivent la nationalité de leurs époux.

« Leurs enfants sont donc Roumains et jouissent comme tels de tous les droits accordés par les lois du Pays.

« Mais nos enfants à nous, Roumains de Dobrogea — enfants issus d'un mariage avec une Roumaine de Roumanie — que sont-ils ? que deviennent-ils ?

« Cette différence entre nos sœurs et nous ; la faveur accordée à leurs enfants par rapport à nos enfants, sont-elles équitables ? » (75).

----

(75) Constantin D. Benderli, ouv. cité, p. 17 et suiv.

Evidemment non. Mais, en fait, on peut très facilement remédier à cet état de choses, car le Parlement, sans se faire trop prier, effacera d'un trait de plume cette anomalie étrange (76). Le Parlement roumain, grâce à Dieu, a accueilli toujours avec faveur les demandes des Roumains de partout.

(76) Il y a certaines anomalies dans le régime appliqué aux Dobrogiotes que nous analyserons quand nous nous occuperons des lois postérieures à la loi de 1880.

Pour les tribunaux, voyez la loi de 1886 ;

Pour tout ce qui concerne l'ordre des avocats, cf. la loi de 1886 ;

Pour les difficultés auxquelles a donné lieu la réglementation de la propriété immobilière, voyez les lois de 1882 et de 1889.

SECTION III

Exposé et analyse raisonnée des lois postérieures à la proclamation de la Royauté

—

§ 1. — La loi de 1882 (1)

> Depuis quarante ans nous nous leurrons les uns
> les autres sans vouloir nous rendre compte
> que le paysan gémit : exploité par les fermiers
> peu scrupuleux (2) — la plupart Juifs et Grecs ;
> — abandonné par les politiciens qui se désin-
> téressent de ceux dont le vote ne leur est pas
> indispensable ; fauché par les maladies, surtout
> par la pellagre — cette honte sociale — dont
> les progrès inquiétants en Roumanie ont été
> maintes fois signalés (3) ; méprisé par une
> grande partie des classes dirigeantes qui
> devraient enfin comprendre que ni les inces-
> santes flatteries prodiguées à la Dynastie, ni
> la satisfaction de leurs intérêts immédiats et
> de leurs ambitions égoïstes ne sauraient remé-
> dier à cet état de choses devenu intolérable.
>
> (Buzeu, le 25 août 1906. GEORGES ANGELESCO).

Puisque l'humanité trouve dans la propriété le moyen de
remplir sa destination (4), car l'esprit de propriété double la

———

(1) Cette loi a été sanctionnée le 31 mars 1882 et promulguée le 3 avril
1882. Elle a été modifiée par la loi du 7 mars 1884, par la loi de 1885, par la
loi du 11 juin 1889 et par la loi du 20 mai 1893 (cf. p' plus de détails, liv. III,
chap. III, Iʳᵉ section).

(2) V. Kogalniceanu, « *La question agraire en Roumanie* », étude sociale
publiée dans le Courrier Européen, octobre 1906, *La Démocratie rurale*, dans
la Revue Idéaliste (Revista Idealistà), paraissant sous la direction de M. M.
G. Holban, numéro de janvier 1906.

(3) Dʳ Marinesco, diverses études publiées dans les journaux de médecine
de Bucarest ; Dʳ Nicolas Lupu, « *L'alimentation du paysan* » (Alimentatia
teranului), étude d'hygiène sociale publiée dans la Revue « Viata Romaneasca », avril 1906, Iassy.

(4) *Locke*, le philosophe qui introduisit entre la liberté, propriété invisi-

force de l'homme (5), puisque de l'exercice des facultés de l'homme, première propriété incontestable et origine de toutes les autres, il naît une seconde propriété, qui a le travail pour origine et que la société consacre dans l'intérêt universel (6), il ressort clairement que la réglementation du droit de propriété est d'une importance capitale pour les individus, pour les sociétés humaines, pour les nations, pour l'humanité tout entière (7).

Le droit de propriété met aux prises les intérêts des différentes classes sociales, aussi il a été atttaqué avec véhémence (8).

D'une part, l'institution de la propriété « se transformant et se modifiant sur une échelle de plus en plus variable et mo-

---

ble, et la propriété — liberté faite visible, suivant l'expression d'Alfred Fouillée — le moyen terme du travail.

Janet, dans l' « *Histoire de la Science politique* » fait remarquer que « la doctrine d'un droit de propriété antérieur et *supérieur* à la volonté souveraine de l'Etat est une doctrine révolutionnaire toute moderne qui date historiquement des trois révolutions : anglaise, américaine et française et qui, théoriquement, se rencontra pour la première fois dans Locke et les économistes français ».

(5) Voltaire.

(6) Thiers, « Plaidoyer sur la propriété »; cf. Ihering, qui dit que « la propriété n'est que la périphérie de ma personne étendue aux choses » (*Kampf um's Recht*, p. 46, trad. Meulenaere).

(7) Sur les controverses relatives au droit de propriété, et sur l'Evolution historique de la propriété, voir Planiol, t. I, 3ᵉ éd., p. 740-745.

(8) P. J. Proudhon « *La propriété c'est le vol* ». Cette phrase paradoxale, qui a révolutionné le monde des penseurs et surtout le monde des prolétaires et qui a été comme un coup de tocsin invitant tous ceux qui peinent et souffrent à briser les chaînes de l'esclavage moderne, est insoutenable en tant qu'elle s'attaque au capital, sans vouloir tenir compte que le capital féconde le travail et surtout que le capital est du travail.

La paternité du dicton appartient d'ailleurs à Brissot (1778) (cf. Recherches philosophiques sur la propriété et le vol, d'après Paul Janet; Histoire de la science politique, 3ᵉ éd., t. II, p. 663).

Les mémoires de P. J. Proudhon ont été magistralement analysés et com-

bile » (9), les contradictions et les faiblesses de ceux qui prétendent asseoir *a priori* le droit de propriété ressortent et peuvent être dénoncées facilement, d'autre part, dans la course affolante vers un idéal de justice, c'est-à-dire d'équitable partage des biens, on perd parfois de vue la notion du *fas* et du *nefas* envers les droits du prochain.

Sur le passage des « *Sauveurs* », désireux qu'un changement se produise dans la répartition du *Bonheur* (10), les classes aisées, contentes de l'état de choses existant, multiplient les obstacles sans s'inquiéter d'apprendre s'*Ils* sont de bonne foi comme la plupart des écrivains, ou de mauvaise foi comme « les politiques habiles s'autorisant de leur prétendue mission

---

battus par beaucoup d'écrivains illustres (sans beaucoup de succès par Michelet).

Le jugement très curieux que porte Sainte-Beuve sur le second Mémoire de P. J. Proudhon, mérite d'être signalé :

« ... Mais lorsqu'il prétend avoir par devers lui, en matière sociale, une méthode d'investigation et de probation infaillible et que les autres n'ont pas ; lorsqu'il se flatte d'avoir trouvé pour tout ce qui concerne la propriété et la justice une *formule* qui rend raison de toutes les variétés législatives et qui donne la clef de tous les problèmes, il s'abuse... »

Cf. encore le livre de Thiers, « *De la propriété* », que l'illustre homme d'Etat écrivit dans le but de combattre les théories socialistes et communistes qui se produisirent après la Révolution de 1848.

(9) Sainte-Beuve.

(10) Stuart-Mill, « Le désintéressement ne se justifie que parce qu'on peut montrer qu'en somme il y aura plus de *bonheur* dans le monde si l'on y cultive les sentiments qui, dans certaines occasions, font négliger aux hommes le bonheur »... « Je suis d'une indifférence absolue sur les rapports (sur les rapports nécessaires qui dérivent de la nature des choses) ; les plaisirs et les peines, voilà ce qui m'intéresse... Pesez les peines, pesez les plaisirs, et selon que les bassins de la balance inclineront de l'un ou de l'autre côté, la question du tort et du droit devra être décidée ».

[*Stuart Mill*, Mes Mémoires, trad. Cazelles, 1874 ; dissertations and discussions political, philosophical, and historical, 2ᵉ édit., 1875 ; Utilitarianism, 1875, 5ᵉ édit.].

providentielle pour cacher des projets tout humains (11) »,
conscients et pratiques comme certains hommes d'Etat restés
fidèles aux principes démocratiques, ou inconscients et dangereux comme bien des prolétaires qui trempent dans l'anarchisme mal compris.

L'édifice social, tel qu'il est aujourd'hui, ressemble à ces châteaux du moyen âge où la puissance des uns coudoyant l'insouciance des autres festoyait sans souci de ceux qui s'agitaient dans les oubliettes.

Aussi, il n'y a rien d'extraordinaire à ce que ceux privés de leur part de lumière et de vie essaient d'ébranler coûte que coûte les fondements de l'édifice odieux qui les écrase.

En Roumanie où la lutte pour la vie n'a pas atteint le même degré d'acuité qu'à l'étranger, parce que le sol est tellement fertile qu'il pourrait facilement nourrir une population deux fois plus dense que celle d'aujourd'hui, il y a pourtant toute une classe sociale — les paysans — dont l'état précaire est d'autant plus pénible à constater qu'il ne se justifie que par l'imprévoyance coupable des classes dirigeantes.

Dans la Dobroudja, la situation du paysan roumain diffère-t-elle beaucoup de celle qui lui a été créée dans la mère-patrie.

Non ! (12) Car si la grande majorité des laboureurs dobrogiotes a des terres et jouit d'un bien-être qui dépasse de

------

(11) Cf. Alfred Fouillée, *L'idée moderne du Droit en Allemagne, en Angleterre et en France*, p. 62, Paris, Hachette, 1878.

(12) En sens contraire, tous les partisans du régime d'exception qui font un grand abus des arguments suivants : « Pourquoi changer l'état de choses existant dans la Dobrogea, puisque les résultats sont bons ? Examinez attentivement le paysan dobrogiote et comparez-le ensuite avec les paysans de Roumanie. Autant celui-ci est ménager et riche, autant ceux-là sont pauvres et malheureux ! » Ces arguments ne portent pas. Cf. pour s'en convaincre

beaucoup celui des campagnards du pays, en revanche presque tous les paysans miséreux sont infailliblement des Roumains (surtout dans le district de Toultcha).

Nous avons vu comment les trop patriotes (!) ingénieurs, Masalski, Rawitsch, Laufer, etc. (voir livre II, chap. II, deuxième section, § 1 *in fine*), chargés par le gouvernement roumain de parceller les domaines de l'Etat, ont exclu les paysans roumains d'un partage, dont, plus que tous autres habitants, ils avaient le droit de bénéficier.

Aussi nous pouvons affirmer, sans exagération aucune et sans crainte d'être démenti, que cette malheureuse « question dobrogiote », depuis vingt ans au moins, aurait été résolue si l'on n'avait pas commis la faute grossière de charger avec le parcellarisme de la propriété territoriale des ingénieurs indélicats, qui, probablement pour prouver leur reconnaissance envers le pays hospitalier où ils gagnaient largement leur vie, n'ont rien trouvé de mieux à faire que de favoriser l'élément étranger de la province aux dépens du peuple qui avait la domination politique.

Si l'on avait eu en vue dès le commencement une idée directrice équitable quant au partage des domaines de Dobrogea, on aurait évité les innombrables fautes auxquelles a donné lieu le si peu patriotique parcellement mentionné.

Et les moins consciencieux préfets dobrogiotes ou hommes politiques roumains n'auraient pas conçu l'idée d'inventer le péril bulgare, slave, voire même transylvain (!) (« *mocanesc* »), ou tout au moins n'auraient pas prêté une oreille attentive à ces inventions de mauvais goût.

Car, il faut bien l'avouer, aussi étrange que cela puisse

---

la réfutation magistrale des arguments cités faite par M. C. D. Pariano, ex-préfet de Constantza, ouvr. cité, p. 51 et suiv.

paraître, il s'est trouvé des Préfets pour inventer un péril transylvain (« pericol mocanesc ») dans la Dobrogea !

Ces préfets-là, « faute de grives, n'ont pas dédaigné de manger des merles » (13).

Dans le département de Constantza, faute de Bulgares assez riches, que les agents administratifs auraient eu soin de pressurer et qui auraient volontiers payé afin de ne pas être chicanés, *on s'est rabattu sur les Transylvains, c'est-à-dire sur le plus admirable élément national et colonisateur de la province.*

Qui ne se rappelle les poursuites menées pendant quelque temps contre les opulents « Mocanii » (Transylvains) établis dans les plaines du district de Constantza avec de nombreux troupeaux et de considérables richesses ?

Et comme si cela n'était pas suffisant, on a prétexté même que l'abolition du régime d'exception se heurtait à un obstacle de premier ordre pour ce fait que : les habitants roumains de Dobrogea, venus de Bessarabie, de Banat, de Transylvanie et des autres contrées subjuguées, n'avaient pas fait régulariser leurs droits de cité roumains, car, ou bien ils n'avaient pas demandé aux Chambres de leur reconnaître la qualité de Roumains, ou bien le Parlement avait négligé de faire droit à leur demande.

M. Démètre Sturdza, président du Conseil des Ministres (1903), au Sénat, lors de la discussion de la loi communale de M. Lascâr, a invoqué ce motif pour couper court à l'interpellation de M. le Général Manu, qui s'étonnait que le

---

(13) Cf. sur les agissements inqualifiables de l'administration dobrogiote : *I. N. Roman,* ouv. cité, p. 60 ; *C. D. Pariano,* ouv. cité, p. 53-55, et surtout les pages 68, 69, 70.

gouvernement, après vingt-cinq ans d'annexion, tint encore les Dobrogiotes sous l'oppression des lois exceptionnelles.

Le motif était illusoire, car M. Démètre Sturdza commettait une erreur en s'imaginant que les « Mocanii » de Dobrogea avaient besoin de se faire préalablement reconnaître par les Assemblées législatives leurs droits de cité roumains pour avoir, conformément aux lois d'exception, l'exercice de ces droits dans la province transdanubienne (14).

Une telle erreur de la part d'un homme politique éminent comme M. Dem. Sturdza (15), dans une question nationale, serait inexcusable si l'on ne tenait pas compte que les anomalies du régime d'exception — dont il est assez difficile de saisir le sens — donnent lieu à des difficultés inextricables que les plus compétents jurisconsultes et hommes d'Etat roumains ont quelque peine à résoudre.

En effet, *par la loi du 9 mars 1880*, on a créé une catégorie de citoyens — ce fut la première — dont firent partie tous les citoyens ottomans qui se trouvaient dans la Dobrogea le 11 avril 1877.

---

(14) Cf. *I. N. Roman*, ouv. cité, p. 70 et suiv.

(15) Nous aurions évité de relever l'erreur de M. Démètre Stourdza — qui depuis 50 ans est au service de l'Etat roumain et qui a présidé maintes fois aux destinées du peuple roumain — si d'autres personnes plus autorisées ne l'avaient fait déjà. D'ailleurs, dans une autre question importante, concernant le droit public roumain, M. Démètre Stourdza a commis une erreur capitale. Lire pour s'en convaincre l'analyse critique de l'ouvrage récent de M. Sturdza (Le pouvoir exécutif selon la Constitution roumaine) — « Puterea executiva in Constitutiunea Românjei »,— parue dans la Revue de Iassy, « Viata Românească (La Vie roumaine), avril 1906, p. 334 et suiv.; Cf. aussi le livre de M. Em. Culoglu, « Puterea Regală » (Le pouvoir royal), Bucarest, 1906, écrit pour combattre les théories de M. Dem. Stourdza, théories qui n'ont aucun fondement dans un pays comme le nôtre où la Constitution, copiée d'après la Constitution belge diffère dans ses grandes lignes de la Constitution du royaume de Prusse (constitution octroyée).

Ces habitants de la province sont devenus, grâce à l'annexion, citoyens roumains (il serait plus exact de dire : citoyens roumains dobrogiotes).

Deux ans plus tard, quand la question de la propriété immobilière rurale a été résolue, *le législateur*, afin d'avoir à sa disposition des Roumains dobrogiotes ayant le droit d'être nommés dans l'administration de la province, *s'est vu dans la nécessité de créer deux autres catégories de citoyens :*

1° *Celle des Roumains immigrés* qui se trouvaient dans les conditions prévues par l'art. 9 de la Constitution roumaine et qui n'avaient besoin pour pouvoir exercer les droits politiques dans le Pays que de se faire reconnaître par le Parlement leur qualité de Roumains, et

2° *Celle des laboureurs, d'origine étrangère*, qui étaient établis dans la province le 3 avril 1882, quand la loi rurale dobrogiote a été promulguée (16).

Actuellement, il y a donc dans la Dobrogea quatre catégories de citoyens roumains :

1° *Les Roumains du Pays* (de Roumanie), venus dans la Dobrogea et qui conservent, bien entendu, leur qualité de citoyens roumains ;

2° *Les Raïas* (ou « *rajah* »), c'est-à-dire les sujets ottomans, sans distinction de nationalité qui se trouvaient dans la Dobrogea le 11 avril 1877, et qui par l'annexion sont devenus,

---

(16) Cf. I. N. Roman, ouv. cité, p. 71 et suiv. « La nécessité de créer ces deux catégories de citoyens dobrogiotes s'explique aisément : sans elles la province n'aurait pas pu être administrée. Car comment on aurait élu les conseillers communaux dans les communes habitées exclusivement par des Transylvains ou par des Allemands ? Qui auraient été électeurs ? qui élus ? A qui aurait-on vendu les domaines de l'Etat, vu que seulement les Roumains ou les naturalisés Roumains peuvent acquérir des immeubles ruraux ? »

.de plein droit, Roumains, à cette date (loi de 1880, art. 3) ;

3° *Les Roumains des pays subjugués* (Transylvanie, Banat, Bessarabie, Bukovine, etc.), qui se trouvent remplir les conditions prévues par l'art. 9 de la Constitution roumaine et qui ont, par conséquent, besoin de se faire seulement reconnaître leur qualité de Roumains, par le Parlement, pour avoir l'exercice des droits politiques, en Roumanie même ;

L'Etat leur a vendu des propriétés immobilières rurales dans la Dobrogea et les a considérés comme Roumains (cf. art. 2, loi de 1882) ;

4° *Les laboureurs, étrangers d'origine* (Allemands, Grecs, Lippovans, etc.), qui étaient établis dans la Dobrogea le 3 avril 1882 et auxquels on a vendu aussi des propriétés immobilières rurales (cf. loi de 1882, art. 2, deuxième alinéa) (17).

Les habitants qui ne rentrent dans aucune de ces catégories de citoyens ne sont pas des citoyens dobrogiotes, et à plus forte raison des citoyens roumains. Au contraire, les quatre catégories de citoyens dobrogiotes dont il vient d'être parlé ont toujours exercé et exercent encore les droits de cité que les lois exceptionnelles et restrictives de la province leur

---

(17) D. Alexandresco, *Droit ancien et moderne de la Roumanie, p. 25, note 2 :* L'art. 2 de la loi du 3 avril 1882 pour la régularisation de la propriété immobilière en Dobroutcha dit : « La propriété des biens ruraux ne peut être acquise que par les Roumains. Les Roumains d'origine, dont la qualité peut être reconnue, sans aucun stage par un simple vote des Chambres, conformément à l'art. 9 de la Constitution, ont le même droit. Les cultivateurs établis en Dobroutcha à la promulgation de la présente loi sont considérés comme Roumains et jouissent du même droit ».

« La Cour de cassation vient de décider (16 février 1896) que les Roumains soumis à une domination étrangère peuvent acquérir des immeubles ruraux. en Dobroutcha, avant d'avoir été reconnus comme Roumains, pourvu, bien entendu, qu'ils aient renoncé à la protection étrangère. *Courr. judic.* de 1896, n° 10, et *Le Droit* de la même année, n° 20 ».

reconnaissent, et ces droits elles en jouissent toutes d'une égale façon les unes par rapport aux autres, *dans la Dobrogea*.

Mais si nous prenons quatre sujets dobrogiotes, appartenant chacun à l'une des quatre catégories signalées, et voulant s'établir dans la Roumanie proprement dite, leur situation diffère (18) : tandis que le Roumain de Roumanie provisoirement établi dans la Dobrogea ne perd pas sa nationalité tout comme les Roumains qui vivent plus ou moins longtemps en pays étranger, le Roumain des pays subjugués — Transylvanie, Bessarabie, etc. — établi dans la Dobrogea n'a pas l'exercice des droits politiques en Roumanie avant de l'avoir obtenu en vertu d'une loi individuelle (19), *et les* RAÏAS, *de même que les* LABOUREURS *visés par la loi de 1882, citoyens roumains dans la Dobrogea* (cf. art. 3, loi de 1880 et art. 2, deuxième alinéa, loi de 1882) SONT DES ÉTRANGERS EN ROUMANIE, où pour avoir l'exercice des droits politiques ils doivent se faire naturaliser.

Dans la Dobrogea, il est hors de doute que ces quatre catégories de citoyens ont le droit d'acheter des immeubles ruraux, droit qui est refusé aux étrangers, l'article 7 de la Constitution roumaine étant en principe applicable à la province (Cf. aussi art. 2 de la loi de 1882).

La conception du législateur roumain, en ce qui concerne

----

(18) C'est ce qu'a dû faire M. Démètre Stourdza, le président du Conseil des ministres, et cela l'a induit en erreur et l'a fait se tromper sur la situation juridique des Roumains des contrées subjuguées, en tant que Roumains dobrogiotes.

(19) Les Roumains d'un Etat quelconque (Bukowine, Bessarabie, Macédoine, etc.) peuvent immédiatement, quel que soit leur lieu de naissance, obtenir l'exercice des droits politiques, dès qu'ils prouveront leur renonciation à la protection étrangère, mais toujours en vertu d'une loi individuelle (art. 9 de la Constitution). Cf. Alexandresco, ouv. cité, p. 25, note 1.

le régime de la propriété, est toute moderne dans ses grandes lignes et diffère beaucoup de celle du législateur musulman.

La transition entre les deux régimes ayant été trop brusque, les habitants dobrogiotes risquaient d'être lésés à chaque pas.

Aussi la tâche du législateur roumain était excessivement délicate.

Les règles suivant lesquelles il devait résoudre cette épineuse question de la propriété ne pouvaient être que celles du pays ; or, celles-là, nous le verrons, étaient en contradiction flagrante avec les dispositions du droit ottoman.

Il fallait, par conséquent, à tout prix unifier le régime de la propriété, tout en tenant compte des droits acquis, et ce n'était pas chose aisée que de préparer le terrain pour l'évolution du régime de la propriété foncière, ou tout au moins pour un rapprochement graduel des deux régimes en conflit.

Cela demandait du temps, car c'était une œuvre délicate, ardue, et la science des hommes politiques d'alors n'était pas tout à fait suffisante pour résoudre sans retard ce problème complexe.

En tout cas il était impossible d'aboutir aussi vite que le pensait Kogalniceanu (20).

Pour se rendre compte des difficultés que présentait la question de la propriété immobilière dobrogiote il est nécessaire de faire l'exposé de la législation ottomane qui était en vigueur dans la Dobrogea lors de l'annexion de la province.

------

(20) Voir le Moniteur Officiel (Débats parlementaires), séance de la Chambre du 29 janvier 1880; séance du Sénat du 4 mars 1880. Cf. I. N. Roman, ouv. cité, p. 42 et s. : « La question n'a été résolue qu'en 1882, quatre ans après l'annexion de la province, et deux ans après la promulgation de la loi organique (loi de 1880). Jusqu'alors, en vertu de la disposition de l'article 11 de la loi de 1880, la propriété s'acquérait, se conservait, se transmettait et se perdait, *et sous la domination roumaine,* conformément aux lois ottomanes ».

Le Code ottoman de 1858 (21) *distinguait cinq catégories de terres* : MULK, MIRIIÈ, MÉVAT, MEVCOUFÈ, METROUKÈ.

I. — *La propriété mulk*

(ARTICLE 2 DU CODE OTTOMAN DE 1858)

L'article 2 la définit ainsi : la propriété mulk est celle qui appartient de la manière la plus absolue aux particuliers (*plenum dominium*).

---

(21) Le Code ottoman de 1858 comprend un titre préliminaire et trois livres. Le titre préliminaire compte sept articles. Ce sont des dispositions générales sur les terres de tout l'empire ottoman.

Le livre Ier est intitulé : *Le Domaine public* et comprend les articles 8 à 90. Il s'occupe des différentes manières d'acquisition de la possession sur les terres faisant partie du Domaine public (titre Ier); de l'aliénation (« firagh ») des terres miriiè (titre II); de la transmission des terres miriiè par succession — « intiqual » — (titre III); de la déshérence des terres miriié (titre IV).

Le Livre II (art. 91-105) s'occupe des terres affectées à l'usage public et des terres mévat.

Le Livre III (art. 106-132) s'occupe des propriétés de toutes sortes qui ne rentrent pas dans les catégories décrites.

Le Code de 1858 ne s'occupe pas de la propriété mülk, qui est réglementée par les livres de jurisprudence religieuse; il ne s'occupe non plus des *biens de mainmorte (vakouf)* et des biens qui, mülk à l'origine, sont devenus vakouf par l'accomplissement des formalités prescrites par la loi religieuse (« sheriat »).

Pour toutes sortes de détails relatifs aux sources de la législation ottomane, dont le fondement est le Coran, et pour la connaissance des diverses lois édictées par les Sultans, voir : *d'Ohsson*, Tableau général de l'Empire ottoman, 7 vol., Paris, 1788-1824; *Hammer*, Des Osmanischen Reichs Staats Verfassung, Vienne 1816 (et non pas 1815 comme le dit M. Ghica, ouv. cité, p. 6). — La Constitution et l'Administration de l'Empire ottoman exposées d'après les lois fondamentales, — Histoire de l'Empire ottoman, trad. de l'allemand par J. J. Helert, Paris, 1835, 18 vol.; *Ducorroy*, Législation musulmane sunnite, rite hanéfi, publ. dans le Journal Asiatique, 1848-1853; *De Tornauw*, Das moslemische Recht, Leipzig, 1855, trad. franç. par Eschbach, Paris, 1860; *Worms*, Recherches sur la constitution de la propriété territo-

Cette propriété se transmet par succession comme la fortune mobilière et est régie par les lois religieuses ; le droit de succession sur les biens mulk est régi par les lois de statut personnel.

1° Art. 2 du Code ottoman :

« Les terres *mulk* ou de propriété privée sont de quatre sortes :

« 1° Celles qui se trouvent dans l'intérieur des communes et cantons et celles qui s'étendant sur la lisière de ces circonscriptions, dans un périmètre d'un demi *deunum* au plus, sont considérées comme complément d'habitation ».

Cette disposition détermine l'état légal des communes, par rapport à l'Etat. Elle a son origine dans les capitulations accordées aux peuples vaincus (22).

« 2° Celles qui, distraites du domaine public, ont été données à titre *mulk* valide (en toute propriété) à tel individu pour en jouir dans toutes les conditions du *plenum dominium* (*milkiiet*), selon les prescriptions de la loi religieuse.

« 3° Les terres de dîme (*uchriiè*), c'est-à-dire celles qui,

------

riale dans les pays musulmans, Journal Asiatique, années 1848-1853 ; *Belin*, Etude sur la propriété foncière en pays musulmans et spécialement en Turquie, Rite Hanéfite, Journal Asiatique, années 1861-1862 ; *Tischendorf*, Das Lehnwesen in den Moslemischen Staaten, insbesondere in Osmanischen Reiche, Leipzig, 1872 ; *Seignobos*, Histoire Politique de l'Europe contemporaine, 2ᵉ éd., Paris, 1899, p. 586 et s. (l'Empire ottoman) et les auteurs cités dans la Bibliographie qui se trouve à la page 606.

(22) En fait, ce n'était pas la commune, mais l'administration qui disposait des terrains situés à l'intérieur des communes. Il y a eu, dans l'espèce, un procès entre un particulier et l'administration des domaines de l'Etat, peu de temps après l'annexion de la province : un terrain sur lequel on avait bâti une maison appartenant à l'Etat fut revendiqué en vertu d'un titre de propriété délivré par l'autorité administrative locale et ayant une date antérieure à la construction de la maison.

pàrtagées lors de la conquête, entre les vainqueurs, leur ont été données en toute proprité (23).

4° Celles dites *kharadjiiè*, qui, à la même époque, ont été laissées et confirmées dans la possession des indigènes (non musulmans), à condition de payer le tribut. Ce tribut (impôt) était de deux sortes : *moucacémè* (impôt proportionnel) et *muvazzar* (impôt fixe) ».

Les récoltes et les revenus de toutes sortes étaient grevés du premier impôt, les fonds de terre du second.

---

(23) Seulement les terres de ceux qui professent l'islamisme sont *uchriiè* (libres); elles sont la propriété *mulk* (aliénable, voir *Belin*, Journal Asiatique, 1861, p. 400) des musulmans qui peuvent en disposer d'une manière absolue. Les propriétaires de ces terres paient la *dime*, mais à titre de *zekiat* (aumône) que tout musulman doit offrir de l'excédent des récoltes ou autres biens, conformément aux prescriptions du Coran. *Zekiat*, selon la définition du *Multeka* (livre de jurisprudence écrit en arabe par Ibrahim el Halebi, mort à Constantinople en 1549) c'est l'abandon, en pleine propriété que quelqu'un fait au nom du Seigneur et sans esprit de lucre d'une partie de sa fortune, dans les proportions fixées par la loi, en faveur des musulmans pauvres.

La propriété *uchriiè* perd ce caractère si elle est vendue à un non musulman.

Si un *Zimmi* achète d'un musulman une terre uchriiè (cf. livre *Multeka*) il paiera le tribut *Kharadj*, parce que la *dime (zekiat)* est un acte du culte qui ne peut être accompli que par les musulmans. Si, par préemption, ou bien par l'annulation de la vente, la terre retourne à un musulman elle devient *uchriiè*.

Le *Kharadj* de la terre est de deux sortes :

Kharadji moucacémè « impôt proportionnel », qui, selon l'importance des produits du sol, peut s'élever du dixième jusqu'à la moitié (de la récolte);

Kharadji muvazzar « impôt fixe » frappé à forfait sur la terre (cf. *Aristar-chi-Bey*, Législation ottomane, vol. I, p. 59; *G. M. Ghica*, « La question de la propriété dans la Dobrogea » parue en roumain, Bucarest, 1880, p. 15 et s. ; M. Ghica nous dit que le *Kharadji vazifé* (fixe) est un impôt sur la propriété et non sur les récoltes et qu'il est dû même par les possesseurs qui ne cultivent pas leurs terres; le *zekiat* n'est pas dû, nous dit le même auteur, pour les récoltes d'une terre Kharadjiiè, ces deux impôts ne pouvant pas être cumulés).

· Quand la Dobrogea est tombée au pouvoir des Musulmans, on n'a pas procédé au partage des terres entre les vainqueurs. La province est devenue domaine public, *vakouf* national (ottoman).

Il n'y a donc pas eu dans la Dobrogea des terres uchriiè.

Nous ne nous occuperons par conséquent que des propriétés distraites, au cours des temps, du domaine public et données à titre de propriété *mulk* à différentes personnes (*milkiiet*).

Les actes sur lesquels peut se fonder ce genre de propriétés sont : *a*) la concession faite grâce à la munificence du souverain ; *b*) la vente faite par l'Etat (24).

---

(24) La longue possession (*possessio ad usucapionem*), la prescription, peuvent-elles être opposées à l'Etat ? En d'autres termes, peuvent-elles constituer un titre de propriété quand il s'agit d'une terre qui fait partie du domaine public ?

On l'a soutenu.

Nous ne partageons pas cette manière de voir, car : 1° le domaine public est imprescriptible, et 2° les détenteurs de propriétés faisant partie du domaine public ne peuvent pas, par un changement de volonté, devenir possesseurs (*nemo sibi causam possessionis mutare potest*).

Il est vrai, l'art. 103 du Code ottoman permet à toute personne d'occuper et de cultiver une terre vague avec la permission de l'*imam*. Mais un fait toléré, encouragé même par le législateur et dont il résulte un droit de possession strictement déterminé par la loi, ne peut servir de point de départ d'une prescription conduisant à l'acquisition de la propriété absolue (mulk).

L'article 103 est rédigé de la sorte : « On désigne par *terres mortes* les terrains vagues, incultes, tels que montagnes, endroits rocailleux, *perndllyq* et *ollaq* qui ne sont par *tapou* en la *possession* de personne, qui ne sont point attribuées *ab antiquo* à l'usage des habitants des cantons et communes, et qui sont éloignées de ces localités à une distance où, de l'extrême limite des endroits habités, on ne peut entendre le cri d'un homme ayant une voix éclatante. Tout individu auquel ces localités feront besoin pourra, moyennant permission de l'autorité et à la condition de relever pour ce du *béit-elmâl*, en faire le défrichement et les mettre en culture. Les dispositions de la loi civile en vigueur pour les terres *mezroua* « ensemencées » sont également applicables à celles de cette catégorie. Seulement, si quelqu'un, après avoir acquis, comme il vient d'être dit, avec permission de l'autorité, telle ou telle localité

La question de savoir si le possesseur acquérait de plein droit (*ipso facto*) la propriété *mulk* des terres *mévat* cultivées par lui, ou s'il fallait en outre la concession du souverain a été très controversée.

Les lois ottomanes, suivant la doctrine de *Hanifa* (25), exigent pour cela la concession faite par le souverain; l'acquisition même de la simple possession est subordonnée à la permission qu'il faut obtenir de l'autorité (26). (Art. 103 et 132 du Code de la propriété foncière).

---

pour en faire le défrichement, ne l'exécute pas et laisse cet endroit dans le *statu quo* sans excuse valable, pendant trois années consécutives, cette localité sera donnée à un autre exploitant. D'autre part, si quelqu'un, sans la permission de l'autorité, a défriché et cultivé une terre de ce genre, on exigera de lui, pour la localité ainsi défrichée, le payement du *tapou ;* après quoi, concession lui sera donnée de ce terrain, et remise lui sera faite du titre de tapou ». On voit par conséquent facilement que tout individu qui veut cultiver ces terrains doit obtenir la permission de l'autorité musulmane ; au cas contraire, on exige de lui de payer le *tapou* (le *tapou* est un *mou' adjèlè* « payement anticipé » qui se fait en échange du droit de possession et qui est versé entre les mains de l'agent compétent pour le compte du trésor ; — voir pour l'origine de ce mot et autres détails *Belin*, Journ. asiat., 1862, p. 194).

(25) *Abou Hanifa*, né à Caffa — en l'an 80 de l'Hégire — mort à Bagdad en 150 ; jurisconsulte éminent dont la doctrine est encore en honneur chez les Ottomans, cf. : *De Tornauw*, Droit musulman (Das moslemische Recht, Leipzig, 1855, traduct. française par Eschbach, Le Droit musulman exposé d'après les sources, Paris, 1860).

(26) Suivant la doctrine exposée dans la *Hidaïa* : « toute pièce de terre qui depuis longtemps est restée inculte, sans appartenir à personne, ou qui a été auparavant propriété d'un Musulman actuellement inconnu, et qui, en même temps, est assez éloignée du village pour que, de là, la voix humaine ne puisse être entendue, est dite « *mévât* ». Quiconque cultive une terre vague, avec la permission de l'*imam*, en obtient la propriété ».

A. *Droit musulman.* — Abou Hanifa fait de la permission du souverain une condition *sine qua non*, tandis que ses disciples pensent que sans cette autorisation, la propriété est acquise, de plein droit, à celui qui la cultive : — Si un individu délimite une pièce de terre, et, après y avoir placé des indices avec des pierres ou autrement, la laisse dans l'abandon pendant trois ans, sans la cultiver, l'imam peut, dans ce cas, la lui reprendre et l'assigner

Pour la gestion du domaine public on aurait eu besoin d'un personnel administratif considérable dans toutes les provinces de l'empire.

La difficulté d'organiser un semblable service public, et les habitudes invétérées des Orientaux, ont donné naissance sous les Califes au système des concessions (*Ikta*).

à un autre : car ce terrain avait été donné dans le but d'être rendu productif, et afin qu'il en résultât un bénéfice pour la communauté musulmane par la levée des dîmes ou des tributs, etc. (Voyez *Belin*, n° 221, suiv., où les différentes opinions des jurisconsultes musulmans sont exposées en détail ; cf. aussi Tornauw, Droit musulman, p. 824-826). Comme on voit, la loi ottomane consacre précisément cette doctrine ; et en ce qui concerne spécialement la condition *sine qua non* de la permission souveraine, elle s'est conformée à l'opinion du fondateur de la doctrine hanefite qui a prévalu en Turquie, adoptée par la jurisprudence ottomane. La seule différence qui existe entre la doctrine et la législation consiste dans la disposition de la loi que la « concession » de la terre peut être donnée seulement à la condition de relever pour ce du *béit-el-mal*, c'est-à-dire pour devenir le concessionnaire, simple possesseur à titre de tapou ; tandis que, suivant la doctrine, fondée sur cette parole du Prophète : « Quiconque revivifie une terre morte, en devient propriétaire », le concessionnaire devient propriétaire ; et c'est pour ce précepte que les disciples d'Abou Hanifa, ainsi que d'autres doctrines orthodoxes ne considèrent pas comme *condition essentielle* la permission souveraine ; et pour la même raison probablement la loi ne prive pas entièrement, le cultivateur — sans permission — du droit de devenir possesseur, mais l'oblige seulement au payement du *tapou* ; en d'autres termes, elle consacre en sa faveur un droit de préférence sur la terre cultivée dans le cas de concession demandée par un autre. La loi consacre d'ailleurs le droit de propriété (mulk), mais seulement en faveur de celui qui « avec l'autorisation souveraine » aura comblé un emplacement pris sur la mer (Art. 132).

B. *Droit romain.* — La propriété s'éteint par la *derelictio*, c'est-à-dire par l'abandon ou le délaissement de la chose, laquelle est considérée comme *res nullius* jusqu'à ce qu'une autre personne, par l'occupation, en ait acquis la propriété : « si rem pro derelicto a domino habitam occupaverit quis, statim eum dominium effici : pro derelicto autem habetur, quod dominus, ideoque statim dominus esse desinit » (Inst. 2, 1). Aussi « nous pouvons acquérir une chose si nous savons que son propriétaire l'a abandonnée. Mais *Proculus* est d'opinion qu'elle ne cesse d'appartenir au propriétaire que jusqu'à la possession par un autre. Toutefois, suivant *Julien*, elle cesse d'appartenir à

Le prophète avait dit : « Quiconque revivifie une terre morte, en devient propriétaire »; mais l'art. 103 du Code ottoman statue que « si l'on défriche et si l'on cultive des terres *mévàt* sans la permission préalable de l'autorité ottomane, on est obligé de payer le *tapou* et ce n'est qu'ensuite qu'on reçoit le titre de concession (27) (voir art. 12 du règlement des tapous — 1275—1859).

---

l'abandonnant, mais elle ne peut pas être la propriété d'un autre, si elle n'est pas possédée ; et justement ». (Lex 2, Dig. 41, 7). Selon M. Guizot [cité par Belin, n° 258] « Les terres soumises à l'impôt foncier et abandonnées par les possesseurs, étaient dévolues à la curie, laquelle était tenue d'en payer l'impôt jusqu'à ce qu'on eût trouvé quelqu'un qui voulût s'en charger ». En ce qui concerne spécialement la législation relative aux terres privées ou domaniales, abandonnées ou laissées incultes et désertes par le propriétaire ou possesseur, comparez le titre LVIII du livre XI du Code « de omni agro deserto et quando steriles fertilibus imponuntur » : Cf. aussi le titre VII du livre XXXXI du Digeste « pro derelicto » .

C. *Droit français*. — Suivant le même auteur, sous la seconde race des rois de France, le nombre de terres désertes et incultes était immense ; les cultivateurs, les propriétaires mêmes manquaient au sol ; plus d'un bénéficiaire, en s'établissant sur le domaine qu'il avait reçu, regarda comme sa propriété la solitude qui l'entourait ; et le roi accordait facilement à ces bénéficiers la concession des terres qu'ils avaient exploitées ou simplement occupées (*Guizot*, cité par Belin, n° 259).

Suivant un décret du 6 août 1766, les terres de quelque qualité et espèce qu'elles soient, qui, depuis quarante ans, suivant la notoriété publique, n'auront donné aucune récolte, seront réputées terres incultes ; et par une « Déclaration » du 13 août de la même année, il a été ordonné que ceux qui défricheront lesdites terres incultes jouiront, pour raison de ces terrains pendant l'espace de quinze années, de l'exemption des impositions, etc., le tout néanmoins à la charge par eux de ne point abandonner la culture des terres actuellement en valeur, dont ils seraient propriétaires, usufruitiers ou fermiers, sous peine de déchéance desdites exemptions.

(27) « Les concessions accordées par des *tapou* constituent seulement des titres de possession ; la propriété reste, comme par le passé, à l'Etat ».

[Tribunal d'appel de Toultcha, n° 376/82. — Le Journal « Dreptul » (Le Droit), p. 221/83].

« La propriété *mulk* (le plenum dominium) dans la Dobrogea étant garantie par deux actions : l'action pétitoire et l'action possessoire, le juge au pos-

M. Georges M. Ghica commet donc une erreur en affirmant
que l'on délivre gratuitement le titre de possession (*tapou*) à
celui qui a défriché et cultivé une terre *mévàt* sans la permission de l'administration (28).

Une question délicate est celle de savoir : quelle preuve
peut valablement fournir le possesseur d'une propriété, concédée ou vendue par l'Etat, en cas de perte, vol ou destruction
du titre en vertu duquel il possède ? (29).

Sans doute les registres des archives de l'Etat (*Defter
Khanè*) font preuve complète de l'acte juridique intervenu
entre un particulier et l'Etat ; comme le disait Dumoulin, ces
« *scripta publica probant se ipsa* ».

Mais, faute de mention dans les registres de l'Etat, quels
moyens de preuve peut invoquer le possesseur d'un domaine
à lui concédé ou vendu par l'Etat ? (30).

------

sessoire est obligé de juger et d'apprécier les titres de propriété du réclamant
au point de vue du possessoire, sans préjudice du droit de propriété ».

(Cour de cass., n° 338/85, S. I. — Bullet. de la Cour, p. 747).

(28) Cf. G. M. Ghica, ouv. cité, p. 29.

(29) « Selon les lois ottomanes sont *mulk* (propriété privée absolue) tous
les terrains sis à l'intérieur des communes ou des cantons. Le droit de propriété sur ces terres peut être prouvé de toute manière, sans qu'il soit besoin
d'actes ayant date certaine antérieure au 11 avril 1877, ce qui est exigé par
la loi du 3 avril 1882, seulement pour les terres miriiè ».

(Cour de cass., n° 70/85, S. I. — Bull. de la Cour, p. 110).

« En cas de perte d'un titre par cas de force majeure, la preuve testimo-
niale est admise tant pour prouver la perte que pour établir le contenu de
l'acte perdu et cela surtout quand il est question de triompher dans un procès relatif à la propriété immobilière dans la Dobrogea où la loi spéciale prévoit nommément l'admissibilité d'une telle preuve » (Cour d'appel, Buc. S. III,
n° 21/90. — Le Journal « Dreptul », année 1890, p. 134).

Autre arrêt. « Selon la loi ottomane, le droit de propriété peut être prouvé
par témoins ».

(Cour de cassation, n° 133/85, S. I. — Bull. de la Cour, p. 242).

(30) « Les juges roumains de Dobrogea sont obligés de connaître la législation ottomane en vigueur avant l'annexion de la province, car cette législa-

Certes, l'argument *possideo quia possideo* ne peut lui être d'aucun profit dans l'espèce, car la présomption de propriété est en faveur de l'Etat qui peut dire, lui : *possideo quia possideo*, je possède parce que tout le domaine public m'appartient jusqu'à preuve contraire.

Nous estimons que le particulier peut avoir valablement recours aux commencements de preuve par écrit résultant d'actes authentiques, émanés des autorités administratives compétentes et desquels ressort qu'il a toujours été considéré comme propriétaire du terrain en litige.

Seulement après avoir démontré cela, le possesseur peut recourir à d'autres moyens de preuve admis par le droit ottoman (31).

Il y a un genre de propriété *mulk* dont ne fait pas mention l'article 2 du Code ottoman : les plantations faites sur une terre *miriiè* et les constructions bâties sur les mêmes terres, qui deviennent la propriété *mulk* des possesseurs du terrain et qui sont régies par les lois religieuses (*sheriat*), tandis que le fonds de terre reste la propriété de l'Etat, les prescriptions du Code lui étant applicables (32). Ce genre de propriété se rapproche beaucoup de l'emphytéose gréco-romaine.

---

tion, par l'art. 11 de la loi du 9 mars 1880, a été déclarée applicable dans la province.

Il résulte donc que le transfert d'une propriété immobilière — la vente d'un immeuble par exemple, devant être constatée conformément aux lois ottomanes par un acte accompli suivant les formalités expressément prescrites par ces lois — *ne peut être prouvé par témoins* ».

(Cour de cass., n° 29/81, S. I. — Bull. de la Cour, p. 33). — Idem, un arrêt de la Cour de cass., n° 1/83, S. I. — B. C., p. 1 ; cf. *Ciorapciu* « Enciclopedia Juridicâ, Jurisprudenta Româna », Ier vol., n° 808, p. 689.

(31) Cf. l'arrêt de la Cour de cass. roumaine, n° 70/85, S. I., *cité supra*.

(32) Cf. une décision du tribunal d'appel de Toultcha, n° 376/82 ; le journal « Dreptul » — Le Droit — p. 224/83.

Les articles du Code ottoman qui s'occupent de la possession spécifient que

Ainsi donc le droit ottoman connaît cette institution juridique dont la réelle utilité a été démontrée par Rossi (Revue Wolowski, t. XI), et qui a été d'un usage fréquent en Roumanie avant le Code civil de 1864 (33).

Suivant les lois ottomanes, l'Etat est le propriétaire du

le possesseur ne peut pas changer sans l'autorisation de l'administration la destination du terrain ; il ne peut pas travailler la terre pour en faire des briques ou des tuiles ; en cas de contravention, que cette terre soit *miriié* ou *mevcoufè*, le contrevenant devra payer, pour compte du trésor, le prix de la terre ainsi employée par lui, selon la valeur qu'elle aura sur les lieux (*Aristarchi-Bey*, ouv.. cité, 1er vol., p. 67, art. 12).

De même il ne peut pas faire des plantations ou des constructions sans l'autorisation de l'administration ; s'il contrevient, l'autorité est en droit de les supprimer (art. 25 et 31 du Code de 1858). Toutefois, une prescription de trois ans est admise par l'art. 25, en faveur du possesseur, quant aux plantations faites par lui ; après un laps de temps de trois ans, l'administration ne peut plus les anéantir, car le possesseur acquiert sur elles la propriété *mulk* (la dîme seule est perçue annuellement sur le produit).

Cette prescription de trois ans n'est pas prévue pour les constructions (art. 31). Pourtant elles deviennent la propriété *mulk* du possesseur. La loi est à interpréter de la sorte : l'autorité administrative est en droit d'arrêter les travaux en cours, mais elle ne peut démolir les constructions achevées (Cf. *G. M. Ghica*, La question de la propriété dans la Dobrogea, Bucarest, 1880, page 46, et *Aristarchi-Bey (Grégoire)*, Législation ottomane, Constantinople, 1873, 1er vol., Droit privé, page 77).

(33) *G. Tocilesco*, Etude historique et juridique sur l'emphytéose en droit romain, en droit français et en droit roumain, thèse pour le doctorat, Paris, 1883, ouvrage couronné par la Faculté de droit de Paris.

M. Tocilesco s'élève, avec raison, contre la prohibition de l'article 1415 du Code civil roumain — et non pas de l'art. 1414 comme le dit M. Planiol, Traité élémentaire de droit civil, t. II, deux. édit., p. 557, n° 1777. — Cf. pour plus de détails *Alexandresco*, Droit ancien et moderne de la Roumanie, Paris, pages 227-241. — L'éminent jurisconsulte critique lui aussi l'article 1415 : « Ainsi, d'après le système déplorable du code actuel, l'unité de législation n'existe plus : le Code Caragea sera applicable en Valachie, et le Code Calimach en Moldavie. Au lieu de ce système, que rien ne justifie, il aurait assurément mieux valu supprimer l'emphytéose perpétuelle et conserver l'emphytéose temporaire, ainsi que l'ont fait plusieurs législations modernes (Cf. loi belge du 10 janvier 1824) ».

fonds ; et le possesseur, qui est un usurpateur, somme toute, doit payer l'impôt (la dîme), tout en étant traité avec la même bienveillance que tout possesseur.

Nous avons dit plus haut que la propriété *mulk* se transmet par succession comme la fortune mobilière, nous ajoutons qu'elle peut faire l'objet des prescriptions de la loi relatives : à la Constitution comme *vakouf* de ces propriétés, au gage, à l'hypothèque, aux donations, aux droits de préemption (*shuf'a*) et aux privilèges.

Les terres *uchriiè* et *kharadjiiè*, en cas de décès du propriétaire sans héritiers, retournent au domaine public (*beit el mâl*) et deviennent *miriiè*.

II. — *Les terres miriiè*

(Article 3 du Code ottoman de 1858)

« Les terres *miriiè* relèvent entièrement du domaine public (34). Ce sont les champs, lieux de campement et de parcours d'été et d'hiver, les forêts et autres domaines, dont le gouvernement donnait la jouissance par fermage et qui s'acquéraient autrefois, en cas de vente ou de vacance, moyennant la permission et la concession délivrées par les feudataires

---

(34) Selon le droit romain « res fiscales », c'est-à-dire « loca quæ sunt in fisci patrimonio » (lex 2, § 4, Dig. 43, 8). Elles sont cependant contenues dans l'expression générique *res publicæ* : Si quid publici est, ejus nihil venit, si res non in uso publico, sed in patrimonii fisci erit (Lex 72, § 1, Dig. 18, 1); *res publicæ* selon le droit romain « *loca quæ publico usui destinata sunt* » (Lex 2, § 2-5, Dig. 43, 8); selon le Code civil français « des choses qui n'appartiennent à personne, et dont l'usage est commun à tous » (art. 714). Mais par l'expression *res publicæ* des lois romaines sont désignées aussi telles choses qui sont distinguées d'autres choses, par cela seulement, que leur propriétaire n'est pas une personne privée, mais l'Etat même ou certaine commune. (Cf. lex 2, § 4, Dig. 43, 8; lex 17, Dig. 50, 16; lex 72, § 1, Dig. 18, 1).

de *timârs* et de *ziamets* (35), considérés comme maîtres du sol (*sâhibi erz*) et, plus tard, par celles des *multezims* (36) et *mouhassils* (37).

---

(35) Afin qu'on se rende compte de ce que signifient ces expressions, nous sommes obligés de faire brièvement l'historique des concessions féodales chez les Ottomans.

Osman ou Othman et ses successeurs partagèrent presque tout le territoire de l'Empire en « *Ikta* » (concessions féodales, terres concédées aux guerriers). Les concessions étaient faites aux *spahis* (chevaliers) qui formaient l'élite des troupes de la nation ottomane, avec l'obligation pour eux d'être toujours prêts à défendre l'Empire.

Le Règlement, relatif à ces concessions, fait sous Amurat Ier (1375), a été en vigueur pendant près de deux siècles jusqu'à l'avènement au trône de Soliman II le Grand.

Seulement les *spahis* et les fils des *spahis* étaient en droit d'obtenir des concessions féodales.

Le fief était héréditaire en ligne mâle et ne retournait à l'Etat qu'après l'extinction de la famille.

Les fiefs étaient, selon l'importance des revenus, de deux sortes : les petits fiefs (*timârs*) dont les revenus ne dépassaient pas la somme de 20,000 aspres ; et les grands fiefs (*ziamets*), dont les revenus s'élevaient à plus de 20,000 *aspres* (petite monnaie d'argent turque qui vaut 0 fr. 22).

Le *spahi* était obligé de résider dans son fief et de courir au premier appel, sous les drapeaux, accompagné d'un nombre de chevaliers équipés (*djebeli*), et qui devait être proportionnel aux revenus de son fief (1 homme par 3,000 aspres de revenu).

En échange de ces obligations le feudataire était substitué à tous les droits de l'Etat sur les terres dépendantes de sa concession. Il percevait à son profit la dîme et tous les impôts auxquels étaient astreints les laboureurs ; en outre il délivrait à ceux-ci les titres de possession (*tapou*) en échange desquels il encaissait certaines taxes.

Sur les concessions relatives aux domaines de l'Etat surnommés *khas* (biens de l'épée) voir *d'Ohsson*, cité par Belin, Journ. Asiat., 1862, p. 194. — *Aujourd'hui l'Etat a l'administration directe du domaine public ; les institutions signalées ne présentent, par conséquent, qu'un intérêt historique.*

(36) Fermiers à terme ou concessionnaires d'iltizam (Belin). Les *Multezims* étaient les mandataires des hauts dignitaires de l'Empire pour le recouvrement des revenus qui leur étaient concédés à titre d'*arpalik* (argent pour l'orge nécessaire aux chevaux).

(37) Selon M. Hammer ce mot désignait un pacha auquel la Porte donnait

Cet ordre de choses étant aboli, la possession de ces sortes d'immeubles s'acquerra, dorénavant, moyennant la permission et la concession de l'agent *ad hoc* du gouvernement. Les acquéreurs de ces *possessions* recevront un titre possessoire dit *tapou* (38), revêtu du *toughra* impérial. Le *tapou* est un *mou'adjèlè* « payement anticipé » qui se fait en échange du droit de possession, et qui est versé entre les mains de l'agent compétent, pour le compte du Trésor ».

Les terres miriiè auraient dû comprendre tout le domaine de l'Etat, toutes les terres qui dépendent du *miri* (le trésor public) (39).

L'article 3 restreint toutefois cette qualification aux terres qui, en cas de vente ou de déshérence, s'acquièrent par la délivrance des titres de possession (*tapou*).

à vie, *malikianè* (en forme de mulk), la perception du revenu total des impôts d'un sandjaq, district de second ordre (cf. Belin) cela ne date que depuis la décadence des institutions féodales (cf. Hammer, Histoire de l'Empire ottoman, t. 15, p. 155).

(38) Voyez le *Règlement sur les Tapous*, Aristarchi Bey, ouv. cité, 1er vol., p. 171 et s.

(39) « Le législateur roumain s'est occupé seulement des terres rurales *miriiè* et il a édicté que ces terres restent la propriété de l'Etat si les émigrés ne se réclament pas de leurs droits pendant un an depuis la promulgation de la loi (loi de 1882) et il n'a pas entendu viser les terres *mulk* par la disposition de l'art. 9.

« La propriété *mulk* étant une propriété absolue, le propriétaire seul peut l'aliéner » (art. 9 de la loi de 1882 ; Cour de cass., n° 216/84, S. I. — Bulletin de la Cour, p. 521).

Autre arrêt : « Seulement sur les terres miriiè pouvaient porter les recherches de la commission chargée avec la régularisation de la propriété foncière dans la Dobrogea.

« Il est exact que les habitants dobrogiotes qui avaient abandonné leurs terres *miriiè* perdaient leurs droits sur ces terres s'ils ne se présentaient pendant un an depuis la promulgation de la loi du 3 avril 1882 pour les réclamer et pour exhiber leurs titres de propriété ; mais cette déchéance ne peut être invoquée que par l'Etat ». (Cour de cass., n° 114/98, S. I ; — Bullet. de la Cour, p. 410).

Cela dénote un état de choses préexistant, puisque la loi ne s'occupe que des aliénations — faites par les possesseurs — et des concessions — faites par l'Etat en cas de déshérence — et ne peut s'expliquer que par l'origine historique des terres *miriiè* qui ne sont que les terres *kharadjiiè* (dont s'occupent les lois religieuses) laissées aux indigènes et déclarées *vakoufs* nationaux.

Les habitants de ces terres ont gardé, en ce qui concerne la possession, un droit de préférence (privilège).

Les droits reconnus aux indigènes et aux communes par les capitulations et par la jurisprudence religieuse ont profité également aux communes nouvellement fondées et sont devenus le droit public de toutes les communes de l'Empire (40).

---

(40) Sur l'aliénation des terres *miriiè* voir les articles 36-53, *Aristarchi-Bey*, ouv. cité, 1ᵉʳ vol., p. 81-99 ; — il est à noter que l'article 46 statue que le droit de préemption (*chuf'a*) du voisin n'est pas applicable aux terres *miriiè* et *mevcoufè* en cas de vente de ces terres ; ce droit de *chuf'a* (*retrait vicinal*) qui est applicable aux *emlâk*, n'étant pas applicable aux terres *miriié*, et *mevcoufé*, il résulte que si quelqu'un a vendu à un certain prix le terrain lui appartenant, son voisin n'a pas la faculté de se le faire adjuger, en disant qu'il le prend pour la même somme. Sur cette importante question, nous devons faire les remarques suivantes : Hors les droits de préférence sur une vente volontaire, faite par le possesseur (voyez *Aristarchi-Bey*, page 85 du 1ᵉʳ vol., note 78), il y a aussi une autre catégorie du droit de préférence pour l'acquisition de la terre dans le cas de décès du possesseur sans héritiers légitimes, c'est-à-dire le *jus protimisseos* des parents et autres personnes dont s'occupe l'article 59. Dans le *droit romain*, hors le cas d'une clause de droit de préférence conventionnelle un tel jus προτιμήσεως est aussi consacré en vertu d'une disposition de la loi en faveur du propriétaire dans le cas de vente du droit d'emphytéose, et en faveur d'autres personnes, dans d'autres cas différents, à l'égard desquels comparez les lois 3 Cod. (4, 66) ; 16 Dig., 42, 5 ; 60 Dig., 2, 14 ; 1 Cod., 11, 6 ; 14 Cod., 4, 38. — Quant au droit de préférence du voisin d'une terre *mulk* suivant le droit civil commun ottoman, cf. art. 2 (*Aristarchi-Bey*, vol. I, p. 60).

Les droits de préférence du droit ottoman correspondent exactement aux diverses espèces du *Nacherrechts* (ou Retracts rechts, Einstandesrechts) *du droit allemand*. Suivant la législation particulière qui régit la propriété im-

III. — *Les terres mévàt* (41)

(ART. 6 ET 103 DU CODE OTTOMAN DE 1858)

Art. 6. — « Les terres *mévàt* sont les terrains vagues qui, n'étant en la possession de personne, et n'ayant pas été lais-

---

mobilière dans les divers Etats de l'Empire allemand, il est consacré en faveur du copropriétaire, du voisin, de la commune ou de l'habitant de la même commune, du proche parent, etc., un droit en vertu duquel ils peuvent attaquer la vente stipulée par leur copropriétaire, voisin, etc., avec un tiers, et après la tradition du fonds le prendre des mains de l'acquéreur contre le payement du prix (Cf. législation allemande antérieure au Code civil de 1900).

Ainsi donc : 1° le *jus protimisseos* du copossesseur correspond au *retractus ex jure condominii* (Retract auf grund des Miteigenthums) retrait pour cause de copropriété ; 2° le droit de l'habitant de la même commune corres-, pond au *retractus ex jure incolatus* (Marklosung Bürgerretrakt) ; 3° le droit du voisin, qui est en vigueur à l'égard seulement des *mulks*, correspond au *retractus ex jure vicinatus* (Nachbarlosung), Nachbarrecht du droit allemand d'une part et du droit gréco-romain de l'autre ; 4° le droit des parents peut en quelque sorte correspondre à l'Erblosung de la législation allemande. — Cependant il faut remarquer que ces droits d'une époque ancienne ont été abolis dans certains Etats à cause de l'obstacle qu'ils amènent à la sécurité des transactions sur la propriété immobilière (Cf. sur tous ces points pour plus de détails *Aristarchi-Bey*, ouv. cité, vol. I, articles 36-53).

Sur la transmission des terres *miriiè* par succession *intiqal*, cf. art. 54-58 ; en ce qui concerne la déshérence (*mahlulat*), la vacance des terres *miriiè*, voir art. 59-90.

(41) Les terres *mévàt* constituent une catégorie distincte du domaine public ottoman, à cause des règles spéciales qui les régissent.

L'origine d'une législation spéciale pour ces terres peut s'expliquer aisément dans un pays où des régions excessivement fertiles sont entourées par de grands déserts ; le travail de l'homme pour rendre ces terres productives devait être encouragé par le législateur.

Mévàt, cf. *Hidaïa*, est toute terre improductive, soit par le manque d'eau, soit à cause des inondations, soit parce que la nature du sol s'oppose à ce qu'elle soit cultivée ; on l'appelle *mévàt* (morte), puisque comme toute chose frappée par la mort, elle ne peut servir à rien.

Au commencement, par conséquent, le mot *mévàt* s'appliquait aux terres improductives par leur nature.

Mais le désir d'encourager les agriculteurs, surtout dans les provinces dé-

sées ou affectées à la population, s'étendent loin des communes et cantons, à une distance d'où la voix humaine ne peut se faire entendre du point extrême des endroits habités, c'est-à-dire un mille et demi, ou environ la distance d'une demi-heure (42).

Art. 103. — (Voir *note* 24).

N'importe qui est en droit d'occuper et de cultiver ces terres. L'article 103 exige pour cela, il est vrai, l'autorisation préalable de l'autorité, mais seulement comme mesure d'ordre, car celui qui ne s'est pas conformé aux prescriptions de la loi ne perd pas le droit d'obtenir le *tapou*, qui lui est délivré sans autre taxe que celle de 3 francs, le prix du papier (voyez article 29 du règlement des Tapous).

Une condition essentielle pour qu'une terre soit mévàt, avons-nous vu, c'est d'être loin des habitations.

A cette règle l'*article 105* (du Code ottoman) apporte une exception, en considérant comme *mévàt* les *otlaq* [pâturage ; terre où l'herbe croît très courte et qui sert de pâturage, Belin, cf. art. 127] même s'ils se trouvent parmi les terres *miriiè* cultivées et habitées.

Otlaq sont toutes les terres, *mévàt* par leur composition physique, qui ne peuvent être labourées et qui produisent une herbe bonne pour le pâturage.

---

vastées et dépeuplées par les guerres, a fait étendre cette qualification à toutes les terres incultes que personne ne possédait et qui étaient loin des communes, *si loin que la voix de l'homme ne pouvait être entendue* (disposition reproduite dans l'article 6).

(*Quiconque revivifie une terre morte en devient propriétaire*, a dit le Prophète, voir *supra*, note 26).

(42) Selon le droit romain « res nullius » parce que *quod humani juris est, plerumque alicujus in bonis est, potest autem et nullius in bonis esse*, tandis que *quod divini juris est id nullius in bonis est*, c'est-à-dire il est dans tous les cas considéré comme *res nullius* (Lex 1, pr. Dig. 1, 8). Quant au droit français, comparez art. 539 et 713 du Code civil.

Ces terres ne peuvent être usucapées.

Les habitants des communes se trouvant dans le voisinage des *otlaq* ont le droit de s'en servir, sans débours, pour mener paître et s'abreuver le bétail. Tout individu qui, faisant venir des bestiaux du dehors, voudra profiter de l'herbe et de l'eau de l'*otlaq*, payera au *miri* un droit d'*otlaq* dans une proportion convenable. Les paysans ne pourront exclure celui-ci ni prétendre prélever une part sur ce droit d'*otlaq* (Voy. G. M. Ghica, ouv. cité, p. 33 et Aristarchi-Bey, 1ᵉʳ vol., ouv. cité, p. 145).

Dans la Dobrogea, excepté le Delta du Danube, il n'y a pas des terres *mévât* pareilles à celles dont s'occupent les articles 6 et 103 du Code ottoman, car la circonscription de toute commune est limitée par celle des autres communes.

Pendant la guerre de 1877-78 quelques communes du département de Toultcha et plusieurs communes du district de Constantza avaient été abandonnées par les habitants.

Les terres de ces communes étaient-elles devenues mévât ? — Non. Car le droit de possession des émigrants subsistait encore (Cf. art. 11 de la loi de 1880 (43), en corrélation avec

---

(43) *Art. 11 de la loi de 1880, 1ᵉʳ alinéa :* « Jusqu'à la définitive réglementation de la propriété et de la possession, concernant les immeubles de la Dobrogea, cette propriété et cette possession s'acquièrent, se conservent, se transmettent et se perdent conformément aux lois ottomanes en vigueur jusqu'au 11 avril 1877. — *Art. 68 du Code ottoman :* « Sans l'un des motifs ci-après, dûment constatés, savoir :

— Repos de la terre pendant un ou deux ans ou même plus, suivant le besoin, mais d'une façon exceptionnelle et selon les localités ;

Obligation de laisser pendant un certain temps le terrain qui aura été couvert par les eaux dans un état inculte après leur retraite, jusqu'à ce qu'il devienne susceptible de culture ;

Ou, enfin, captivité du *possesseur* en temps de guerre — ;

Tout champ qui ne sera pas cultivé directement par le *possesseur*, ou indirectement par voie de prêt ou de louage et qui restera en non rapport pen-

l'art. 68 et surtout avec l'art. 72 du Code ottoman (44) ; cf.
aussi art. 9 de la loi de 1882).

Une disposition très équitable et très utile, pour les pauvres gens surtout, était celle de l'*art. 104* : « Chacun peut
couper du bois de chauffage et de construction sur les montagnes *mubah*, qui ne font pas partie des bois et forêts affectées *ab antiquo* aux communes ; personne, de part et d'autre,
ne peut y mettre empêchement.

Les arbres qu'on y coupe et les herbes qu'on y recueille ne
payent pas la dîme. Nulle partie de ces montagnes *mubah* ne
peut en être distraite, ni la *possession* donnée par *tapou*, à
qui que ce soit, par l'autorité, pour devenir un bois particulier ou commun à plusieurs ».

Ces sortes de *bois* peuvent donc être considérées comme
choses qui n'appartiennent à personne et dont l'usage est
commun à tous : et c'est pour cela que la loi les a soumises à
peu près aux mêmes règles que les terres publiques (*metrouké*) cf. art. 5, § 1 ; art. 30 et 106.

---

dant trois années consécutives, sera soumis à la formalité du *tapou*, que
le possesseur soit sur les lieux, ou en voyage dans une contrée éloignée. Si
l'ancien *possesseur* désire l'acquérir de nouveau, ce champ lui sera laissé
moyennant le *tapou*. S'il n'en fait pas la demande, ce champ sera mis aux
enchères et adjugé au plus fol et dernier enchérisseur [*Droit romain* : « Si
vacanti ac destituto solo novus cultor insederit, ac vetus dominus intra bien-
nium ædem ad suum jus voluerit revocare, restitutis premitus, quæ expensa
constiterit, facultatem loci proprii consequatur. Nam si biennii fuerit tempus
emensum, omne possessionis et dominii carebit jure, qui siluit » Lex 8, Cod.
11, 58].

(44) *Art. 72 du Code ottoman* : « Si tous ou partie des habitants d'une
ville ou village quittent le pays pour un motif légitime, la terre en leur *possession* n'est pas pour ce fait soumise à la formalité du *tapou*; mais si l'abandon du pays a lieu sans motif valable, ou si les habitants n'y reviennent
pas dans le délai de trois années, à partir du jour où les motifs légitimes qui
les ont contraints à s'éloigner ont cessé ; et s'ils laissent ainsi la terre en
non-rapport, elle sera soumise alors à la formalité du *tapou* ».

Cependant il faut observer que le « Règlement des forêts »
ne reconnaît pas ces forêts comme une espèce différente des
autres, de manière qu'elles pourraient être considérées comme
appartenant *à l'Etat*, par opposition au Code qui les considère comme *res communis omnium*.

Mais comme le règlement n'est applicable que seulement
aux forêts qui seront déterminées comme « forêts de l'Etat »
(voyez art. 2 du règlement), il peut se présenter la question
de savoir si le gouvernement peut ou non soumettre les dites
forêts au régime actuel du règlement.

Pour terminer notre étude sur les terres mévàt, il ne nous
resterait à dire que quelques mots sur l'art. 105. Mais puisque nous avons déjà fait mention plus haut des *otlaq* dont
s'occupe cet article, nous renvoyons les lecteurs à ce qui a
été déjà dit. *L'article 105* est rédigé de la sorte : « Si, en
outre des pâturages affectés à l'usage des bestiaux du canton
ou de la commune, il se trouve des *otlaq* dans ces mêmes
circonscriptions, les habitants sans avoir à acquitter pour cela
aucun droit, auront la jouissance de l'herbe et de l'eau qui
s'y trouveront et ils y enverront brouter leurs bestiaux. Tout
individu qui..., etc., voir la suite page 205 ».

IV. — *Les terres mevcoufé*

(ARTICLE 4 DU CODE OTTOMAN DE 1858)

« Les terres *mevcoufé* sont de deux sortes (45) :
« 1° Celles qui, étant réellement *mulk* à l'origine, sont devenues *vacouf*, par l'accomplissement des formalités prescrites par le *chériat* « loi religieuse ».

---

(45) Selon le droit romain : *Res divini juris sunt veluti res sacræ et reli-
giosæ* (Lex 1 pr. Dig. 1, 8) ; *sacra loca ea sunt quæ publice sunt dedicata,
sive in civitate sint, sive in agro* (Lex 9, Cod.).

Ces terres relèvent de l'administration du *vacouf*, qui exerce sur elles tous les droits de propriété ; dès lors, elles ne sont point régies par la loi civile (cânoun) (46), mais uniquement d'après le dispositif des conditions établies par le fondateur ; on ne s'occupera pas non plus, dans le présent Code, de ce genre de *vacoufs*.

« 2° Les terres qui, distraites du domaine public, ont été converties en *vacoufs*, soit par les sultans, soit par tous autres, avec l'autorisation souveraine (47).

Comme cette sorte de *vacoufs* n'est que l'attribution par le gouvernement d'une partie des revenus publics, telle que la dîme et les redevances ruçoum, à une destination quelconque, ce genre de *vacoufs* n'est donc pas un *vacouf* réel et proprement dit. Au reste, la plupart des vacoufs de l'empire sont de ce genre ; et comme cette catégorie de terres, devenue *vacouf* subsidiairement, par suite de la destination spéciale à laquelle elle a été affectée, dépend du *beit-el-mal* « domaine public », tout aussi bien que les terres purement et primitivement *uchriiè*, elle suit la procédure civile, dont on trouvera ci-après le détail. Seulement, les droits de firâgh « vente », d'*intiqàl* « transmission par héritage » et le prix d'acquisition des terrains vacants, qui, lorsqu'il s'agit de propriétés pures et simples de l'Etat, sont versés au trésor public « *miri* », doivent, pour ces sortes de *vacoufs* être versés à la caisse de l'administration du *vacouf*.

« La législation ci-après, qui régit les terres *vacoufs* toutes les fois que, dans le présent Code, il sera question de terres

---

(46) Ordonnances successives des souverains, et par suite des lois civiles édictées par les sultans ottomans (*Worms, Belin* et *Aristarchi-Bey*, p. 62, note 17 du 1er vol., ouv. cité).

(47) Cf. le droit romain : *Locum publicum tunc sacrum fieri posse, cum princeps cum dedicavit, vel dedicandi dedit potestatem* (Lex 9, Dig. 1, 8).

mevcoufé, c'est de celles-ci qu'on voudra parler, c'est-à-dire de terres devenues *vacoufs* subsidiairement, et par suite d'une destination spéciale, à laquelle elles auront été affectées.

« Parmi ces *vacoufs*, il s'en trouve encore d'autres qui se divisent en deux classes :

L'une appartenant à l'Etat, quant au fond, et dont la dîme et les autres *ruçoumât* (48) reviennent à l'Etat, le droit de *possession* (c'est-à-dire le prix d'achat pour obtenir la jouissance) étant seul affecté à une destination donnée.

« L'autre appartenant à l'Etat, quant au fond, et dont la dîme, les autres revenus et le droit de *possession* (le prix d'achat pour la jouissance) sont affectés à une destination déterminée. Les dispositions civiles (*canouniè*) relatives à la vente et à la transmission (par héritage), ne sont pas applicables à ces sortes de terres ; elles ne peuvent être cultivées et mises en état de rapport que par l'administration même du *vacouf*, ou par voie de louage, et le produit en est employé selon les dispositions du fondateur ».

Le législateur musulman a évité de donner aux biens *vacoufs* la qualification *mulk*, car cela aurait impliqué une contradiction. Mais il ne faut pas oublier que les biens *vacouf* ont été *mulk* à l'origine (voyez ce que nous avons dit page 207, art. 4, 1°).

Le mot *mulk* indique un objet libre de toute entrave, aliénable, tandis que *vacouf* se réfère à des biens immobilisés dont on ne peut pas disposer librement. Même les biens meubles peuvent être déclarés *vacouf* et peuvent ainsi être immobilisés.

Le jurisconsulte Mawerdi s'exprime de la sorte sur les

---

(48) *Ruçoum* ou *ruçoumât* est un terme générique qui semble indiquer, ainsi que *miriiât*, tous les impôts autres que la dîme et la douane, ce qui correspondrait assez aux impôts indirects de France (*Belin*).

terres *Kharadjiiè* (Cf. Livre des Commandements royaux, du Scheikh Ebi'l-Hassan El-Mawerdi, Journal asiatique, 1842, p. 383 et suiv. ; étude du Dr Worms) : Les terres de cette quatrième classe sont de deux espèces.

De la première espèce sont celles qui ont été désertées par leurs habitants, et qui sont, par suite, tombées au pouvoir des musulmans ; elles deviennent *wakf* dans l'intérêt de la communauté musulmane, et sont grevées du *Kharadj*, qui est un cens ou loyer perpétuel. Si cela n'est pas possible, il peut n'être fixé que pour un temps, selon les exigences de l'intérêt général.

Ce kharadj n'est désormais susceptible de changement, ni par la conversion à l'islamisme, ni par l'entrée en clientèle du tenancier ; le fonds de la terre ne peut non plus être vendu, en conséquence des principes qui régissent les *wakoufs*.

De la deuxième espèce sont les terres où les anciens habitants sont restés, en vertu d'une capitulation qui leur en conserve la possession, moyennant soumission au paiement du *Kharadj*. Il y a ici deux cas distincts.

Le premier est celui où, par la capitulation, ils se démettent de leur droit de propriété en notre faveur.

Dans ce cas, la terre devient un *wakf*, dans l'intérêt de la communauté musulmane, ainsi que cela a lieu pour les territoires abandonnés. Le *kharadj* auquel elle est soumise est un cens ou loyer qui ne tombe plus, même quand les tenanciers se font musulmans. « Ils n'ont pas le droit de disposer du sol par vente ; seulement, ils en restent exclusivement possesseurs tant qu'ils respectent les clauses de la capitulation. On ne peut les troubler dans cette possession, soit qu'ils persistent dans leur infidélité, soit qu'ils deviennent musulmans, pas plus qu'on ne peut retirer à un fermier la terre qui lui a été donnée à ferme ».

Ce kharadj ne les dispensent pas du paiement de la capitation s'ils sont domiciliés et dimmys. Si, au contraire, ils ne sont pas dimmys, et qu'ils n'aient avec nous que des rapports par traités, on ne doit point souffrir qu'ils résident une année sans se soumettre à la capitation ; mais pour une résidence moins longue on peut les dispenser de cette prestation.

Le second des cas susmentionnés est celui où ils ont stipulé le maintien de leurs possessions, et la réserve de leur droit de propriété sur le fonds, moyennant un *kharadj* qui y est attaché.

Ce *kharadj*, alors, n'est autre chose qu'une *djezia* (capitation). Ils doivent continuer à le payer tant qu'ils restent dans l'infidélité ; mais la conversion à l'islamisme les en affranchit. Aussi ne doit-on pas leur demander l'acquittement de la capitation proprement dite, et ils ont le droit de disposer de leur terre par vente, soit entre eux, soit aux musulmans, soit aux dimmys.

S'ils la vendent à un d'entre eux, elle reste comme auparavant sous le poids du *Kharadj*. Si elle est transportée à un musulman, le *Kharadj* cesse. Si [c'est à un dimmy, les uns veulent qu'elle reste grevée de Kharadj, à raison de l'infidélité du nouveau possesseur ; les autres veulent que le Kharadj cesse, vu que, en raison de sa qualité de dimmy, les conditions de la capitulation ne peuvent plus lui être applicables.

De tout ce qui précède, nous pouvons poser en fait : 1° que la législation musulmane prescrit de grever du *Kharadj* ou tribut foncier, le territoire de tout pays soumis par les armes, quand on le laisse aux mains des anciens habitants ;

2° Que, par le fait même de son passage sous la condition tributaire, c'est-à-dire par cela même qu'il est fait de *Kha-*

radj, ce territoire devient l'objet d'un *wakf* ou fondation pieuse (49) (cf. Journal asiat., 1842, deux. vol., p. 395).

De la sorte, le pays conquis et non partagé entre les vainqueurs est nécessairement tributaire, et l'imposition du *Kharadj* en implique la mise en *wakf*.

Ainsi se sont passées les choses avec la Dobrogea (cf. ce que nous avons dit plus haut, p. 192).

V. — *Les terres metroukè*

(ARTICLE 5 DU CODE OTTOMAN DE 1858) 21 AVRIL (7 RAMAZAN 1274)

Art. 5. — « Les terres *metroukè* sont de deux sortes :

1º Celles qui, comme la voie publique, par exemple, sont laissées à l'usage commun des populations (50).

2º Celles qui, comme les pâturages, sont laissées pour le service de la généralité des habitants d'une commune et d'un canton, ou de plusieurs communes et cantons réunis (51) ».

Parmi les choses laissées à l'usage des habitants des communes, nous pouvons nommer, en dehors des pâturages, les

---

(49) Pour éviter toute confusion et toute répétition inutile, l'article 4 du Code de 1858 réserve l'expression *wakouf* pour les biens de main-morte qui ont été possédés par les fondateurs à titre *mulk* ; tandis que les terres domaniales affectées aux fondations pieuses sont dénommées *mevcoufé*, mot qui, d'ailleurs, a la même signification que le mot *wakouf*.

(50) *Viarum quædam publicæ sunt, quædam privatæ, quædam vicinales. Publicas vias dicimus, quas Græci βασιλικὰς appelant* (Lex 22, 23, Dig. 43, 8). Quant au droit français, comparez l'art. 538 du Code civil.

(51) Selon le droit romain « res publicæ », c'est-à-dire loca quæ publico usui destinata sunt (Lex 2, § 2-5, Dig. 43, 8) ; selon le Code civil français « choses qui n'appartiennent à personne et dont l'usage est commun à tous » (Art. 714). — Mais par l'expression *res publicæ* des lois romaines sont désignées aussi telles choses, distinguées d'autres par cela seulement, que leur propriétaire n'est pas une personne privée, mais l'Etat même ou certaine commune (cf. lex 2, § 4, Dig. 43, 8 ; — lex 17, Dig. 50, 16 ; — lex 72 § 1, Dig. 18, 1).

arbres des bois et forêts de coupe, dits *baltalyq* et affectés *ab antiquo* à l'usage et à l'affouage d'une ville ou village et les *Khirmen ïeri* (lieu de meule, étendue de terrain, aire ou espace circulaire où l'on entasse le grain en meule après la récolte ; on y fait quelquefois aussi le battage du blé. Le *Khirmen ïeri* est toujours un terrain nu. Cf. Ami Boué et Belin). — L'art. 34 du Code ottoman dispose que : « le terrain distrait d'une terre *miriiè* pour servir d'emplacement de *Khirmen* et dont la possession est donnée ordinairement par *tapou*, à titre particulier ou commun, suit la législation des autres terres *miriiè* ». L'emplacement des Khirmens de salines distrait des terres miriiè est aussi du même genre. Le sol de ces *Khirmens* est imposé d'un *mouqâtéaizémiu* (redevance fixe) équivalant à la dîme.

Quant aux *baltalyqs*, le Code prévoit : que les arbres des bois et forêts sus-mentionnés seront coupés par les seuls habitants des localités à l'usage et à l'affouage desquelles ils ont été *ab antiquo* affectés (art. 91).

Personne autre n'aura le droit d'y faire des coupes ; il en est de même des bois et forêts affectés, *ab antiquo,* pour le même objet, à plusieurs villages ; les habitants d'autres localités ne peuvent y faire des coupes.

Ces bois et forêts ne sont frappés d'aucun droit. En plus, selon l'*art. 92*, on ne peut donner à personne, par *tapou*, la possession soit particulière, soit collective d'une partie de bois ou forêts affectés aux habitants d'un village pour en faire un bois séparé ; ou après l'avoir abattue, pour mettre le sol en culture.

Si quelqu'un en acquiert la possession, les habitants peuvent toujours la lui retirer.

Sous le régime ottoman, les habitants avaient le droit (conformément aux usages consacrés *ab antiquo*) de prendre des forêts de l'Etat le bois nécessaire pour leurs besoins. — *Des forêts de l'Etat;* cela implique qu'ils n'avaient pas les mêmes droits quant aux autres forêts de l'Empire. — Combien de catégories de forêts y avait-il donc dans l'Empire ottoman?

Les forêts de l'Empire ottoman étaient divisées en quatre catégories : 1° forêts appartenant à l'Etat ; 2° forêts dépendant de l'administration de l'*Evcaf;* 3° forêts communales ou *baltalyqs*, et 4° bois et forêts des particuliers.

Le Code sur la propriété foncière s'occupe de tout ce qui concerne la dernière catégorie des bois et forêts. Par conséquent les dispositions du *règlement des forêts* n'ont aucune application à l'égard des dits bois (Cf. art. 1ᵉʳ du règlement, en date du 11 chewal 1286, 1ᵉʳ janvier 1870).

Le Code de 1858 contient en outre (cf. Aristarchi-Bey, ouv. cité, t. I, p. 129) des dispositions relatives aux *forêts communales (baltalyqs)*. De celles-ci s'occupe aussi le règlement des forêts (*art. 21-26*) (52), et comme à une loi géné-

------

(52) *Art. 21.* — Les baltalyks sont les forêts qui ont été affectées de tout temps aux communes pour leur usage et leur profit.

Art. 22. — Par suite et en vertu des art. 91 et 92 du Code rural, les habitants de ces communes ont seuls le droit d'en jouir, à l'exclusion de ceux des communes voisines et de tous autres individus.

Art. 23. — Il est défendu aux particuliers d'acquérir d'une commune une portion quelconque du sol d'un *baltalyq*, ou un nombre quelconque d'arbres dans le but d'en jouir sur pied. En un mot, l'aliénation d'une portion quelconque du fonds ou de la superficie est interdite en dehors des exploitations régulières.

Art. 24. — Dans les procès relatifs aux baltalyks, il est interdit, en vertu de l'art. 102 du Code rural, d'invoquer le bénéfice de la prescription.

Art. 25. — Les habitants d'une commune jouissent de leurs baltalyqs, soit individuellement, soit en commun.

Les bois exploités dans un but de négoce seront assujettis à la dîme.

Art. 26. — Les habitants sont chargés de veiller à la conservation de leurs baltalyks. Des instructions concernant la police de ces forêts seront publiées ultérieurement et les agents de la force publique seront tenus concurremment avec les Mouktars de les faire exécuter.

rale on peut déroger par une loi spéciale, voilà les modifications apportées.

Ces modifications ne consistent que : 1° dans la prohibition non seulement pour l'Etat (voyez art. 92 du Code) mais encore pour la commune même, d'aliéner une portion quelconque du fonds ou de la superficie (art. 23 du règlement ; quant au droit de superficie sur une terre domaniale pour formation d'un bois, voyez art. 28 du règlement et Aristarchi-Bey, ouv. cité, p. 120, note 134, t. Ier).

2° Dans l'assujettissement à la dîme des bois exploités dans un but de négoce (art. 25), et cela parce que suivant l'exposé des motifs du Règlement « *les habitants ont la faculté de vendre les bois fournis par leurs baltalyqs* » ;

3° *Dans la surveillance gouvernementale* (hors celle des habitants) *concernant la police de ces forêts.* (Quant aux dispositions identiques du Code et du Règlement, voyez art. 91, 92 du Code ; 21, 23, 25 du Règlement et art. 24 du Règlement en corrélation avec l'art. 102 du Code).

Nous avons dit que le Code s'occupe de tout ce qui concerne *les bois et forêts des particuliers.*

Suivant l'article *28 du Code* « les arbres venus naturellement (sur une terre miriiè) ne peuvent être ni coupés ni enlevés par le possesseur du sol ni par qui que ce soit » parce qu'ils appartiennent à l'Etat.

Mais la disposition de l'article 28 a été abrogée par *Ordonnance impériale.*

Toutefois même après l'abolition du droit de propriété de l'Etat sur les arbres venus naturellement sur une terre miriié, il faut toujours distinguer DEUX SORTES DE BOIS PRIVÉS : *les bois possédés à titre de tapou,* soit comme dépendance de la terre, soit comme objet principal de possession (art. 30), *et les bois possédés à titre de pleine propriété* (mülk).

Le droit de l'Etat (cf. pour plus de détails, Arist.-Rey, ouv. cité, p. 131, t. I) de prendre les arbres nécessaires à la Marine et à l'Artillerie s'étend indistinctement à toute sorte de bois appartenant à des particuliers. [Cf. (*législation française*), art. 2 et art. 117-121 du Code forestier).

Quant aux *forêts de l'Etat*, selon l'exposé des motifs du Règlement de 1870, « comme toutes les communes ne possèdent pas des *Baltalyqs* et que d'ailleurs elles jouissent depuis longtemps de la faculté de prendre gratuitement dans les forêts de l'Etat tout le bois nécessaire à leur usage », il a été décidé que le droit de jouissance leur serait attribué, tout en les assujettissant à certaines règles. C'est ainsi que par la disposition de l'*art. 5 du dit Règlement* « les habitants des communes seront autorisés à prendre gratuitement dans les forêts de l'Etat les bois destinés à leurs besoins *tels que construction et réparation de leurs maisons*, greniers, étables, voitures, instruments aratoires, ainsi que tout le bois de feu nécessaire à leur ménage. En outre, les bois et charbons qu'ils transporteront à l'aide de leurs voitures ou de leurs bêtes de somme pour être vendus au Bazar de leur commune seront également délivrés gratuitement. Néanmoins, s'il s'agissait de quantités considérables ou de ventes, devant avoir lieu en dehors du marché ci-dessus indiqué, ils seraient tenus de payer une redevance.

Les habitants des communes seront assimilés aux commerçants et tenus de se conformer aux dispositions du Règlement des forêts pour les bois dont ils voudraient faire commerce. Un règlement spécial, relatif au contrôle à exercer par l'Administration sur les délivrances gratuites, sera ultérieurement promulgué ».

Suivant l'*art. 17* « les habitants des communes pourront être autorisés, par l'agent forestier, à ramasser, sans payer aucune redevance, le bois mort et gisant dans les forêts de l'Etat situées sur le territoire de leur commune ». En outre, les mêmes habitants ont aussi un droit de pâturage de leurs bestiaux dans ces forêts. (Cf. art. 13-16 ; 45-46 du Règlement).

Enfin les *forêts des vacoufs*, suivant l'article 19 du Règlement « sont assimilées aux terres relevant de l'Evcaf dont les revenus sont dépensés pour l'entretien des fondations auxquelles ces terres sont affectées ».

Elles ont été aussi assujetties au même règlement pour leur conservation, et, à l'égard du droit de l'Etat de prendre des bois pour le service de la marine, elles sont soumises aux dispositions qui concernent les bois des particuliers, à l'exception seulement de la restriction à l'égard de la mesure des arbres à prendre (voyez *Arist.-Bey*, t. II, sous le titre Forêts).

Maintenant que nous avons exposé les dispositions relatives aux bois et forêts passons à un autre ordre d'idées.

Selon le droit ottoman personne ne peut faire acte de propriété sur la voie publique ; et toute contravention à cet égard dit l'*art. 93 du Code* sera aussitôt punie (53).

---

(53) *Droit musulman.* — (Cf. *Tornauw*, *Droit musulman*, sect. II, chap. IV, p. 286).

Les lieux que nul n'a en propriété et ceux qui appartiennent *à tous* comme les mosquées, les rues, places publiques, routes, etc., sont *à l'usage d'un chacun* ; mais nul ne peut en devenir propriétaire : de sorte que, quand l'un quitte sa place dans un pareil lieu, un autre peut venir l'occuper, et le premier, quand il revient, n'a pas le droit de l'en déloger. Chacun est néanmoins tenu d'user de ces choses, de manière à n'en point entraver l'usage des autres, comme, par exemple, de s'asseoir au milieu du chemin ou de la rue, ce qui empêcherait le passage ». C'est en vertu de ce principe du droit commun des musulmans, conforme d'ailleurs aux autres législations, que le Droit ottoman, en particulier, a consacré dans les art. 93, 94 et 192, la prohibition de toute propriété privée sur les voies et les localités publiques, leur *inaliénabilité* et *imprescriptibilité* et qu'il a *sanctionné* ces dispositions par l'art. 264

Nous avons vu que, parmi les terres *metrouké*, les pâturages sont mentionnés (art. 5) ; nous pouvons ajouter que leur importance est considérable et que le législateur ottoman s'en est amplement occupé.

Il a disposé que « dans tout pâturage affecté *ab antiquo* à un village, les habitants seuls de ce village feront paître leurs bestiaux ; ceux d'un autre village ne pourront y envoyer les leurs.

Le pâturage attribué *ab antiquo* et en commun aux troupeaux de deux, trois villages, ou d'un plus grand nombre, sera le pacage commun des bestiaux de ces villages, quel que soit celui dans la circonscription duquel il se trouvera ; les habitants de ces villages ne pourront réciproquement y mettre obstacle. On ne peut ni vendre, ni acheter ces sortes de pacages affectés *ab antiquo*, soit exclusivement à un village,

---

du Code pénal (voy. Aristarchi-Bey, ouv. cité, t. II, Droit public intérieur, p. 268), en vertu duquel « seront punis d'un emprisonnement de trois jours à une semaine et d'une amende de quinze à vingt medjidiés de cinq piastres, ceux qui auront dégradé les chemins publics, les places, les promenades ou autres lieux destinés à l'utilité publique, ou qui les auront usurpés sur leur longueur et largeur. Les contrevenants seront, en outre, condamnés à payer les frais de réparation et à restituer les espaces usurpés ».

Droit romain. — « Le préteur défend de bâtir dans un lieu public et donne un interdit » (lex 1, Dig. 43, 8), et par cet interdit le préteur pourvoit non seulement à l'intérêt du public, mais encore à celui des particuliers ; car les lieux publics sont destinés à l'usage des particuliers qui en usent, non pas comme de leur chose privée, mais en vertu du droit de tous. C'est pourquoi, si quelqu'un a fait dans un chemin public un ouvrage qui porte dommage à un seul particulier, il peut être actionné en vertu de cet *interdit prohibitoire* et c'est pour cela que celui-ci a été fait » (lex 2, § 2, Dig. 43, 8). Par la dénomination « publici loci » (lieux publics) il faut entendre les places, les îles, les champs, les voies et les chemins publics (lex 2, § 3, eod.) et, en général, « tous les lieux destinés à l'usage public » (L. 2, § 5, eod.). Cet interdit est prohibitoire (cf. la loi 2, § 1, 10, 16-18 et la loi 7, Dig. eod.).

Quant à l'autre interdit qui défend de rien faire dans un *chemin public* qui puisse le détériorer, et qui, sous la dénomination de *chemin public* com-

soit collectivement à plusieurs; on ne pourra y faire, *a posteriori*, ni enclos, ni bergeries, ni autres bâtisses; on ne peut non plus y faire des vignobles et vergers, en y plantant des arbres ou des vignes; si quelqu'un y faisait des bâtisses ou des plantations, les habitants pourront, à toute époque, les faire démolir et arracher. Il ne sera donné à personne l'autorisation de défricher cette terre et de la mettre en culture comme une terre ensemencée. Si quelqu'un veut la cultiver, on y mettra empêchement; ce terrain doit rester à perpétuité à l'état de pacage ».

Outre le droit de jouissance sur les *pâturages communaux*, les habitants des communes ont aussi un droit de pâturage : 1° dans les forêts de l'Etat, sous certaines restrictions (Voyez art. 13, 14, 15, 16 et 43, 44, 50, 52 du Règlement des forêts;

---

prend celui dont le sol est lui-même public — parce que le sol d'un chemin privé appartient toujours au propriétaire du terrain qui l'a formé, quoique le chemin privé est aussi nommé *via publica*, lorsqu'il est permis à tout le monde de passer — comparez les lois 2, § 20-22, 25-32 eod. Toutefois cet interdit ne regarde que les *chemins ruraux* et ne concerne point les *rues des villes* dont les *magistrats* sont chargés de prendre soin (L. 25, eod.), c'est-à-dire les édiles, lesquels doivent avoir soin d'empêcher de faire des fouilles ou des constructions dans les rues, en infligeant une amende aux contrevenants et en faisant détruire ce qu'ils auraient fait (voy. Digesta, Mommsen, Berolini, 1890, t. II, p. 577; Digesta, 43, 10, lex 1, § 2. *De via publica et si quid in eo factum esse dicatur* (le texte est en grec). En essence voilà les attributions des édiles :

1° Les édiles devaient veiller à ce que les rues des villes fussent planes et nivelées; à ce que les eaux ne nuisissent pas aux maisons; à ce que l'on construisît des ponts; à ce que les murs des maisons ne fussent pas caducs; à ce qu'on ne fît pas de fossés dans les rues (lex 1, § 2); à ce qu'on ne jetât pas d'immondices ni d'animaux morts, ni des peaux dans les rues; à ce qu'il n'y eût pas de rixes, etc. (cf. Dictionnaire du Digeste par Thévenot-Dessaules, Paris, 1808, t. Ier, p. 409).

Droit français. — (Cf. art. 538, 542, 714 du Code civil; art. 471 du Code pénal; la loi sur les chemins vicinaux, art. 10 et 21; et la loi spéciale sur la détérioration des routes du 28 septembre 1791).

Comp. les art. 61-85 du Code forestier français) ; 2° dans les terres otlaq, où l'herbe croît très courte, et qui, comme terres mortes, ne sont pas possédées par tapou (Cf. art. 105 du Code ottoman de 1858).

Sur les pacages tchiftlick (54) le possesseur seul fera paître ses troupeaux.

Une commune — en tant que collectivité — peut posséder selon les lois ottomanes : des *mer'a,* c'est-à-dire des pacages communaux (dont s'occupe l'art. 97 et suiv.) ; des *iaïlaqs* et *qychlaqs* (55) (art. 101) ; des *baltalyq* (art. 30, 91, 92) et des *khirmen ïeri* (art. 96).

Les *mer'a* doivent rester à perpétuité à l'état de pacage (art. 97 *in fine*) ; les *iaïlaqs* et *qychlaqs* peuvent être mis en culture avec le consentement des habitants (art. 101 *in fine*).

La différence entre ces deux sortes de pâturages, pour minime qu'elle soit, mérite d'être mentionnée.

De tout ce qui précède, on peut voir que pour ces pâturages la prescription ne peut pas être invoquée par une personne quelconque.

Dans la Dobrogea il n'y a pas des *mer'a* possédées suivant les normes des art. 97 et 98 du Code ottoman.

Selon la coutume on ne laboure pas une partie des terres pendant deux ans ; cette partie-là sert comme lieu de pacage.

Aussi chez les habitants de Dobrogea le mot *mer'a* n'a plus le sens que la loi lui assigne et s'applique à tout le territoire de la commune.

-----

(54) *Tchiftlick* désigne le champ de labour d'une charrue (de deux bœufs) cultivé et moissonné chaque année (Voyez pour plus de détails art. 131 du Code ottoman ; Cf. *Droit romain,* titre LX, livre XI du Code « *De pascuis publicis et privatis* »).

(55) *Qychlaq,* lieu de campement, de parcours et de vaine pâture pour les bestiaux pendant l'hiver ; *iailaq,* opposé du précédent, lieu de campement, de parcours pour les bestiaux pendant l'été (Cf, *Belin*).

Des montagnes où il y ait des pâturages pour l'été
(*ïailacq*) n'existent pas dans la Dobrogea ; le massif monta-
gneux et boisé du nord de la province (entre Isaktcha, Matchin et Babadag) n'a pas à cette fin des étendues assez importantes (56).

Dans la Dobrogea il y a des *qychlaq* ; non pas dans les conditions prévues par l'art. 101 (*metroukè*), mais possédées avec
tapou conformément à l'art. 24 du Code ottoman.

De tout ce qui précède, il résulte que la possession par les
communes de terres domaniales collectivement et exclusivement (à titre *metroukè*) n'est qu'exceptionnellement admise
par la loi musulmane ; laquelle ne reconnaît généralement que
les possessions individuelles (57).

Cela s'explique par l'intérêt purement fiscal que l'Etat ottoman a de ne pas perdre les droits de mutation concernant les
terres possédées avec *tapou*.

La commune, d'ailleurs, est suivant la loi ottomane personne morale capable d'avoir des propriétés immobilières.

Voilà dans ses grandes lignes la législation qui régissait la
propriété immobilière de la Dobrogea antérieurement à l'annexion de la province.

Avant de faire l'exposé des lois turques, nous avons dit que
ce n'était pas chose aisée pour les gouvernants roumains de
rapprocher sans heurts les deux législations en présence (la

---

(56) Cf. *G.-M. Ghica*, ouv. cité, page 38.

(57) *Idem*, page 40. — Pour tout ce qui concerne la possession ; la nature
du droit de possession sur les domaines de l'Etat ; voyez *Belin*, Journal Asiatique, 1862 ; *Aristarchi-Bey*, ouv. cité, règlements des Tapous de 1859 ; Code
ottoman de 1858, les articles 25-36, 68-78 ; l'art. 107 et surtout l'art. 59 et les
modifications apportées : par la loi de 1867, par la loi de 1869 ; par l'ordonnance impériale du 6/18 janvier 1870 (16 Shval 1286) ; Cf. aussi *G.-M. Ghica*,
ouv. cité, pages 40-51.

législation ottomane et la législation roumaine) pour fondre l'ancien régime dans le nouveau.

Aussi ce n'est qu'en 1882, quatre ans après l'annexion de la province (deux ans après la loi organique de 1880) que l'on a pu aboutir à cela. Jusqu'à cette date, dans la Dobrogea, la propriété s'acquérait, se conservait, se transmettait, etc., — et sous la domination roumaine — conformément aux lois ottomanes (Cf. art. 11 de la loi de 1880 et *art. 1er de la loi de 1882*) (58).

L'importante disposition contenue dans *l'article 2* de la loi de 1882 (59) changea du tout au tout le critérium selon lequel la propriété était régie avant l'annexion. Désormais il ne s'agissait plus ni de musulmans, ni de chrétiens, mais de Roumains et d'étrangers. La religion importait peu ; la nationalité seule fut prise en considération.

L'art. 3, chose toute naturelle, respecta le principe de la non rétroactivité, en disposant que « les droits de propriété « absolue (*mulk*) et ceux qui ont trait à la possession immo« bilière rurale (*miriiè*), droits acquits conformément aux lois « en vigueur dans la Dobrogea jusqu'à la promulgation de « cette loi sont et seront respectés » ; et comme une consécration immédiate de ce principe, *l'art. 4* (60) prévoit que « pour « tous les titres de propriété (de possession) émanant des « autorités ottomanes, les habitants recevront de nouveaux « titres, sans payer aucune taxe de timbre ni d'enregistre« ment.

« Une commission vérifiera tous les titres anciens ».

----

(58) Voyez l'art. 11 à la fin du volume, appendice, page 245 ; Cf. *I.-N. Roman*, ouv. cit., p. 45, 46.

(59) Voyez ce qui a été dit plus haut, page 184-188 ; cf. *Alexandresco*, ouv. cité, page 25.

(60) Cf. aussi le règlement du 5 juin 1880.

Les décisions de cette commission pouvaient être attaquées par-devant les tribunaux d'appel.

Les habitants dont les titres n'étaient pas admis par la commission avaient un mois pour en appeler aux tribunaux (*art. 6*).

Les titres de propriété — pour être admis — devaient avoir été délivrés par les autorités ottomanes antérieurement au 11 avril 1877. Toutefois « *ceux qui n'avaient pas des titres authentiques pouvaient prouver leurs droits par témoins, à condition que la bonne foi et la sincérité de ces témoins ne fût pas suspectée* » (*art 6 in fine*).

Il est certain que les tribunaux pouvaient vérifier l'identité des gens qui réclamaient des droits de propriété, mais cela n'empêche pas de se demander pourquoi le législateur, par l'art. 6, a transgressé les dispositions du Code ottoman de 1858.

La loi ottomane est formelle et n'admet comme moyen de preuve — pour les cas qui nous occupent — *que le commencement de preuve par écrit résultant d'actes authentiques émanés des autorités ottomanes compétentes et dont il ressort que le plaideur* (propriétaire ou possesseur ayant perdu son titre dont on ne trouve pas trace dans les registres des archives impériales, Defter khanè) *a toujours été le propriétaire* (le possesseur) *du domaine en litige* (voyez ce qui a été dit *supra*, p. 196-197).

Ce n'est que subsidiairement, à titre de complément de preuve (cf. Code de 1858) *qu'on admet la preuve par témoins*.

Pourquoi a-t-on interprété avec tant de générosité la loi ottomane ?

Est-ce parce que les Tcherkesses ayant commis des vandalismes en 1877-78 un grand nombre de musulmans n'avaient plus leurs titres de propriété (de possession), ou parce que dans les registres des autorités ottomanes, il y avait trop de lacunes ?

Quoi qu'il en soit, *généreuse fut l'interprétation et l'application de la loi ottomane par les commissions d'arrondissements* (dont les membres étaient : le sous-préfet, le maire de la commune et le délégué du ministère des domaines) *et par la Commission centrale* (composée des délégués du ministère de l'intérieur, du ministère de la justice et de l'administrateur des domaines de l'Etat ; trois membres en tout).

Celui qui contribua le plus à cela fut M. Remus Opran, président de la Commission centrale chargée de vérifier les titres de propriété des habitants dobrogiotes, qui intervint à cette fin auprès du ministre des finances, J. C. Bratiano.

« Monsieur le Ministre, dit-il dans son rapport portant le numéro 21, les documents relatifs à la possession immobilière rurale reçus de Constantinople sont incomplets pour les arrondissements Mangalia, Medjidié, Nouveau-Silistrie, manquent totalement pour les autres arrondissements et ne sont pas tenus en ordre ; beaucoup de registres nous font défaut.

« Le fonctionnaire des Archives de Constantinoplé nous communique qu'il ne peut pas affirmer si le reste des documents nous intéressant se trouvent ou non dans les Archives impériales. Certains sont envoyés au Gouvernement bulgare, d'autres sont perdus. Pour ne pas retarder encore les travaux de la Commission centrale et afin de résoudre sans retard la question de la propriété, nous sommes d'avis que la Commission, ayant en vue les *tapous* ou les documents présentés par les parties qui possèdent des propriétés, puisse se prononcer conformément au règlement les concernant, car elle a des éléments suffisants pour constater leur véracité et leur validité.

« Dans ce but, afin que nous soyons libres d'apprécier les titres de propriété, sans avoir recours aux actes des Archives impériales — quand ceux-ci feraient défaut, — nous vous prions de bien vouloir ordonner qu'on modifie, dans le sens indiqué, l'art. 18 du règlement concernant la constatation et la vérification des actes de possession rurale de Dobrogea ».

Le ministre des finances, J.-C. Bratiano, accéda à ces observations justifiées et l'article 18 du Règlement fut modifié comme suit : « La Commission centrale procédera à l'examen des dossiers reçus des commissions d'arrondissement..., vérifiera si chaque titre réunit les conditions exigées par les lois ottomanes pour être admis et reconnu comme valable, déterminera l'étendue de chaque « *vatrá a satului* » (61) et des *mer'a* des communes et décidera quelle étendue de forêt (là où il y en a bien entendu) sera laissée pour les besoins des habitants des communes.

« En cas que les registres des archives feront défaut ou seront incomplets, la commission a le droit de se prononcer sur les titres présentés par les possesseurs, pouvant user dans ce but de tous éléments et pièces de conviction entièrement laissés à son appréciation et de se prononcer sur leur vali‑ dité ».

Une fois l'article 18 modifié, la commission centrale, pen‑ dant deux ans, examina tous les titres de propriété (62), — de possession, — des habitants, prit en considération leurs réclamations, leurs demandes justifiées, et mena à bonne fin

---

(61) « *Vatrá a satului* » = emplacements d'un village et son territoire (Cf. *Damé*, t. IV, p. 213, Nouveau Dictionnaire roumain-français, Bucarest, 1893-1895).

(62) Les titres de propriété concernant les terres *mulk* sont dénommés *hodjer*, ceux relatifs à la possession sur les terres miriie sont connus sous le nom de *tapous* (Voyez M. *Vladescu Olt*, ouv. cité, p. 18).

ANGELESCO   15

ce rude travail avec le concours d'un délégué envoyé de Constantinople.

Pendant tout ce temps, l'administration générale des
Vakoufs de l'Empire Ottoman ne formula aucune prétention,
ne fit aucune démarche auprès du Gouvernement roumain, ni
par l'intermédiaire du délégué de l'Empire, ni autrement.

Dans le dernier temps, elle s'est découvert des droits sur les
Vakoufs (?) de Dobrogea et, profitant de la méconnaissance
des hommes d'Etat roumains en matière de droit ottoman,
elle a formulé des prétentions exagérées.

Vu la mauvaise foi de cette administration, vu les dispositions catégoriques des articles 6, 7 et 10 de la loi de 1882,
elle aurait dû être purement et simplement déboutée de sa
demande.

Au lieu de cela, une commission a été chargée d'aller à
Constantinople pour aplanir ce *différend diplomatique* (!?).
Cela nous a surpris un peu.

Par suite de la lutte que les Roumains de Macédoine entre-
prennent contre les Grecs pour se libérer du joug que ceux-ci
veulent leur imposer sous le couvert de la religion (gréco-
orientale, gréco-orthodoxe), par suite de ce fait que les
hommes d'Etat roumains, ayant à cœur de défendre les droits
de leurs compatriotes, sont obligés de s'adresser aux dignitaires de la Sublime-Porte, « le Syndicat d'affaires véreuses
de Constantinople » (63) croit-il le moment enfin venu de forcer
la main au Gouvernement roumain et de le décider à payer
injustement de fortes sommes à l'administration des Vakoufs
de l'Empire ! ?

Et ceux qui ont le devoir de défendre les droits des Roumains de partout et de veiller à ce qu'aucune humiliation ne

---

(63) Cf. *M. Vladescu Olt*, Revista Judiciarà, n° du 2 mai 1906.

soit infligée à la patrie se laisseront-ils intimider par des gens sans scrupules ou berner par des diplomates trop habiles ?

Nous nous refusons à le croire, d'autant plus que parmi les membres de la commission (roumaine) se trouve — pour ne citer qu'un seul — M. C. Dissesco, homme de loi émérite et patriote intègre.

Car à la fin des fins, si l'administration des Vakoufs croit au bien fondé de ses prétentions, — puisqu'il s'agit de sommes à payer par l'Etat roumain (de Kharadj ?) bref d'intérêts d'argent — qu'elle s'adresse aux tribunaux roumains. Il y a des juges en Roumanie, et la Cour de cassation roumaine, qui est au-dessus de tout soupçon de partialité, comme suprême instance, saura faire respecter les droits de l'administration des Vakoufs !

Ce n'est pas par pressions diplomatiques, mais par voie judiciaire, que cette irritante question des Vakoufs doit être tranchée.

Nous espérons qu'à Constantinople on voudra bien se rendre à l'évidence et que les relations amicales entre la Turquie et la Roumanie se maintiendront assez pour déjouer les intentions de la coterie byzantine de Phanar.

La Roumanie a bien autres choses à faire de son argent que de payer — avant que les instances judiciaires se fussent prononcées — des millions à l'administration des Vakoufs de Turquie.

Le sort des laboureurs roumains doit surtout préoccuper nos hommes d'Etat, car la loi de 1882 n'a pas été interprétée et appliquée avec intelligence par les autorités dobrogiotes et la loi de 1889 a compliqué encore plus les choses et a dégoûté même les Transylvains d'acheter des terres dans la province.

Le législateur voulant unifier le régime de la propriété dans la Dobrogea a disposé : « *La dîme* (impôt que les habitants possesseurs de terres *miriiè* payaient en nature) *est abolie par le rachat des terres possédées et de cette manière les posses- seurs en deviennent propriétaires* ».

(*Art. 11 de la loi de 1882*).

« Le prix de rachat est fixé à 55 francs l'hectare, payables à tempérament de 2 francs par an jusqu'à l'acquittement complet de la somme due ». (*Art. 12, al. 1ᵉʳ*, cf. le texte primitif et le texte de l'art. 12, tel qu'il a été modifié par la loi du 11 juin 1889).

Ceux qui voulaient devenir immédiatement propriétaires sur les deux tiers des terres possédées devaient renoncer en faveur de l'Etat à un tiers de ces terres (*miriiè*).

Un grand nombre de possesseurs usant de cette faculté que la loi leur laissait ; beaucoup d'émigrés ne se réclamant pas de leurs droits pendant un an depuis la promulgation de la loi de 1882 et perdant ainsi, conformément à l'art. 9, leurs droits sur les terres *miriiè*, il est advenu que l'Etat s'est trouvé possesseur de vastes domaines qui n'avaient alors d'ailleurs qu'une valeur très minime.

Le Gouvernement roumain pour peupler vite les steppes de Dobrogea s'est décidé à faire toutes sortes d'avantages à ceux qui désireraient s'établir dans la province annexée.

Des facilités pour le paiement des terres (64) (vendues à des prix dérisoires) ; des exemptions d'impôts (65) et de taxes de douane tout à l'avantage des Transylvains ; des encourage- ments de toutes sortes (voyez art. 29 *in fine*) furent prodi-

----

(64) Cf. art. 28, texte ancien, et art. 28 modifié par la loi du 20 mai 1893.

(65) Cf. *art. 29 :* « Les familles d'agriculteurs qui s'établiront dans la Dobrogea sont exemptes d'impôts pendant trois ans. — Le paiement du prix prévu par l'art. 28 sera exigible seulement après trois ans révolus. — Le Ministère des Domaines leur délivrera gratuitement les matériaux nécessaires pour construire ».

gués aux laboureurs et les résultats promettaient d'être brillants car de partout des Roumains venaient s'établir dans la Dobrogea.

Les vues ingénieuses, sages, du législateur n'ont pas été comprises par les préfets (par l'administration de la province) et innombrables furent les laboureurs roumains, tant du Pays que des pays subjugués qui furent traités comme des importuns et renvoyés sans ménagement là d'où ils étaient venus.

Dès qu'on sut qu'on n'accordait plus des terres, suivant les conditions prévues par la loi, l'immigration cessa et alors les ingénieurs chargés avec le parcellarisme de la propriété immobilière, payés suivant le nombre d'hectares parcellés, pour ne pas se croiser les bras « et afin de gagner le plus possible, ont gavé de propriétés les habitants d'origine étrangère et tous les aventuriers de Dobrogea » (66).

La plupart de ceux-ci croyaient pouvoir s'acquitter envers l'Etat grâce aux revenus tirés de la location des terres achetées. Quand ils ont vu que les amateurs manquaient — ne voulant ou ne pouvant, pour différents motifs, cultiver eux-mêmes leurs propriétés — ils les ont revendues ou abandonnées à l'Etat avec le même empressement qu'ils avaient mis pour se rendre acquéreurs. Certains n'ont pas payé même le premier terme.

Le Gouvernement inquiété par cet état de choses changea de tactique et se montra défavorable à une colonisation rapide en refusant de vendre de grandes étendues de terres même aux Transylvains auxquels on avait conseillé de venir dans la Dobrogea avec leurs nombreux troupeaux de moutons et tous leurs biens.

Le coup était trop rude (un vrai désastre) pour ces braves

---

(66) **Cf.** *C.-D. Pariano*, ouv. cité, p. 61.

gens qui avaient fait preuve d'une trop grande confiance dans les dires de nos gouvernants.

Le ministre Anastase Stolojan, pour parer à l'injustice, leur promit — malgré la décision du Gouvernement de ne plus mettre à la disposition des laboureurs que de petits lots de terre — de donner des ordres pour qu'on leur vende des lots de 50, de 100 hectares au besoin, à condition qu'ils ne demandent que 10 hectares par personne.

Les Transylvains ont agi selon l'ingénieux conseil du Ministre et sous le couvert de noms fictifs le même chef de famille a pu obtenir l'étendue de terrain qui lui était nécessaire pour ne pas travailler en pure perte.

Certains aventuriers qui ne méritaient pas la même bienveillance que les Transylvains ont profité aussi du stratagème auquel le Ministre s'était cru obligé d'avoir recours. L'ordre équitable du Ministre, à cause de l'Administration dobrogiote antipatriote et inconsciente de ses devoirs, a engendré le désordre et c'est pourquoi M. Vladescu-Olt, l'administrateur consciencieux des domaines de l'Etat, a pu constater que « dans la Dobrogea il y a des terres possédées sous le couvert de noms d'animaux ; d'autres achetées au nom d'enfants non conçus ou nouveau-nés ; d'autres enfin au nom de personnes qui ne savent pas du tout être propriétaires tels que : cochers, domestiques, etc., des propriétaires ou des éleveurs de bétail » (67).

Il est exact que dans la Dobrogea il y avait aussi des terres usurpées, possédées par des gens n'ayant pas des titres de propriété, gens venus on ne sait d'où et se permettant même le luxe d'affermer ces terres à des laboureurs honnêtes — rou-

---

(67) *M. Vladescu-Olt* « Improprietàrîrîle din Dobrogea », Bucarest, 1905, p. 48 et suiv.

mains très souvent — qui n'avaient eu ni la chance d'obtenir
des propriétés ni l'astuce d'en usurper.

Les irrégularités commises et accumulées pendant vingt ans
avaient dans le dernier temps fait croire que la propriété
rurale dans la Dobrogea était une marchandise achetable par
tout venant, et que n'importe qui pouvait devenir propriétaire là-bas, car, de même que l'abandon des terres, l'acquisition (ou à la rigueur l'usurpation) était tout aussi facile.

Cette conception, tendant à ébranler les bases de la propriété rurale, bases qui soutiennent toute la population de la
province et qui d'ailleurs sont la garantie de la durabilité de
tout Etat moderne, il faut réagir, il faut que l'ordre soit intro-
nisé, la justice rétablie, il faut que l'on accorde à chacun ce
à quoi il a droit et seulement autant (68).

Dans le rapport du 20 novembre 1904 adressé au ministre
des domaines et portant le numéro 14,666, après avoir exposé
qu'il y a eu, en 1903, 3,017 titulaires dépossédés (détenant
37,611 hectares et 1,334 m. c.) et que les travaux des commissions d'arrondissements (69) avaient été rapides et à cause
de cela défectueux ; après avoir rappelé au ministre les réclamations de ceux qui se croyaient ou qui avaient été injustement dépossédés, la découverte de 2,000 pétitions adressées
à l'administration (des domaines de l'Etat) par les habitants
de Dobrogea et qui n'avaient pas été prises en considération (70), M. Vladescu-Olt conclut :

---

(68) En ce sens M. *Vladescu-Olt*, ouv. cité, p. 49.

(69) Ces commissions d'arrondissements se composaient : du chef de l'arrondissement, et du contrôleur financier sous la présidence du sous-préfet de
l'arrondissement.

(70) Voyez pour plus de détails *I. N. Roman*, p. 102, 103 et suiv., qui dé-
nonce les abus des gardes forestiers. Ceux-ci, en 1903, ont dépossédé pour les
motifs les plus futiles les habitants de la province. « Ce qui est plus triste, dit
M. I. N. Roman, c'est qu'au ministère des domaines on a approuvé ces dépos-

A cause de tout cela, quand je vous ai fait connaître la situation, vous vous êtes empressé d'émettre de justes et raisonnables solutions concernant la question de la propriété, en traçant la ligne de conduite que l'on doit suivre dorénavant à l'égard de chaque catégorie de gens dépossédés et en montrant les voies légales dont ne doit se départir la population de la Dobrogea.

Les solutions concernant ces dépossessions furent :

1° *Les terres reprises par l'Etat parce que les titulaires étaient mineurs ou à peine nés au moment où ils avaient été consacrés propriétaires leur seront rendues définitivement* — soit que la plupart, devenus majeurs, sont chefs de famille, soit que les parents ou les tuteurs de ces mineurs ont cultivé les terres en question et ont agi dès le commencement comme des negotiorum gestores — *à condition qu'ils s'y établissent* dans les six mois à partir du 1er avril 1904.

2° Les terres reprises par l'Etat, parce que les titulaires, bien qu'existant, ignoraient leurs droits de propriété, seront administrées par Lui et au fur et à mesure que ces gens — rendus propriétaires à leur insu — revendiqueront les terres dont il s'agit, satisfaction leur sera donnée, à condition que dans le courant des six mois à partir de leur demande ils s'y établissent.

3° Les gens rendus propriétaires dans la Dobrogea — n'importe quand — qui, actuellement, habitent en Roumanie, recouvreront la terre dont ils ont été rendus propriétaires si

---

sessions en masse. Seulement dans le district de Constantza, plus de 57,000 hectares ont été repris par l'Etat ! »

« On a eu recours en 1903 à toutes sortes de moyens extralégaux afin de déposséder le plus grand nombre possible d'habitants, et comble des combles, le maire du village Biulbiul, dans son excès de zèle, s'est dépossédé lui-même ! » (I. N. Roman, ouv. cité, p. 103).

dans le courant des six mois à partir du 1er avril 1904 ils rentrent dans la province pour s'y établir définitivement.

4° Les gens rendus propriétaires dans la Dobrogea et qui, actuellement, tout en habitant la province, ne sont pas sur leurs terres les recouvreront si dans le courant des six mois à partir du 1er avril 1904, ils y reviennent pour s'y établir.

5° On considère comme déjà établis sur leurs terres ceux qui habitent des communes ou des villages voisins et qui ont grand avantage de rester là où ils se trouvent aujourd'hui plutôt que d'habiter la commune ou le village sur la « *mer'a* » (71) desquels leur terre se trouve.

Nous expliquons cet alinéa : Considérant que les parcellements de Dobrogea ont été faits, pour la plupart, par rangées parallèles d'une telle étendue que les derniers lots se trouvent à proximité du village voisin et que, par conséquent, les habitants trouvent plus avantageux de rester dans ce village-ci plutôt que dans le village de la *mer'a* duquel son lot dépend ; pour ce motif ceux qui se trouvent dans les villages avoisinant leurs terres peuvent rester là.

5° Les terres : des émigrés, des disparus, de ceux qui sont morts sans héritiers rentrent dans le patrimoine de l'Etat ; les détenteurs actuels — n'ayant aucun titre — seront irrévocablement dépossédés.

6° Les terres reprises par l'Etat comme ayant été détenues par des prétendus héritiers qui n'ont pu prouver leurs droits et dont les vrais titulaires ont émigré, sont disparus ou morts, seront rendues définitivement à ceux qui, durant les six mois à partir du 1er avril 1904 prouveront par actes valables — conformément à la loi de 1882 et au Code civil — qu'ils sont héritiers légitimes, ou au degré successible des vrais titulaires.

---

(71) *Mer'a* (en roumain *islaz*) = pâtureau, pâturage, pacage communal.

Les terres des émigrés musulmans possédées par des gens n'y ayant aucun droit seront rendues aux héritiers (des musulmans), devenus des meurt-de-faim dans la province, dès que ces héritiers feront valoir leurs droits au moyen d'actes délivrés par les tribunaux mahométans.

7° Les terres des émigrés, des disparus, de ceux qui sont morts laissant ou non des héritiers, et qui sont en retard dans leurs paiements, rentreront dans le patrimoine de l'Etat — les titulaires étant dépossédés conformément à l'article 14 de la loi de 1882 et à l'article 45 (72) de la loi sur l'aliénation des biens de l'Etat (loi du 7 avril 1889).

8° Les terres — reprises par l'Etat — propriétés des émigrés, des disparus et de ceux qui sont morts sans héritiers, se trouvant dans les mains de particuliers munis de procurations ou favorisés par des contrats de fermage pour 30 ans ou par des contrats d'antichrèse, seront détenues et administrées par l'Etat jusqu'à ce que la justice se prononce.

Les lots de 10 et 25 hectares déclarés inaliénables et déte-

---

(72) Cet article a fait l'objet d'un débat important à la Chambre et au Sénat. Voyez le Moniteur Officiel du 7 et 8 mars 1889.

Michaïl Kogalniceanu et Georges Pallade se sont opposés de toutes leurs forces à l'admission de cet article inique qui modifiait un contrat synallagmatique, sans le consentement des deux parties contractantes et suivant lequel : le Ministère des Domaines (l'Etat) avait le droit de résilier *sans sommation et sans jugement* les ventes de lots de terres dans la Dobrogea lorsque les acheteurs ne paieraient pas leurs termes pendant deux années consécutives. Cela était d'autant plus injuste que, par la loi de 1882, on avait accordé aux habitants de la province l'avantage de ne payer les termes des trois premières années qu'à la fin de la période de rachat (Cf. C. D. Pariano, p. 63, ouv. cité ; N. Titulesco, un judicieux article paru dans le Courrier Judiciaire du 4 déc. 1905 ; I. N. Roman, p. 99 et suiv.).

Nous exposons seulement les grandes lignes de cet article, car une analyse complète, tant de l'article que des conséquences désastreuses auxquelles il a donné lieu, sera faite à propos de la loi de 1889, qui a modifié les articles 12, 13, 30, 32 et 33 de la loi de 1882.

nus à la faveur de procurations, de contrats de fermage pour
un terme de 30 ans ou de contrats d'antichrèse, rentrent
dans le patrimoine de l'Etat; mais quant aux terres détenues
à la faveur de procurations, les titulaires venant s'y établir,
au fur et à mesure, dans un laps de temps de six mois à partir du 1er avril 1904, les recouvreront, car ils seront mis
directement en possession des lots dont ils avaient été rendus
propriétaires.

9º Les terres *mülk* (plenum dominium) seront restituées
purement et simplement, si elles sont réclamées par les propriétaires ; mais si elles constituent une succession vacante,
elles rentrent dans le patrimoine de l'Etat.

10º Les terres *miriiè* (possédées avec *tapu*), devenues propriété absolue, soit par le renoncement des possesseurs à un
tiers de ces terres (au profit de l'Etat), soit par le paiement
anticipé des termes de rachat, seront restituées à qui de droit ;
mais s'il s'agit d'une succession vacante, ces terres rentreront définitivement dans le patrimoine de l'Etat.

11º Les habitants qui, par déclaration devant les maires,
auront renoncé aux terres dont ils ont été rendus propriétaires, les recouvreront si, dans un laps de temps de six mois
à partir du 1er avril 1904, ils s'y établissent définitivement
avec tous leurs biens, vu que ces renonciations sont contraires à la loi.

12º Les habitants qui sont en retard de deux termes à
l'égard de l'Etat, auront un délai de six mois à partir du
1er avril 1904 pour s'acquitter, et pendant tout ce temps,
aucune mesure de dépossession ne sera prise contre eux.

Tous ceux qui ont à payer trois termes ou plus, seront dépossédés conformément à l'article 14 de la loi de 1882 et à
l'article 45 de la loi de 1889, et on portera à la connaissance
des percepteurs cette décision, afin qu'on sache que, si l'on

est en retard dans le paiement des termes d'un lot et que, par conséquent, les articles 14 et 45 des lois citées devront être appliqués, le premier devoir de ces percepteurs sera de ne plus affermer à personne ces terres qui tombent sous l'application des susdits textes de loi.

13° Les habitants qui ont obtenu, sous le couvert du même nom, deux ou plusieurs lots de terre grands ou petits tant dans la Dobrogea qu'en Roumanie, sont sommés d'opter pour l'un de ces lots dans un laps de temps de six mois à partir du 1ᵉʳ avril 1904.

En cas contraire, les lots obtenus après qu'ils auront été rendus propriétaires une première fois, et les lots qui se trouvent dans une autre commune ou dans un autre village que ceux où habitent les titulaires, rentreront définitivement dans le patrimoine de l'Etat, conformément à *l'article 28* de la loi de 1882.

14° Pour les terres reprises par l'Etat comme étant détenues sous le couvert de noms fictifs, d'enfants non encore nés ou de différents animaux, aucune solution n'est intervenue, ce qui crée de grandes incertitudes et de réels soucis.

Par l'application des ordres contenus dans la circulaire ministérielle du 1ᵉʳ avril 1904, justice a été faite à un grand nombre d'habitants.

En 1903, 26,659 hectares 1,144 mètres carrés ont été restitués à ceux qui avaient été injustement dépossédés.

De la sorte, la confiance des Dobrogiotes dans la justice roumaine s'accroît, le respect pour les lois du Pays tend à devenir une réalité et les jours ne sont pas trop loin, peut-être, où l'on pourra envisager sans crainte l'avenir, et où l'état florissant de la province fera la joie et la fierté de tous les bons Roumains.

CHAPITRE IV

LES REMÈDES QUE RÉCLAME LA QUESTION DOBROGIOTE

—

Nous avons vu les anomalies du régime d'exception, les mécontentements auxquels il a donné lieu, la violence avec laquelle ce régime a été attaqué ; il nous reste maintenant à analyser les remèdes que tant de personnes en médecins bien avisés ont proposés.

On s'est passionné tout dernièrement avec une fougue exagérée pour les habitants de la Dobrogea ; on a accusé avec véhémence tous les Gouvernements qui se sont succédé au pouvoir depuis 1878, de ne pas avoir voulu entendre les justes doléances de ces quasi-esclaves de la libre et hospitalière Roumanie ; on a lancé les pires anathèmes contre l'administration barbare, rapace, tyrannique dont eurent à souffrir tous les Dobrogiotes sans exception ; on a supplié d'abord les hommes d'Etat roumains d'accorder les droits politiques à ces parias, plus tard on leur a demandé, ensuite on a exigé d'eux une réforme radicale de la Constitution dobrogiote ; des prophéties sinistres ressemblant fort à des menaces se sont fait entendre ; et, pourtant, l'année jubilaire de quarante ans de règne du roi Charles Ier s'est écoulée sans que la question dobrogiote fût tranchée d'une manière ou d'une autre !

A quoi peut-on attribuer cette temporisation ?

Car il n'y a pas eu mauvais vouloir, par la raison bien simple que dans les circonstances actuelles un mauvais vouloir préconçu de la part des gouvernants roumains aurat été un crime de lèse-humanité et surtout de lèse-patrie.

Nous pensons que les causes de cette temporisation sont :

1º La conscience que la plupart des hommes politiques, appelés à remédier à cet état de malaise dont souffre le vigoureux corps de la Roumanie, avaient de la question dobrogiote, trop complexe, trop importante et surtout trop épineuse pour avoir été suffisamment étudiée dans tous ses détails, et

2º Le fait qu'ils se considéraient eux-mêmes encore bien mal préparés pour assumer une responsabilité aussi grande que celle qui consiste à changer du tout au tout la condition politique des citoyens dobrogiotes.

S'ils sont coupables eux et leurs devanciers de ne pas avoir étudié à temps et avec persévérance cette importante question cela est une autre chose.

Mais, au moins ils ont le bon sens et la franchise de nous dire par leur silence — qu'on a à tort interprété comme mauvais vouloir — « Nous ne pouvons pas acquiescer à toutes ces « demandes, car maintenant à peine commence l'étude de « longue haleine sur cette grande et délicate question et il « faut bien que les trop enthousiastes ou les trop crédules « comprennent enfin, qu'un événement si grand que le fait « d'accorder les droits politiques aux habitants d'une province « telle que la Dobrogea, ne s'accomplit pas sans une connais- « sance parfaite et exacte de ce qui vit et de ce qui se passe « dans cette province ».

Et quand M. G. Gr. Cantacuzino, le président du Conseil des ministres — après avoir entrepris lui-même un voyage là-bas pour se convaincre de ce qu'il y a dans cette province — dit dans une lettre adressée aux hommes éminents de la Commission chargée d'étudier la meilleure solution pour la question dobrogiote : « Je suis persuadé qu'il vaut bien et que c'est opportun d'étudier avec intention les moyens grâce auxquels on pourrait améliorer le sort des nombreuses nationalités qui vivent dans notre province transdanubienne sous l'empire de lois exceptionnelles, depuis leur incorporation à la mère-patrie » (1), alors nous pouvons nous rendre compte qu'à peine maintenant on veut bien laisser de côté les affirmations et les conclusions prématurément exposées par différents auteurs, pour s'adonner à de sérieuses études.

Et puisqu'on est entré dans le vrai chemin, nous souhaitons ardemment qu'on ne le quitte pas, car l'éblouissante *Vérité* apparaîtra dans toute sa splendeur à ceux qui se donneront la peine de déblayer la route des broussailles qui cachent à notre vue la noble déesse.

Parmi les plus fortunés jusqu'à présent — sans en exclure par cela, bien entendu, aucun de ceux qui se sont occupés du sort de la population de notre province transdanubienne — peuvent se considérer M. Luca Ionesco, M. I.-N. Roman et M. Vladescu-Olt, car quant à la question dobrogiote, c'est le cas de le dire, ils sont déjà dans les mystères des dieux.

Avec une franchise, qui est de la vaillance pour un homme politique, pour un préfet, M. Luca Ionescu avoue que « nous n'avons pas été capables d'assurer en vingt-six ans la supériorité numérique de l'élément roumain par rapport à tous les autres éléments d'origine étrangère ».

Jusqu'à présent la colonisation de la Dobrogea avec des Roumains s'est faite sans intervention officielle ; aussi très lents furent les progrès.

Hélas ! dans certains endroits les Roumains se sont vus obligés de prendre à bail les terres que les Bulgares, les Russes ou les Lippovans voulaient bien leur affermer.

---

(1) *Revista Judiciara* (Revue Judiciaire), Bucarest, 2ᵉ année, n° 5-6 du 25 novembre 1905. Etudes sur la Dobrogea par M. *Vladescu-Olt*.

Cet état de choses ne doit plus continuer. Il faut que l'Etat roumain intervienne pour roumaniser de plus en plus la Dobrogea.

Mais il ne suffit pas, pour cela, qu'il donne des terres — moyennant paiements ultérieurs minimes — aux paysans roumains, et puis qu'il les abandonne avec la conviction que le lopin de terre dont on leur a fait à peu près l'aumône représente pour eux le maximum de bonheur et pour Lui le maximum de devoir accompli.

Non ! summum jus, summa injuria !

Il faut que l'Etat aidé par une administration consciente de ses devoirs familiarise avec la vie dobrogiote et les mœurs de la province ces laboureurs roumains qui dévoués à la cause nationale méritent d'être encouragés, soutenus moralement et matériellement pas à pas dans leur nouvelle patrie.

Il faut qu'on les instruise sur les meilleurs moyens de culture, qu'on mette à leur disposition les outils les plus pratiques pour l'exploitation agricole et les industries afférentes.

Il faut qu'ils aient : de bonnes écoles avec des instituteurs dévoués et patriotes ; des églises dont les ministres soient à la hauteur de leur sainte mission, tant religieuse que nationale ; il faut enfin que, partout où les besoins se feront sentir, l'Etat crée des routes, des chemins de fer, etc. ; qu'il ne néglige en un mot rien de ce qui doit faire le bonheur et la prospérité de notre province.

Il faut surtout qu'on n'oublie pas que toutes les ressources de la Dobrogea doivent être employées à améliorer l'état moral et matériel de cette contrée et nullement à augmenter les excédents fictifs du budget roumain.

Et cela de suite !

Il n'y a pas de temps à perdre, comme le fait remarquer si bien M. Luca Ionescu, avec des dissertations académiques et des discussions idéalement stériles.

Les hommes dévoués à la province ont amplement démontré quels sont les besoins les plus urgents des Dobrogiotes, quelles sont les questions sociales qui doivent le plus tôt être résolues. Ils ont fait même plus et mieux ; ils ont consciencieusement distillé les remèdes les plus utiles, les plus prompts à apporter à la question dobrogiote.

De la bonne volonté, encore de la bonne volonté, toujours de la bonne volonté, *et bientôt les erreurs du passé,* qui pèsent si lourdement sur la génération présente, *se dissiperont* comme avec les premiers rayons du soleil, pénétrant dans la chambre d'un malade, se dissipent les rêves impurs et douloureux.

A ceux qui viendront après nous et qui trouveront une Dobrogea digne des descendants des Romains, un jour il sera doux peut-être de se ressouvenir de nos tourments passés.

Leur reconnaissance pieuse fera tressaillir nos cendres et sera la plus noble couronne pour nos tombeaux.

APPENDICE

Loi d'organisation de la Dobrogea

—

CHAPITRE PREMIER

Du territoire de la Dobrogea

Art. 1. — La Dobrogea, annexée à la Roumanie par le traité de
Berlin, avec le Delta du Danube et l'île des Serpents, est provisoirement divisée en deux districts.

Art. 2. — Ces districts se subdivisent en arrondissements, et ces
arrondissements en communes urbaines et rurales.

CHAPITRE II

Des droits des habitants de la Dobrogea

Art. 3. — Tous les habitants de la Dobrogea qui, à la date du
11 avril 1877, étaient citoyens Ottomans, deviennent et sont citoyens
Roumains.

Art. 4. — Une loi spéciale déterminera les conditions auxquelles
ils pourront exercer leurs droits politiques et acheter des immeubles
ruraux dans la Roumanie proprement dite. Une autre loi statuera
sur la représentation des habitants de la Dobrogea au sein du Parlement roumain.

Art. 5. — Les habitants de la Dobrogea, devenus citoyens Roumains, sont égaux devant la loi, jouissent de tous les droits civiques, et peuvent être nommés aux fonctions, sans distinction d'origine et de religion.

Art. 6. — Les habitants de la Dobrogea, jusqu'à la promulgation
des lois prévues à l'art. 4 ci-dessus, jouissent dès à présent des droits

civiques compris aux art. 5, 23, 26, 28 de la Constitution roumaine (1). Mais le Gouvernement, par décret princier, rendu sur délibération du conseil des ministres, peut interdire les réunions dangereuses pour l'ordre public.

Art. 7. — Les institutions représentatives, départementales et communales, sont introduites dans la Dobrogea, sur le modèle des institutions en vigueur en Roumanie, et sans autres différences que celles prévues par la présente loi.

Art. 8. — Les habitants de la Dobrogea ne peuvent être poursuivis ou arrêtés que dans les cas prévus par la loi. Ils ne peuvent être soustraits aux juges auxquels la loi les défère.

Art. 9. — Tous les étrangers qui se trouvent sur le territoire de la Dobrogea jouissent de la protection donnée par la loi aux personnes et à leurs biens. Mais le Gouvernement peut prendre contre les étrangers perturbateurs les mesures que réclamerait l'intérêt de l'ordre public.

Les étrangers ne pourront établir leur domicile dans la Dobrogea sans l'autorisation de l'administration.

Art. 10. — Ne peuvent être appliquées dans la Dobrogea d'autres peines que celles prévues par les lois roumaines.

---

(1) Les articles 5, 23, 26 et 28 de la Constitution, auxquels se réfère l'art. 6, portent :

Art. 5. — Les Roumains jouissent de la liberté de conscience, de la liberté d'enseignement, de la liberté de la presse et de la liberté de réunion.

Art. 23. — L'enseignement est libre. La liberté de l'enseignement est garantie, pour autant que dans son exercice aucune atteinte ne soit portée aux bonnes mœurs et à l'ordre public.

Art. 26. — Les Roumains ont le droit de se réunir paisiblement et sans armes, en se conformant aux lois qui règlent l'exercice de ce droit, pour traiter toute sorte de questions. Dans ces conditions il n'est pas besoin d'autorisation préalable.

Sont exceptées de cette disposition les réunions en plein air, qui sont entièrement soumises aux lois de police.

Art. 28. — Chacun a le droit de s'adresser aux autorités publiques par pétitions signées d'une ou de plusieurs personnes, mais les pétitions ne peuvent valoir qu'au nom des signataires.

Seules les autorités constituées ont le droit d'adresser des pétitions en nom collectif.

Art. 11. — Jusqu'à la réglementation définitive de la propriété et de la possession immobilières dans la Dobrogea, cette propriété et cette possession s'acquièrent, se conservent, sè transmettent et se perdent conformément aux lois ottomanes en vigueur jusqu'au 11 avril 1877. Le Gouvernement Roumain a tous les droits et attributions qu'avait à cet égard le Gouvernement Ottoman. Un règlement d'administration publique déterminera ces attributions et droits.

Art. 12. — La dîme est abolie à perpétuité dans la Dobrogea ; elle sera remplacée par une redevance pécuniaire annuelle qui sera déterminée par une loi spéciale.

Art. 13. — Seuls les habitants qui se trouvaient dans la Dobrogea à la date du 11 avril 1877, et tenant des droits des lois ottomanes, et les Roumains, ainsi que ceux qui tiennent des droits de l'art. 7 (2) de la Constitution Roumaine, peuvent acheter des immeubles ruraux dans la Dobrogea.

Cette stipulation laisse indépendante la loi qui aura pour objet l'établissement de colonies agricoles sur les domaines de l'Etat dans la Dobrogea.

Art. 14. — Les lois d'expropriation pour cause d'utilité publique sont applicables dans la Dobrogea.

Art. 15. — La liberté de conscience est absolue. La liberté de tous

---

(2) Art. 7. — La différence de croyances religieuses et de confessions ne constitue pas en Roumanie un empêchement à l'acquisition et à l'exercice des droits civils et politiques.

§ 1. — Tout étranger, sans distinction de religion, qu'il soit ou non soumis à une protection étrangère, peut obtenir la naturalisation aux conditions suivantes :

a) Il adressera au Gouvernement une demande de naturalisation portant indication du capital qu'il possède, de la profession ou du métier qu'il exerce et de sa volonté d'établir son domicile en Roumanie.

b) A dater de cette demande, il domiciliera pendant dix ans dans le pays et prouvera, par ses actes, qu'il lui est utile.

§ 2. — Peuvent être dispensés du stage :

a) Ceux qui auront introduit en Roumanie des industries ou des inventions utiles, ceux qui auront des talents distingués, ou ceux qui auront fondé dans le pays de grands établissements de commerce ou d'industrie.

b) Ceux qui, nés et élevés en Roumanie de parents y établis, n'ont jamais joui, non plus que leurs parents, d'une protection étrangère.

c) Ceux qui ont servi sous les drapeaux pendant la guerre de l'indépendance;

les cultes est garantie, en tant que leur célébration ne portera pas atteinte à l'ordre public ou aux bonnes mœurs.

ART. 16. — La religion orthodoxe de l'Orient est également la religion dominante dans la Dobrogea. Les deux districts de la Dobrogea font partie du diocèse (Eparchie) du Bas-Danube.

Les archiprêtres et le clergé orthodoxe des cathédrales de Tulcea et de Constance (Kustendje) sont salariés par l'Etat.

Le clergé des autres églises orthodoxes est payé par les communes et communautés, sur la base d'un règlement d'administration publique qui sera promulgué par décret princier.

ART. 17. — Le personnel et l'entretien des principales mosquées musulmanes de Tulcea, Constance, Babadagh, Macin, Medgidie, Hirsova, Isaccea, Sulina et Mangalia, seront payés par l'Etat, sur la base d'un règlement d'administration publique promulgué par décret princier.

ART. 18. — Le clergé des autres confessions et l'entretien de leurs temples et églises seront à la charge des communautés afférentes.

Nul ne sera forcé de contribuer à l'entretien d'un culte auquel il n'appartient pas.

ART. 19. — L'instruction dans les écoles rétribuées par l'Etat ou les communes est gratuite.

ART. 20. — L'enseignement est libre pour autant que, dans son exercice, nulle atteinte n'est portée aux bonnes mœurs, à l'ordre public et à l'hygiène des enfants.

Seront créées graduellement des écoles primaires dans toutes les communes de la Dobrogea.

Pleine liberté est accordée aux différentes communautés et aux particuliers d'ouvrir des écoles, sous le contrôle du ministère de

---

ils pourront être naturalisés collectivement sur la proposition du Gouvernement, par une seule et même loi, et sans autres formalités.

§ 3. — La naturalisation ne peut être accordée qu'*individuellement* et en vertu d'une loi.

§ 4. — Une loi spéciale déterminera le mode selon lequel les étrangers pourront établir leur domicile sur le territoire roumain.

§ 5. — Ne peuvent acquérir des immeubles ruraux en Roumanie que les Roumains ou ceux qui sont naturalisés Roumains.

Les droits acquis jusqu'à ce jour seront respectés.

Les conventions internationales existantes restent en vigueur avec toutes les clauses et délais qui y sont stipulés.

l'instruction publique, et à condition que, dans chacune de ces écoles, à côté de la langue choisie par les fondateurs ou les directeurs, l'enseignement de la langue roumaine soit obligatoire.

Un règlement d'administration publique statuera sur tout ce qui concerne l'enseignement public et privé dans la Dobrogea.

Art. 21. — Sera créé dans la ville de Babadagh un séminaire musulman, destiné à former les desservants des mosquées, et à enseigner les principes de la législation religieuse musulmane. Cette école sera entretenue par l'Etat.

Art. 22. — Les actes de l'état civil relèvent des autorités civiles.

Ces actes devront toujours être dressés préalablement à la bénédiction religieuse qui, en matière de mariage, sera obligatoire.

Toutefois, un règlement d'administration publique établira les exceptions et modifications qui peuvent être apportées à ce principe, à l'égard des Musulmans et des Lipovans.

Art. 23. — Tous les habitants de la Dobrogea ont le droit de s'adresser aux autorités publiques par pétitions signées d'une ou de plusieurs personnes, mais les pétitionnaires ne peuvent pétitionner qu'en leur nom propre.

Toutefois, les signataires de pétitions contenant des injures contre l'Etat roumain ou les autorités publiques sont passibles de ce chef des pénalités prévues par les lois.

Art. 24. — Nul habitant de la Dobrogea, devenu citoyen Roumain, ne peut, sans autorisation du Gouvernement, entrer au service d'un Etat étranger, sans perdre *ipso facto* ses droits civiques.

Aux habitants de la Dobrogea qui, lors de la promulgation de la présente loi, occuperaient une fonction publique dans un Etat étranger, est accordé un terme d'un an pour demander au Gouvernement roumain l'autorisation de garder leur fonction. S'ils n'obtiennent pas cette autorisation, ils seront considérés comme étrangers, sans préjudice des peines prévues dans le Code pénal contre les citoyens roumains de la Dobrogea qui porteraient les armes contre la Roumanie.

CHAPITRE III

De l'Administration de la Dobrogea

Art. 25. — La Dobrogea est divisée en deux districts : Tulcea et Constance.

Le district de Tulcea se compose de quatre arrondissements, à savoir : Tulcea, Macin, Babadagh et Sulina avec l'île des Serpents.

Le district de Constance comprend cinq arrondissements, à savoir : Constance, Mangalia, Hirsova, Medgidie et Nouvelle-Silistrie.

ART. 26. — Chaque district est administré par un préfet, qui a les mêmes attributions que ses collègues de la Roumanie proprement dite.

A la tête de chaque arrondissement est placé un administrateur.

A la tête de chaque commune urbaine ou rurale est placé un maire, assisté d'un conseil communal.

ART. 27. — Le préfet et les administrateurs sont nommés par le Prince, sur la proposition du ministre de l'intérieur.

Le préfet est placé sous les ordres immédiats du ministre de l'intérieur, mais il est aussi le représentant des autres ministres et exécute leurs ordres.

ART. 28. — Le préfet surveille la marche de tous les services publics de son district, sauf la justice et l'armée. Il s'occupe des droits, des devoirs et des intérêts de tous les habitants du district, poursuit et fait poursuivre les abus et les violations de la loi, et prend toutes les mesures nécessaires au maintien de l'ordre public.

ART. 29. — Il a pouvoir d'édicter des règlements explicatifs, auxquels tous les agents administratifs, districtuels et communaux, doivent soumission.

Il rend des ordonnances en matière d'ordre public.

ART. 30. — Le préfet dispose, dans la limite des lois de la force publique.

Sa réquisition, provoquée dans l'intérêt du maintien de l'ordre public, recevra immédiatement satisfaction de la part du commandant des troupes qui se trouvent dans son district.

ART. 31. — Le préfet représente le Gouvernement auprès du conseil du district, et tant vis-à-vis de ce conseil que vis-à-vis des conseils communaux, il a tous les droits que la loi accorde aux préfets de la Roumanie proprement dite.

ART. 32. — Les administrateurs ont, dans leur arrondissement, la même compétence, les mêmes devoirs que les sous-préfets du reste du pays.

Ils sont placés sous les ordres directs du préfet, et ont, dans leur arrondissement, délégation de ses pouvoirs, dans les limites de la loi.

Art. 33. — Les maires des communes urbaines et rurales, dans chaque circonscription, à l'exception des maires des villes chefs-lieux de préfecture, sont placés sous les ordres des administrateurs.

Les administrateurs peuvent suspendre les maires ; mais cette mesure doit être confirmée par le préfet.

Art. 34. — Les attributions et les devoirs des fonctionnaires de police sont les mêmes qu'en Roumanie.

Art. 35. — Il ne peut être exercé de poursuites judiciaires contre le préfet, pour infractions commises dans l'exercice de ses fonctions, que sur autorisation préalable du ministre de l'intérieur.

Les administrateurs, les fonctionnaires de police et les maires de communes urbaines ne peuvent, pour ces mêmes infractions, être poursuivis que sur autorisation préalable du ministre de l'intérieur.

Pour les infractions commises en dehors de l'exercice de leurs fonctions, les fonctionnaires de tout rang seront poursuivis conformément au droit commun.

CHAPITRE IV

Des institutions districtuelles et communales

Art. 36. — Dans chaque district est institué un conseil districtuel, doté des mêmes attributions qu'en Roumanie.

A moins de stipulations contraires de la présente loi, les lois générales du pays à cet égard sont applicables à la Dobrogea.

Art. 37. — Le conseil général se compose de 12 membres, parmi lesquels le Gouvernement a le droit de nommer un président, pour chaque session annuelle.

Art. 38. — Les membres du conseil districtuel sont élus par les délégués des conseils communaux du district, deux par commune rurale, et trois par commune urbaine.

Outre ces délégués, sont de droit électeurs pour le conseil districtuel les plus forts contribuables des communes, à savoir un par commune rurale, et deux par commune urbaine.

Art. 39. — Ces délégués de chaque arrondissement se réunissent au chef-lieu d'arrondissement, au jour fixé par le Gouvernement, et élisent deux membres au conseil districtuel.

Art. 40. — Dans le district de Tulcea, le préfet, sur une liste de douze personnes, citoyens Roumains, recommandés par le conseil communal, nomme quatre membres au conseil districtuel.

Ces quatre membres et les huit membres élus par les délégués des communes forment le plenum du conseil districtuel.

Dans le district de Constance, le préfet choisit, sur une liste de douze personnes, dressée par le conseil communal de Constance, deux membres qui, réunis aux dix autres membres élus par les délégués des communes, forment le plenum du conseil districtuel de Constance.

Art. 41. — Les revenus des conseils districtuels sont les mêmes que ceux des conseils districtuels de Roumanie.

Si ces revenus sont insuffisants pour couvrir les dépenses, le conseil districtuel peut en créer d'autres, qui, pour être perçus, doivent être approuvés par le Gouvernement pendant les trois premières années qui suivront la formation des conseils districtuels dans la Dobrogea. Après ces trois années, l'approbation devra émaner du pouvoir législatif.

Art. 42. — La compétence des conseils districtuels est limitée aux questions qui concernent leur district respectif. Toutefois, à la fin de chaque session ordinaire, les conseils districtuels ont le droit d'adresser au Prince, par une députation *ad hoc*, l'exposé des besoins, améliorations et griefs de leurs districts.

Cette faculté est accordée aux conseils districtuels de la Dobrogea jusqu'au jour où la représentation de la Dobrogea dans le sein du Parlement Roumain sera organisée.

Art. 43. — Aucune décision du conseil districtuel ne pourra être mise à exécution que moyennant approbation préalable du préfet.

Art. 44. — Les attributions et fonctions du comité permanent seront remplies par le préfet.

Art. 45. — Les lois et règlements communaux de la Roumanie sont également applicables dans la Dobrogea, sauf les modifications comprises dans la loi organique actuelle.

Art. 46. — Sont communes urbaines :

Tulcea,

Constance,

Babadagh,

Sulina,

Macin,
Hirsova,
Medgidie,
Cernavoda,
Mangalia,
Vieux-Kilia,
Ostrov (Nouvelle-Silistrie),
Mahmudie,
Kusgun, et
Isaccea.

ART. 47. — Chaque commune, soit urbaine, soit rurale, est administrée par un conseil communal dans le sein duquel le ministre de l'intérieur, pour les communes urbaines, et le préfet, pour les communes rurales, nomment un maire révocable.

ART. 48. — Le nombre des conseillers communaux dans les communes de Tulcea et de Constance est de neuf, dont trois nommés par le préfet, parmi les notables, dans les autres communes urbaines et rurales de sept, dont deux nommés par le préfet.

ART. 49. — Une agglomération d'habitants ne peut constituer une commune, si elle ne compte un minimum de cent familles.

Les hameaux où ce nombre ne sera pas atteint seront rattachés à d'autres, pour former un nombre minimum de cent familles et constituer ainsi une commune.

Si les habitants d'un village comptant moins de cent familles déclarent vouloir porter les charges communales, ce village peut également être érigé en commune.

ART. 50. — Sont électeurs et éligibles dans les communes urbaines, tous les habitants, citoyens du pays, qui paient annuellement à l'Etat une contribution directe, soit foncière, soit à titre de patente ou de taxe pour les ponts et chaussées, de 30 francs au minimum.

ART. 51. — Sont électeurs et éligibles dans les communes rurales, les habitants des communes, citoyens du pays, qui paient à l'Etat un impôt annuel de 18 francs.

ART. 52. — Dans les communes urbaines, les élections au conseil sont présidées par un délégué du préfet, assisté de quatre personnes désignées par les électeurs présents à 10 heures du matin. Dans les villes de Constance et de Tulcea, le collège électoral sera présidé par le président du tribunal, ou, s'il est empêché, par un membre.

Dans les communes rurales, les élections sont présidées par le doyen d'âge des électeurs, assisté de deux membres choisis par les électeurs présents.

Les électeurs votent par bulletin secret.

Le secrétaire de la mairie constate le résultat des élections par un procès-verbal investi de la signature et du sceau du bureau et des électeurs présents.

Art. 53. — Le préfet, s'il juge cette mesure conforme aux intérêts locaux, peut, dans les communes à population mixte, fixer le nombre des conseillers que chaque confession ou groupe d'habitants d'origines diverses aura à élire.

Art. 54. — Les revenus des communes sont ceux établis par les lois roumaines.

Dans les communes mahométanes, où l'absence de débits de spiritueux rendrait insuffisant le montant des revenus, le conseil communal, moyennant approbation du conseil districtuel et sanction princière, peut créer d'autres revenus analogues.

Trois ans après l'institution des conseils districtuels, les augmentations des impôts alors existants devront être approuvées par le Pouvoir législatif.

Art. 55. — Les budgets des communes urbaines et rurales sont soumis à l'approbation du préfet.

Art. 56. — Les budgets des communes urbaines ne peuvent entrer en vigueur qu'après approbation du ministre de l'intérieur.

CHAPITRE V

Du pouvoir judiciaire

Art. 57. — Les tribunaux ordinaires et les lois civiles et criminelles de la Roumanie sont introduits dans la Dobrogea avec les seules modifications prévues par la présente loi et par les décrets princiers, rendus en vertu de cette loi, en considération des circonstances locales, et seulement en ce qui concerne l'application de l'art. 61 ci-dessous.

Art. 58. — Il est institué une justice d'arrondissement dans chacune des circonscriptions administratives de la Dobrogea.

Art. 59. — Dans chacune des villes de Tulcea et de Constance est institué un tribunal de première instance.

Art. 60. — Dans la ville de Constance est institutée une cour d'appel.

Une loi spéciale déterminera l'organisation et les attributions de cette cour; jusque-là sera maintenu l'état de choses actuel.

Art. 61. — Seront institués des tribunaux musulmans spéciaux pour les procès des mahométans en matière de mariage et de succession. Ces tribunaux à cet égard jugeront conformément aux lois et usages des Mahométans.

Art. 62. — L'institution du jury est, jusqu'à nouvelle disposition, suspendue dans la Dobrogea. Les procès criminels et pour délits politiques et de presse seront jugés par les tribunaux ordinaires.

Art. 63. — Les commissions et tribunaux extraordinaires, sauf ceux prévus par la présente loi, ne peuvent être introduits dans la Dobrogea, à moins d'une déclaration d'état de siège.

CHAPITRE VI

Des finances

Art. 64. — Les impôts et lois financières de la Roumanie sont introduits dans la Dobrogea.

Art. 65. — L'application graduelle des lois d'impôt sera faite, en vertu de décrets princiers, par le Gouvernement, auquel est réservée la faculté d'apprécier le moment opportun à cet égard.

Art. 66. — Les art. 109, 110, 111, 112, 113, 114, 115, 116 et 117 de la Constitution Roumaine entrent dès maintenant en vigueur dans la Dobrogea (3).

---

(3) Art. 109. — Aucun impôt de l'Etat ne peut être établi qu'en vertu d'une loi.

Art. 110. — Aucune charge, aucun impôt districtuel ne peut être établi qu'avec l'approbation du conseil districtuel.

Les impôts votés par les conseils districtuels et communaux doivent recevoir la confirmation du Pouvoir Législatif et la sanction du Prince.

Art. 111. — Ne peut être établi aucun privilège en matière d'impôt.

Aucune exception ou diminution d'impôt ne peut être établie que par une loi.

Art. 112. — Aucun fonds pour pensions ou gratifications à la charge du trésor public ne peut être accordé qu'en vertu d'une loi.

CHAPITRE VII

De la force armée

Art. 67. — Dans la Dobrogea, pendant dix ans, à partir de la promulgation de la présente loi, il ne sera pas procédé au recrutement pour l'armée de ligne. Cette disposition n'est pas applicable aux enrôlements volontaires.

Pendant cette période de dix ans, les habitants de la Dobrogea formeront seulement un corps d'armée territoriale (calarasi et dorobantzi) destiné au service intérieur de cette partie de la Roumanie.

En temps normal, les habitants qui feront partie de ce corps ne pourront être employés au service qu'une semaine par mois. Pendant cette période, ils seront soldés et nourris conformément à la loi de l'armée territoriale.

Ce corps ne pourra être employé hors de la Dobrogea qu'en temps de guerre.

Art. 113. — Annuellement la Chambre des députés clôt l'exercice et vote le budget.

Tous les revenus et dépenses de l'Etat doivent être passés dans le budget et dans l'exercice.

Le budget sera toujours présenté un an avant sa mise en application, à la Chambre des députés, et ne deviendra définitif qu'après avoir été voté par elle et sanctionné par le Prince.

Si le budget n'est pas voté en temps utile, le Pouvoir exécutif pourvoira aux services publics sur la base du budget de l'année précédente, sans pouvoir prolonger le nouvel exercice de ce budget plus d'un an au delà de l'année pour laquelle il a été voté.

Art. 114. — Le règlement définitif des comptes doit être présenté à l'Assemblée au plus tard dans le délai de deux ans à dater de la clôture de chaque exercice.

Art. 115. — Les lois de finances sont publiées au *Moniteur officiel*, comme les autres lois et règlements d'administration publique.

Art. 116. — Il n'y a qu'une seule Cour des Comptes pour toute la Roumanie.

Art. 117. — Les différents fonds qui proviennent, jusqu'à ce jour, des caisses spéciales et dont le Gouvernement dispose à divers titres, doivent être compris dans le budget général du service de l'Etat.

Art. 68. — Les habitants de la Dobrogea de religion musulmane formeront des compagnies et des escadrons séparés. Seront conservés dans leur uniforme, qui sera payé par l'Etat, le fez et le turban.

Les habitants riverains du Danube et de la Mer-Noire seront employés de préférence au service de la flottille destinée à faciliter les communications pour les besoins administratifs et militaires de la Dobrogea.

Le principe de la formation du corps séparé pour les habitants musulmans sera également maintenu dans la flottille.

CHAPITRE VIII

Dispositions générales

Art. 69. — Les couleurs de la Dobrogea sont celles de la Roumanie.

Art. 70. — Les armes de la Dobrogea en général et du district de Tulcea en particulier sont un écusson portant deux dauphins le corps relevé.

Les armes du district de Constance sont un écusson portant une galère Romaine.

Art. 71. — Nul ne sera obligé de prêter serment que conformément à sa religion.

Art. 72. — Aucune loi, aucun règlement d'administration générale, districtuelle ou communale, ne pourra devenir obligatoire qu'après publication dans les formalités requises par la loi.

CHAPITRE IX

Dispositions transitoires

Art. 73. — Un terme de trois ans, à dater du 23 octobre 1878, est accordé pour revenir dans leurs foyers aux habitants ruraux de la Dobrogea, qui, au temps de la guerre, ont émigré de la province.

Ceux qui ne bénéficieront pas de ce terme perdront tout droit sur la possession des terres rurales qu'ils possédaient avant la guerre.

Art. 74. — Les aliénations faites contrairement aux dispositions des articles 11 et 73 de la présente loi sont et restent nulles et sans effet.

Art. 75. — Une loi spéciale organisera le service des écrivains (notari) dans les communes rurales, jusqu'à l'époque où les communes auront des moyens matériels et intellectuels suffisants pour pouvoir par elles-mêmes organiser et rétribuer ce service d'une manière satisfaisante.

Art. 76. — Une loi organisera le service des mosquées et l'enseignement religieux de la population musulmane.

Art. 77. — L'armée territoriale ne sera instituée dans la Dobrogea qu'après promulgation de la loi qui réglementera la propriété rurale.

Art. 78. — La loi pour l'introduction de l'impôt foncier et de la redevance pour les ponts et chaussées ne sera appliquée qu'à partir du 1ᵉʳ janvier 1881. Pour l'année 1880, au lieu de ces impôts, il sera perçu une redevance sur les bestiaux, aux termes d'un règlement qui sera décrété par le ministre des finances.

Art. 79. — Dans le plus bref délai possible, une loi réglera le service du desséchement des marais et des plantations de forêts dans la Dobrogea.

Art. 80. — A dater de la mise en vigueur de la présente loi, sont abrogés tous décrets, règlements et autres actes contraires à ses dispositions.

Cette loi a été votée par la Chambre des Députés, dans la séance du 12 février 1880, et adoptée avec une majorité de 58 votes contre 5 et 2 abstentions.

Le vice-président, JEAN AGARICI.

Le secrétaire, E. CHRISTOFOREANO.

(L. S. A. D.)

Cette loi a été votée par le Sénat, dans la séance du 4 mars 1880, et adoptée avec une majorité de 28 votes contre 3.

Le vice-président, N. BIBESCO.

Le secrétaire, D. PISCA.

(L. S. S.)

Nous promulguons cette loi et Nous ordonnons qu'elle soit investie du sceau de l'Etat et publiée dans le *Moniteur Officiel.*

Donné à Bucarest, le 7 mars 1880.

CHARLES.

(L. S. St.)

Signé : M. Kogalniceano, ministre de l'intérieur, et ad-interim président du conseil des ministres.

B. Boeresco, ministre des affaires étrangères, et ad-interim des cultes et de l'instruction publique.

I. Campineano, ministre des finances.

D. Lecca, ministre de la guerre, et ad-interim de l'agriculture, du commerce et des travaux publics.

A. Stolojan, ministre de la justice.

TABLE DES MATIÈRES

LIVRE III. — Législation